语言学及应用语言学名著译丛

# 语素导论

## THE MORPHEME
## A THEORETICAL INTRODUCTION

〔美〕戴维·恩比克 著

程工 杨彤 译

商务印书馆
The Commercial Press

根据德国德古意特出版社 2015 年英文版译出。

# —— 作 者 简 介 ——

## 戴维·恩比克（David Embick）

于 1997 年博士毕业于美国宾夕法尼亚大学，现就职于宾夕法尼亚大学语言学系，担任系主任。其研究领域包括句法学、形态学（分布式形态学）、句法—语义界面、句法与语音形式、论元结构与"词汇"知识、语言与大脑、语言与自闭症等。他对句法学和形态学及两者接口问题的贡献尤为突出，在多家著名的语言学杂志，如 *Linguistic Inquiry*、*Natural Language and Linguistic Theory*、*Brain and Language*、*Language and Linguistic Compass* 等，发表了数十篇文章。

—————— 译 者 简 介 ——————

**程 工** 浙江省万人计划人文社科领军人才，浙江大学外国语学院求是特聘教授、博士生导师。主要研究方向为句法学和形态学。完成国家社科基金项目4项，发表学术论文50余篇，出版著作多部。

**杨 彤** 浙江大学外国语学院博士研究生。主要研究方向为句法学和形态学。

# 语言学及应用语言学名著译丛
# 专家委员会

# 总　序

商务印书馆出版的"汉译世界学术名著丛书"在国内外久享盛名，其中语言学著作已有10种。考虑到语言学名著翻译有很大提升空间，商务印书馆英语编辑室在社领导支持下，于2017年2月14日召开"语言学名著译丛"研讨会，引介国外语言学名著的想法当即受到与会专家和老师的热烈支持。经过一年多的积极筹备和周密组织，在各校专家和教师的大力配合下，第一批已立项选题三十余种，且部分译稿已完成。现正式定名为"语言学及应用语言学名著译丛"，明年起将陆续出书。在此，谨向商务印书馆和各位编译专家及教师表示衷心祝贺。

从这套丛书的命名"语言学及应用语言学名著译丛"，不难看出，这是一项工程浩大的项目。这不是由出版社引进国外语言学名著、在国内进行原样翻印，而是需要译者和编辑做大量的工作。作为译丛，它要求将每部名著逐字逐句精心翻译。书中除正文外，尚有前言、鸣谢、目录、注释、图表、索引等都需要翻译。译者不仅仅承担翻译工作，而且要完成撰写译者前言、编写译者脚注，有条件者还要联系国外原作者为中文版写序。此外，为了确保同一专门译名全书译法一致，译者应另行准备一个译名对照表，并记下其在书中出现时的页码，等等。

本译丛对国内读者，特别是语言学专业的学生、教师和研究者，以及与语言学相融合的其他学科的师生，具有极高的学术价值。第一批遴选的三十余部专著已包括理论与方法、语音与音系、词法与句法、语义与语用、教育与学习、认知与大脑、话语与社会七大板块。这些都是国内外语言学科当前研究的基本内容，它涉及理论语言学、应用语言学、语音学、音系学、词汇学、句法学、语义学、语用学、教育语言学、认知语言学、心理语言学、社会语言学、话语语言学等。

尽管我本人所知有限，对丛书中的不少作者，我的第一反应还是如雷贯耳，如 Noam Chomsky、Philip Lieberman、Diane Larsen-Freeman、Otto Jespersen、Geoffrey Leech、John Lyons、Jack C. Richards、Norman Fairclough、Teun A. van Dijk、Paul Grice、Jan Blommaert、Joan Bybee 等著名语言学家。我深信，当他们的著作翻译成汉语后，将大大推进国内语言学科的研究和教学，特别是帮助国内非英语的外语专业和汉语专业的研究者、教师和学生理解和掌握国外的先进理论和研究动向，启发和促进国内语言学研究，推动和加强中外语言学界的学术交流。

第一批名著的编译者大都是国内有关学科的专家或权威。就我所知，有的已在生成语言学、布拉格学派、语义学、语音学、语用学、社会语言学、教育语言学、语言史、语言与文化等领域取得重大成就。显然，也只有他们才能挑起这一重担，胜任如此繁重任务。我谨向他们致以出自内心的敬意。

这些名著的原版出版者，在国际上素享盛誉，如 Mouton de Gruyter、Springer、Routledge、John Benjamins 等。更有不少是著名大学的出版社，如剑桥大学出版社、哈佛大学出版社、牛津大学出版社、MIT 出版社等。商务印书馆能昂首挺胸，与这些出版社策划洽谈出版此套丛书，令人钦佩。

万事开头难。我相信商务印书馆会不忘初心，坚持把"语言学及应用语言学名著译丛"的出版事业进行下去。除上述内容外，会将选题逐步扩大至比较语言学、计算语言学、机器翻译、生态语言学、语言政策和语言战略、翻译理论，以至法律语言学、商务语言学、外交语言学，等等。我也相信，该"名著译丛"的内涵，将从"英译汉"扩展至"外译汉"。我更期待，译丛将进一步包括"汉译英""汉译外"，真正实现语言学的中外交流，相互观察和学习。商务印书馆将永远走在出版界的前列！

胡壮麟

北京大学蓝旗营寓所

2018 年 9 月

# 汉译版序

能为我的书《语素导论》的汉译版作序，我深感荣幸。写这本书的主要目的之一是让更多的人积极地参与到当代形态学理论的讨论中来，特别是参与到分布式形态学的讨论中来。我希望《语素导论》中文版的出版表明我们朝这个方向又进了一步。在这里，我向这一译丛的策划者和付出辛劳的译者表示感谢；当然同时也对花时间阅读此书的读者表示感谢。

回首再看原版序言，我发现它已经讨论了范围相当广泛的议题。其中可以进一步强调的议题是，"形态学"作为一个研究领域是如何与其他领域相关联的。我们没有理由把形态学孤立于其他领域之外，我坚信理论语言学的现状和今后的发展一定会清楚地表明这一点。形态学与理论音系学之间的关系是复杂的，其原因我已在其他地方做过阐述，但是如果不把它与句法和音系学理论之间的关系解释清楚的话，要想研究本书所讲的形态学是不可能的。此外，尽管对形态学和句法学／语义学（以及词汇语义学）之间的联系认识得不够充分，我们仍然需要这些研究来完备整个理论体系。在现在的理论形态学中，最引人入胜的就是把形态学与语法的其他部分联系起来的研究，而且在我看来，各个区域之间应该在何处划界这个问题时不时会引起激烈辩论，这个事实表明可能这些界线本来是不存在的。

最后这一段的总体定位是回答一些问题，这些问题有关如何最好地解释我们发现的规则，而不是为了组织性的需要来划分哪些现象是"形态学的"（或者哪些学者是"形态学者"）。专属于形态性质的问题可能有，也可能没有；这些问题从来不是我探寻的目标。相反，回答有关语法构建块的基本问题需要对句法、音系和语义进行仔细的考察，这一事实深深地启发了我本人的研究。我希望那些读过中文版的新读者也能够从这一视角得到启发。

戴维·恩比克

（David Embick）

# 目　　录

# 章节关系示意图

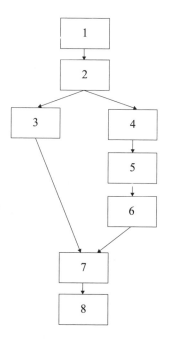

# 前　言

"我并不像你想的那样笨……我看出了其中的奥妙。我想我可以把二和二放到一起。"

"答案有时候是四，"我说道，"也有时候是二十二。"

——达希尔·哈梅特，《瘦人》

*

就内容和题目而言，因为词根和功能语素的区别对本书所构建的理论具有中心地位，所以本书可以叫作《语素》(*The Morphemes*)①。但是我主要关注的重点是这个离散部件（即语素）的核心重要性，所以我选择了语素的单数形式作为题目。

对于本书的副标题(*A Theoretical Introduction*)，也值得说说。它反映了我写这本书的主要目标，共有三个。

第一个目标是，这本书可作为形态学课程或课程系列的一个部分，主要面向于研究生（或者高年级本科生）；在过去的很多年间，我曾在宾夕法尼亚大学讲授过这种类型的课程。本书，特别是在第四章到第六章的不少材料，是来自于这些课程。

第二个目标是，这本书会清楚地呈现和阐述分布式形态学的一些核心论题，从而向那些对这些论题感兴趣的高层次研究者，或者向那些对本理论框架下独特的"语素"视角感兴趣的相近领域的研究者，证明自

---

① 这里的"语素"是复数形式。——译者

己的价值。

第三个目标是，这本书会把一些分布式形态学的观点和相关理论框架所研究的观点以一种令不同领域的研究者都感兴趣的方式联系起来，尤其是语素理论和词汇插入之间的关系，还有合形现象、阻断效应和语素变体。从我对相关文献的印象来看，尽管我们对以上现象的理解有了实质性的进展，但仍需要一个系统性的概述来阐释如何把这些理论的不同部分整合在一起。

除了提到的这三个目标，还得提一下哪些不是本书的重点。首先，本书无意成为一本教科书，尽管它可以当作一本课堂用书。虽然它为语素提供了导论，但它所关心的通常是复杂的理论问题，最终的解决尚悬而未决。这本书不会慢慢地从介绍公认为属于"形态学"的现象入手，而是直接以核心概念——语素——开始，并且由此转入两个有关语素的核心理论问题——合形现象和语素变体。此外，本书没有课本中必不可少的练习题。这可能意味着它稍微更像一本手册。狭义上，这也许属实。然而，手册通常被认为在一定程度上是一个完备的文献综述，但是我并没有在这里尝试做一个详细的综述。相反，我努力把语素这个核心部分融入到一个连贯的理论之中。我希望，一个完备的系统会允许某些具有理论意义的特定观点能够被大家理解并且得到更进一步的发展；也就是说，那些使用这本书的人会有能力理解主要的文献，并且扩展这个文献。

\* \*

至于这本书所涵盖的内容和所引背景文献的范围——

就本书所引论著的年限而言，我认为，公平地说，本书没有一个合适的时间能够完成。回头再看这本书，我发现有许多东西可以做得不同，或以完全不同的方式联系起来，等等。而在当下，我们当然不可能为反映一个持续不断发展的领域而无休止地更新一本书。这实际上意味着本书会忽略本领域一些最新的研究；本书的大部分内容在 2010 年的夏天和秋天就已具雏形，在之后的几年里我进行了修改和添补，但没有融入这段时间发表的新成果。

就这本书的范围而言，我尽可能地把重心放在语素理论（和伴随的词汇插入理论）之上。聚焦于词汇插入（以及合形现象、语素变体和阻断效应）反映了这个首要的关注。（一般理解下的）"形态学理论"考虑的许多其他问题并不在这本书的讨论范围之内。在我看来，对语素的概论最终还需要补充（1）一个（与句法相关）的语缀理论的概论，以及（2）一个（主要与音系相关）的形态—音系理论的概论。但是这些书还没有问世。

这本书预设读者熟悉当今语言学理论的许多主题。由于下文将阐明的原因，想要把语素理论从句法、音系和语义中分离出来是不切实际的（或不令人满意的）。因此，本书大部分的讨论都假设读者拥有丰富的有关生成句法的背景知识，同时对音系学至少有所了解。

使用这本书可以有不同的方式；我把它们总结在前几页出现的章节关系示意图里了。

\* \* \*

这本书的材料是在许多年里积累起来的。在 1999 年的某段时间里，莫里斯·哈利和我找出了一套对拉丁语动词系统的分析方案。当时的想法是把那个方案的导言当作分布式形态学的总体概论。但是这个项目并没有像我们原本的构思那样最后呈现出来（虽然有关拉丁语动词的分析出现在包括这里的许多地方）。我希望莫里斯所有著作所呈现出的洞察力和明晰性也体现于本书之中。

有关理论导言的章节在 2000 年以后慢慢形成，我在 2004 年在巴西和阿根廷教课的过程中，曾使用过这些章节的早期版本。在之后的几年里，我在宾夕法尼亚大学讲授的研讨班上也用过这些章节作为介绍材料。经过几轮全面的重写，在后面几章的大部分内容也添加之后，这些原始材料最后在 2010 年呈现出现在的雏形。在此之后，初稿重点对整体的通顺度和例证的引用进行大量的校订。在 2013 年的夏天，初稿几乎已经完成，但是我当时还没有做好出版它的准备；然后其他的项目占据了我主要的注意力。最终，这本书的出版任务完成于 2014—2015 学年。

\*\*\*\*

我要特别感谢莫里斯·哈利和亚历克·马兰茨，感谢他们在这个项目的各个阶段为我提供许多有用的建议。同样也要感谢安德烈斯·萨博，谢谢他经过仔细阅读给我的初稿（我敢肯定地说，那些版本读起来并不令人愉悦）提出大量的意见。我还要感谢那些在过去十年里上过我的课和听过我的讲座的人，他们的意见、纠错、理解和误解都为这本著作做出了极大贡献。最后，谢谢比特丽斯·圣托里尼和特里西亚·欧文帮助我完成最后稿件的准备工作，也要谢谢拉拉·怀松和德古意特出版社（特别是 Interface Explorations series）与我共同合作来出版这本书。

\*\*\*\*\*

我在 2012 年到 2015 年几个夏天所做的工作受到"尤尼斯·肯尼迪·施莱佛"美国国立卫生研究院国家儿童健康与人类发展研究所的支持，资助编号为 R01HD073258。

戴维·恩比克
2015 年夏，宾夕法尼亚州

# 第一章

# 语法中的语素

## 1.1　引言

在最基础的描写层次上，一部语法由两个部分组成：一组初始元素和能将这些初始元素推导成复杂客体的一组规则。按照本书提出的观点，这些初始元素是**语素**，而负责把语素组合成复杂结构的系统是**句法**。句法生成声音和意义相关联的表达式。在本书采用的特定的语法模型中，专用于声音和专用于意义的表征由不同的计算从句法推导出的客体中产生而来。与声音和意义相关联的计算分别称为"音系式"和"逻辑式"。它们是句法的**接口**（interface）。

本书关注的焦点是语素理论。按照常例或传统，这是**形态学理论**（morphological theory）研究领域的一个下属部分。然而，如上一段提到，本书将提出的形态学理论植根于"语素是句法客体"的假设，也就是说，语素是句法推导的终端节点（terminal nodes）。从这个假设出发，我试图阐明语素在记忆中的表征形式，以及它们是如何把声音与某种特定的意义相联结的。鉴于本理论本质上是由句法导向的，我必须从一开始就着重强调：本书对诸如"形态学"和"形态学理论"这些术语的使用比较宽泛，因为"形态"在哪里结束，"句法"或"音系"从哪里开始或结束，这些问题尚无基于原则的解答。按照这个本书始终强调的观点，脱离句法和音系而孤立地研究语素是不可能成功的。

在本书采用的语法模型中，两大问题定义了形态学研究。第一个是语素问题，这也是本书的焦点，其常规属性和导向采用上一段落里所勾勒的形式，第二个问题涉及负责推导出复杂形式的规则系统。形态学理论主要关注的是第二个问题，因为它研究的对象一般由一个以上的语素组成，由此引发出一个不可回避的问题，即语素是以何种方式构成更大的客体的。按照一个源于传统语法的观点，规约短语生成的规则属于**句法**领域，而负责生成复杂词语的规则属于**形态**或者**构词法**（word formation）。它们是否真正是不同的领域，即人类语言的语法需要一套还是两套计算机制来生成词语和短语，这是一个经验性的问题。如果我们假设词语和短语的生成都是某种推导系统作用的结果，那么每一个语法模型都必须阐明词语和短语是由相同的规则系统推导出来的，拟或是由不同的规则系统生成的。

上个段落勾勒出的问题可以陈述为问题 1 和问题 2，如下：

问题 1（Q1）推导初始单位的本质是什么，亦即语素的本质是什么？语素是如何与句法、语义和音系信息关联的？

问题 2（Q2）将语素组合成词语的规则系统的本质是什么？这套规则系统与句法是如何关联的？

本书所阐述的语素理论沿用了并将阐明分布式形态学（Distributed Morphology，简称 DM）的一些特有的架构性假设。DM 最早起源于（基于哈利 1990 的）哈利和马兰茨（1993）；关于 DM 的简短概述，可参阅恩比克和努瓦耶（2007）。对于问题 2，分布式形态学采取的立场是，句法是负责所有复杂客体推导的生成系统；本章的第一段介绍了这个假设。我还会在本章和以后的章节里再提出一些与形态相关的、有关结构类型的假设。然而，本书的目的既不是论证句法可以作用于形态，也不是详细地讨论语素相互之间的词缀化所涉及到的句法过程和结构。相反，引入结构的概念只是为了推进本研究的主要焦点，即问题 1，语素的本质问题。

在细致地讨论语素之前，有必要先讨论一下语法组织的相关假设。由于问题 1 与问题 2 都涉及形态与语法能力的其他部门的关系，特别是与句法、语义和音系相关的计算和表征，因此，正如上文所指出的，对形态的研究必须与一个完备而统一的语法理论相同步。本章概述语法结构的基本组成部分，第一章之后的内容将会为语素构建一个基本的框架，从而为下面对语素的研究奠定基础。

在考虑语法框架如何构建之前，我必须先对"词"这个概念做一些说明。词经常（事实上，几乎总是）占据形态学理论的中心。然而本书的理论认为词与短语并没有架构上的不同。这意味着，不论词在理论上发挥什么作用，词和短语都由句法推导而成。因此我在本书中是以非技术性的方式使用"词"这个术语的，指那些因为结构（还有音系对结构诠释的方式）所具有的某种特性而被语言学者认定为（音系）词的客体。更准确地说，"词"这个术语的使用是不正式的，因为本理论的实际研究都是由技术性定义的客体构建的，特别是以语素为基础所定义的表征和规则。简而言之，尽管我会跟以往的研究一样使用"词"这个术语，但这仅仅是方便所需，毫无他义。

## 1.2　语法架构

本书采用的语法模型如（1）所示。语法的句法部分生成句法结构，由"拼读"推送到声音和意义相关的操作接口——分别是音系式和逻辑式。具体来说，我会借用乔姆斯基（2000，2001）的相关理论来详细说明（1）的推导过程，但是本书提出的语素理论与其他一些不同的句法理论所采纳的假设在原则上也是相互兼容的。

（1）语法模型                                                    4

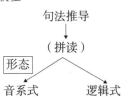

我在上文提到，句法推导的初始元素是语素。就（1）而言，这表明语素是（1）顶端的"句法推导"的终端节点。作为基本客体，语素具有什么地位，即语素以何种方式表征为记忆的初始项，这是形态学理论的核心问题。然而，从（1）的"形态"方框可以看出，语素的基本表征形式并不能穷尽形态学的研究以及形态与语法其他部门的接口问题。这个方框代表着对句法推导的产出所进行的，发生在语法的音系式部门的一系列计算。因此，针对（1），本书有两个主要目标，分别是阐明：（i）语素在句法中的基本表征和（ii）"形态"方框里与语素理论最为相关的计算与表征的理论。

我还需要就这里的第二个目标做进一步的说明。音系式是句法与语音相关认知系统的接口。[1] 旨在服务于这个目的的计算，有一些主要是形态的，另一些则更为通用。例如，应用于音系式的一项操作是给句法节点添加语音内容，称"词汇插入"（Vocabulary Insertion），将在第四章详细介绍。这一操作就是我所谓的纯粹的"形态"的：其唯一目的是给（某些）语素提供语音形式。另一方面，其他一些音系操作有着更为通用的性质。例如，音系式负责为线性信息提供运算与表征。在句法客体的串行实现，以及不同种类的音系互动中，这些线性表征都同时发挥作用。与"词汇插入"不同，线性计算和表征并不显而易见是"形态特有的"，因为它不专门针对语素。稍微换一种方式说，对语言中的线性顺序的表征的研究与形态学的典型关注是毫不相干的。那么，总体上看，尽管音系式的若干方面与形态学的关注直接吻合，但分布式形态学的主要主张之一是形态现象涉及语法模型（1）中"形态"方框之外的多个部分。联系到本章前文所介绍的一个话题，这一观点的一个结果是形态中有大量的研究必须与句法、语义和音系的明晰理论中相连接。

把形态理论中至关重要的分析机制分布于语法的不同地方极大地影响到了其理论架构。在图（1）所示的语法模型中，构造复杂结构的系统只有一个，因此，成分结构的理论和句法推导的理论，包括诸如句法推导是周期性（cyclic）的思想，会直接与多种形态现象相关联。这一点十分重要。尽管本研究的重点在于语素，以及一些形态专有的操作，但是句法始终处于语法框架的中心。也就是说，**句法原则**是**形态原则**不可缺少的重要组成部分。在分析词缀化之中，乃至按照问题 2 分析范围更广的复杂客体的推导之中，这一点尤其清晰。不仅如此，在下文对问题 1 的讨论中，其重要性也随处可见。

## 1.3　句法终端

在图 1 所示的语法模型里，句法推导生成层级结构，通常表征为树形图。这些树的终端节点是语素。抱着这种想法，本书有时会将"语素"和"（终端）节点"这两个术语交替使用。

作为句法表达式的终端节点，语素是储存在记忆之中的客体。因此，它们有**基础的**（也就是**底层的**）表征。语素理论肇始于此。

### 1.3.1 语素与特征

语素最终必须关联**声音**和**意义**。更准确地说，它们将特定的音系表征联系到特定的语义表征上。它们是如何做到这一点的，是一个中心的理论问题。一个标准的（至少为人熟知的）观点是语素从一开始（即在大脑中）就确定了各类音系与语义特征。本书提出的理论反对这一观点。在下文我们将会看到，并不是所有的语素在底层都同时拥有意义与声音的表征形式。相反，一些语素仅仅包含意义相关或者句法相关的特征，在组合成为复杂的结构之后才获得音系特征。

语素理论的一个重要观点是语法包含语言的声音表征与意义表征，即用**特征**（feature）来表征声音和意义。那么首先我们需要考虑的是两种特征，即音系特征和句法语义（syntacticosemantic，简写为 synsem）特征。音系特征来自于我们所熟悉的音系理论。句法语义特征则包括 [past] 和

[def] 等，前者负责诠释过去时的含义，后者则出现在定指的限定词短语之中。

（2）特征类型：声音与意义

    **a. 音系特征**：来自于普遍库存（universal inventory）的音系特征，例如 [±voice]，[±labial] 等

    **b. 句法语义特征**：来自于普遍库存的句法语义特征，例如 [past]（"过去"），[def]（"有定"），[pl]（"复数"）等。

可以进一步假设，许多句法语义特征很可能像音系特征（2a）一样是二元的，这样（2b）中的特征应该写为 [±past] 和 [±def]。由此衍生的一些问题将在以后的章节里得到讨论。在接下来的论述中我会默认句法语义特征是二元的，只有在迫不得已的情况下才会引入更复杂的情形。

（2）的两类特征是理解语素的基础表征的第一步。下一步是将语法中的语素区分为两类：词根（root）和功能语素（functional morpheme）。虽然词根和功能语素都可做句法推导的终端节点，但它们在关联（2）中的特征时却有迥然不同的方式：

（3）两类句法终端

    **a. 功能语素**：根据定义，它们由句法语义特征组成，如 [±past]、[±pl] 和 [±def] 等。我们进一步假设功能语素的基础表征没有音系特征。

    **b. 词根**：它们构成一个开放性集合或者"词汇"表，其中包括 $\sqrt{CAT}$，$\sqrt{OX}$ 或者 $\sqrt{SIT}$ 等条目。词根不包含或拥有句法语义特征。按照工作假设，它们拥有底层的音系表征。

（3）中一个重要的方面是，并不是所有的语素都被分派了（2）中所列的每一个特征类型。具体地说，**功能语素**的基础表征不包含音系特征；相反，仅当句法结构得到拼读之后，它们才在音系式获得语音内容。另一方面，**词根**不拥有句法语义特征；与功能语素不同，它们至少在默认的情形中拥有底层的音系表征。

## 1.3.2 词根

人们在谈及词根（例如 $\sqrt{CAT}$ 或者 $\sqrt{SIF}$ 等条目）时，一般会把它们等

同于传统**词汇范畴**（lexical category）。尽管这种说法广为流传，但我认为把它们称为**开放性**的词汇表会更加准确。[2] 词根是声音和意义的组合，在不同语言中各不相同，但重要的是，它们都跟词汇上或者概念上的意义相关，与代表句法语义特征的语法意义无关。举例来说，英语中词根 $\sqrt{\text{CAT}}$ 的音系表征为 /kæt/，它的意义是 "*feliscatus*"（而不是别的），这是英语独有的。词根这种声音和意义的任意性结合只能通过记忆才能掌握。重要的是，这种语音和意义的联系并不涵盖句法语义特征；换言之，词根（如 $\sqrt{\text{CAT}}$）不能进一步**分解**（即结构性地拆分）为句法语义特征。

　　虽然词根连接声音和意义的方式是任意的，但是很可能有一些重要的普遍性条件，制约着人类语言中可能有的词根，尤其是什么意义能够与词根相关联。这本身就是一个重要话题，要求我们既要考虑概念表征的本质以及它与语法的关系，又要考虑如何区分索绪尔符号理论提出的各种意义类型。因为词根的语义与表征并不在本书的讨论范围内，所以下面我会重点讨论形态句法和形态音系的表征。

　　本书的一个工作假设是：词根的初始结构包括一个音系表征。从这个意义上讲，英语的词根 $\sqrt{\text{CAT}}$ 从一开始就确定有 /kæt/ 的音系矩阵。虽然在许多情况下，一个音系表征足够让我们唯一性地确认其代表的词根，但情况不全然如此。词根拥有一个独一无二的辨认标签（index）有时是必要的。当两个词根同音异义时，这类标签的必要性是最清晰的。例如，金融机构 "bank" 和河岸 "bank" 的底层词根具有相同的音系底层形式，但却是两个不同的词根。用数字做标签的话，这两个词根除了音系式之外，可以被标志为比如 $\sqrt{\text{BANK}}_{254}$ 和 $\sqrt{\text{BANK}}_{879}$。在这个类型的表征中，每个词根除了音系特征之外，还有一个独一无二的、**非音系的**标识符。除了上面提到的标签之外，也可以想象，一些语言中的词根带有某些特定的"形态"特征，而这些特征与该语言的动词变时与代词形容词变格系统相关。第二章会讨论一些相关问题。

　　我们的假设——词根在底层有其音系表征——在许多方面有着重要的

8

影响。该假设意味着，词根在通常情况下不像功能语素一样受制于"迟
9 后填音"（late insertion），即在语法的音系式中获得音系材料（见下面的
1.3.3 节）。如果词根在底层已经被分派了音系表征，那么可以预测，相较
于功能语素，词根在实现为不同的形式时，应该是受到限制的。我们目前
还不清楚这些预测能否在经验上得到证实。如果可以证明，某些词根确实
存在异干互补（suppletion）现象，其方式又要求词根不能有底层的音系
表征，那么，本书所勾勒的词汇插入的普通理论也可直接扩展到词根（见
第二章第三节）。[3]

### 1.3.3 功能语素

在（3a）中，我提到功能语素的基础表征不包含语音内容。在本书的
框架里，"纯形态"（morphology proper）的基本功能之一是将音系特征赋
予功能语素，而纯形态指既不实质性是句法的，也不属于广义上的音系式
的那一部分形态。负责这一操作的机制叫"词汇插入"，本章对此做了概
述，第四章还将详细讨论。词汇插入发生于语法的音系式部门，是形态方
框（见图 1）中的计算操作之一。该操作参照一个名为**词汇项**（Vocabulary
Item）的列表，在此，词汇项的音系实现项（phonological exponent，有时
也简称实现项）与其插入条件相配对，并基于功能语素的特征而做出陈述。

如果用图式来表达，一个词汇项可以表示为（4）的形式：句法语义特
征 α、β、γ……与音系实现项 /X/ 配对；双向箭头将句法语义特征和音系实现
项连接起来，表明词汇项可以实现音系的语境（具体操作方式见第四章）。

（4）词汇项

$$[\alpha\,\beta\,\gamma] \qquad \leftrightarrow \qquad /X/$$

句法语义特征　　　（音系）实现项

每个词汇项可以由（4）的图式表达，所有词汇项的集合便构成了一个语
言的**词汇表**（vocabulary）。

以英语名词的复数形式 *cat-s* 为例，与句法语义特征 [+pl]（复数）相 10
匹配的语音实现项是 /-z/，那么用（4）的图式的方式可以将词汇项表示
为（5）。

（5）　[+pl] ↔ /-z/

词汇项如（5）是说话人记忆中的客体。当一个包含名词复数节点的
句法结构进入音系式的时候，那么该节点的语音实现会由词汇项（5）来
赋予。

具体来说，可以假设句法把 [+pl] 与包含词根 √CAT 的名词结合起
来，如（6）所示。该结构的中心语 *n* 是一个创造名词的**定类语素**（cate-
gorizer；见第二章）；标签 # 表明 [+pl] 是一种表示数量的语素（number
morpheme）。

（6）词汇插入之前 *cats* 的结构

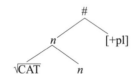

通过把词汇项（5）应用到 [+pl] 节点，语音实现项 /-z/ 被添加到了
该节点上。通俗地说，[+pl] 被**拼读**（spell out）为或**实现**（realize）为
/-z/。相应地，词汇插入有时也非正式地称为**拼读**。[4] 用术语来表达，允许
语素在以这样的方式结合后才获得音系形式的理论有迟后填音（late inser-
tion），有时也称这种类型的理论是**实现性的**（realizational）。

词汇插入运用到（6）之后，其结果如（7）所示，（7）同时显示中心
语 *n* 的语音实现项为零形式，即 $\phi$。

（7）词汇插入之后的 *cats* 的结构

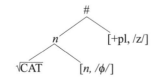

11 所有的词汇项都具有如（4）所示的形式。对此情形唯一的调整是：有些语素处于经历词汇插入的语素的语境之中，并且在词汇项中受到参照。这种现象的结果被称为**语境语素变体**（contextual allomorphy）。举个例子，如果复数节点 [+pl] 与 *cat* 结合，我们可以得到（5）中的词汇项，但是如果与 *ox* 结合，情况就并非如此。在后者，[+pl] 语素则被实现为（拼写上的）-*en*。因此我们可以说语素 [+pl] 有两个不同的（语境）语素变体——-*s* 和 -*en*。

词汇插入是本书主张的语素理论的核心观点。我会在第四章更加具体地介绍这种操作，在第五章和第六章会介绍设立该操作的动机，而在第七章会详细介绍语境语素变体。

### 1.3.4 部件和非词缀形态（pieces and non-affixation morphology）

本书主张的基本观点之一是，无论词根还是功能语素，所有语素都是部件，只有基于部件的理论才能认识形态现象。这个说法看上去没有考虑到传统上属于形态学的其他一些问题，特别是各种类型非词缀的形态变化。例如，在英语中 *sing/sang* 的变化中，区别过去式和现在时的形式看上去是词根中的元音，而不是音段性的词缀（-*ed*）。我把这个现象先放一放，因为在此之前我必须说清其他的一些问题，这样才能更好地理解如何基于功能语类和词根来认识非词缀的过程。我们最终可以看到，分布式形态学运用不同的机制来处理基于部件的形态和非词缀形态。区分基于部件的形态和非语缀形态的动因会在第七章进行讨论。

## 1.4 列表和分解（lists and decomposition）

在语法理论中，计算和列表都起着十分重要的作用。本节会先简要评
12 述理论的计算部分，然后详细阐述分布式形态学中关于列表的一些特有的假设。

　　分布式形态学主张**所有**复杂的语言客体均由句法推导而成。因此词与短语在推导方式上没有架构性的不同。换句话说，语法不包含两个不同的生成系统，其中的一个负责构造词语，另一个负责构造短语。相反，分布式形态学在回答上述问题（即问题 2）时主张句法是语法中唯一的生成部门。

　　聚焦于这一总体立场，有必要强调，分布式形态学认为：复杂客体的**基础**推导是句法性的。这为由句法组合的结构在语法的音系式分枝中，以形态和音系相关的方式，得到进一步计算保留了可能性。举例来说，当今一些有关词缀化机制的理论，在谈及复杂中心语生成这个形态学理论的核心问题时（见第三章），认为它既可以发生在句法中，也可以依据从句法表征中推导出来的音系式关系。这里的后者指后句法的词缀化操作，它们在音系式内创造出复杂的中心语。这些音系式词缀化操作的对象是句法操作的输出物。由此可见，即使复杂的中心语在音系式中生成，句法仍旧起着决定性的作用。因为句法结构是音系式的输入材料（input），又因为线性关系是依据句法成分结构推导出来的，所以句法决定了哪些节点处于局部的音系关系之中。因此，即使音系操作在分析某些语言现象时必不可少，句法仍然处于整个理论的核心地位。

　　除了生成复杂结构的句法，语法还需要把在模型（1）中发挥作用的某些类型的客体（或客体信息）列举出来。例如，语素本身，它们是理论的基本构建块，不由任何操作推导而成，它们存在于记忆之中，位于句法推导过程可及的列表上。

　　列表和所列特性如何融入语法理论是一个极为重要的问题，这是因为，首先，理论必须准确说明所列信息是如何与语法模型（1）中不同模块进行互动的；其次，人们通常把列表与"**词汇**"（lexical）信息混为一谈，有着相同的理解（和误解）。本节接下来简略回顾分布式形态学中关于列表的一些关键假设。作为背景讨论，先谈词汇这个术语在语法理论中具有的几个含义。

13

### 1.4.1 列表与词汇信息

本书所阐述的形态学理论把所有的复杂结构均放在句法中构造，它因此有时被称为"非词库论"（non-lexicalist）理论。因为许多不同的理论和观点都被冠以"词库论（lexicalist）"的名称，所以理解其中的意思需要分好几个步骤。我将聚焦于这个术语的两个关键含义：一个关系到推导复杂形式的架构性假设，另一个则相关于列表信息及其表征的方式（和地点）。

按我对术语的用法，"非词库"理论对立于设置"非句法的"（non-syntactic）生成系统来负责词语推导的那些理论。从 1970 年代开始，许多理论把词语的推导放在语法中某个不是句法的部门进行，这个想法直到现在依然活跃于许多理论之中。在那些赋予词以特殊架构地位的理论中，"词库"（lexicon）这个术语被用来指语法中非句法的生成部门；相应地，具有这一特定技术含义的词库被称为"词库论"（lexicalist）语法观。（关于词库论的综述和背景讨论见卡斯泰尔斯-麦卡锡（1992））。

上文提到，词汇（lexical）这个术语除了指"拥有一个生成性词库"之外，还有许多用法（阿罗诺夫（1994）从历史背景的角度对此做了考察）。在"词汇"这个术语的诸多延伸用法中，最重要的一个也许是指必须列举的信息。这种列表指词汇的意思实际上涵盖了两个概念：第一个是词库是语法中基本构建块的一份列表，即在构建复杂形式中所使用的原始成分。根据定义，原始的构建块不是推导出来的，因此必须以某种方式列举出来。与**词汇**的这个术语相联系的第二种类型的列举又与某种类型的不可预测性相关，尽管它们表面上看起来并**不是**原始成分。在这第二层含义上，词库是那些行为有些不可预测，因此不得不加以记录的复杂形式的信息库。举例来说，英语中一些名词（如 *ox*）有不规则的复数形式（如 *oxen*），还有一些短语（如"buy the farm"）拥有**特殊的**含义（大致如"死亡"）。这些信息不能由系统中其他的信息所预测，因而这些特殊性质必须被列举出来。

上述两类信息——（ⅰ）原始构建块的表征和（ⅱ）复杂形式的不规则现象——在逻辑上是相互不同的。这意味着，原则上，这两类信息应该记录于不同的列表中；这正是本书所持的观点。然而，一个时常遇到且在许多语法理论中发挥作用的立场却认为，上一段所提到的两个功能仅需一张列表即可完成。这个观点可以追溯到布龙菲尔德（1933）的那次极具影响的讨论，其对词库的定义被很多后续的研究采用，但并没有被抓住精髓。体现布龙菲尔德观点的核心段落如下：

> 完整地描写一种语言需要列举出每一个形式，其功能既不是由结构也不是由标记符号所决定的；因而，这个语言的描写要包括一个**词库**，或者说是语素的列表，这份列表要标明每一个语素的类别，并且列出那些功能不怎么规则的所有的复杂的形式。（1933：269）

从这个引言的后半部分可以清楚地看出，布龙菲尔德的词库行使上文提到的两种不同的功能：它既是语素的列表，也是不规则的（具有不可预测性的）复杂形式的列表。

总而言之，从上文的讨论中，我们可以得出词库和词汇信息主要体现在三个方面，它们对应于**词汇**拥有的不同概念或意义，可以简要总结为（8）。值得反复强调的是，（8a-c）在逻辑上是互不相同的。

（8）词汇的概念：

    a. 词库是负责推导词语（与句法客体相对）的生成系统。

    b. 基础元素（即语素）需要列举，因为它们不是推导而成的。

    c. 复杂结构的不可预测的表现需要列举。

有了（8），我们就能够更好地理解在许多词库论的理论中都有所体现的一个重要的架构性观点：语法包含一个词库，而词库的作用除了布龙菲尔德提到的（8b-c）之外，还负责词语的推导，即（8a）。从语法的总体组织来看，这类理论进一步假设词库"**先于**"（prior）句法，意思是词库要为句法提供终端元素（在这些理论中，终端元素就是词）。[5]虽然词库论的理论内部有不容忽视的差异，但均尝试用单一的词库来涵盖（8a-c）所有的信息，如利伯（1980），塞尔柯克（1982），基帕尔斯基（1982），以及其他许多研究。

本书不适合详细地评述词库论如何解释（8）中的各项功能，或者词库的各种不同的定义方式，或者不同的词库论理论是如何定义诸如"列举性"（listedness）和"成词性"（wordhood）等关键概念的。①/6 就本研究的目标而言，关键点在于：本书提出的非词库论理论不仅没有上个段落所说的那类词库，即履行（8a-c）所有功能的词库，而且也没有履行布龙菲尔德词库中的两项功能的词库，即没有一个单一的列表来涵盖（8b）和（8c）。但是，非常重要的一点是：这并不意味着我的理论无需列举某些类型的信息。非词库论的理论依然需要使用列表，并且必须以某种形式本节讨论的与列表相关的现象（即（8b）和（8c））。接下来我们可以看到，分布式形态学采用了三份不同的列表，并且将这些列表放置在语法模型（1）中的不同位置。

在上文，我已经介绍过这三份列表之中的两份：一，**句法终端**（syntactic terminals）列表，由功能语素和词根组成；二，**词汇表**（Vocabulary），是把音系内容插入功能语素的词汇项的列表。这些列表分别在语法模型（1）中的不同点上受到访问。句法终端表在复杂客体的构建过程中由句法访问，词汇表在句法结构输入音系式之后被查询。语素（＝句法终端）列表和词汇项均属形态学研究的中心。以刚描述的方式为它们使用不同的列表，并把这些列表放在语法的不同部分，这就是本理论把形态进行"分布"（distributed）的方式。

除了句法终端和词汇表，（8c），亦即与复杂结构相关的不可预测的信息，也需要得到解答。这种信息有不同的类型。一部分不可预测的信息与词汇项息息相关。例如，英语中用于规则的复数形式的词汇项的语音实

---

① "列举性"（listedness）的基本含义是需要在词库中列举出来的特性，"成词性"（wordhood）大致指词所具有的特性。两者有联系但不相同。列举性的范围更广，包括语素、词和习语等多种性质特殊的成分。不言而喻，成词性只与词相关。参看卡斯太尔斯-麦卡锡（1992）。——译者

现项为 /-z/，这种信息就是不可预测的，只能编码为相关词汇项的一部分。其他不可预测的信息，尤其是不规则的语素变体，也在词汇中列举。因此，例如词根 $\sqrt{OX}$ 的复数语缀 -en 也只能在词汇项中编码（在后面几章中我会详细介绍这种操作的细节；另见下面第 1.6.2 小节）。

　　除了词汇，还需要一些东西来表征意义方面的不可预测信息。有人提出，这类信息中至少还有一部分可以在一份叫做"**百科知识**"（encyclope-dia）的列表中找到（马兰茨 1997）。乍看起来，好像不同种类的信息都可以在原则上出现在这份列表中。在不可预测的诠释性信息中，有一类与词根的意义相关。举个例子，英语的名词 *cat* 由词根 $\sqrt{CAT}$ 推导而来，其意义是不可预测的。关于其意义的这个信息就必须列举出来，一种可能性就是在百科知识中做这件事。尽管这部分关于意义的理论是以词根为中心的，但也涉及功能语素。词根理论一个重要的观点是语法环境（即局域的语素）对决定词根的诠释有着举足轻重的作用——这种现象被称为"同形异义"（polysemy）。因此，不论词根的"基本"义是什么，一些额外的信息总是需要记录在列表之中，以便说明词根在其所处的语境中应该如何诠释（见第二章）。

　　除了词根诠释，其他类型的特质性的语义信息也需要列举。列表中的是习语性意义。拿先前举过的例子来说，英语短语 *buy the farm* 不仅有字面上的意思，还有习语性的意义（"死"）。有许多不同的可以设想的方法来储存这类特殊的（即不可预测的）意义。然而，只要短语 *buy the farm* 是由句法推导构建而成的，那么总有一些方案与本书采纳的语法观是兼容的。

　　上面两段介绍了列表需要记录的两类不可预测的意义。一个有趣的问题是，词根意义与诸如 *buy the farm* 这样的习语性意义是否表征在同一份列表中。马兰茨（1997）可能会建议，有可能这两类特殊意义都在单一的百科知识表中得到编码。但是后续的研究表明这两者可能截然不同，因而需要不同的表征（见马兰茨（2010））。这类问题数不胜数，可以在今后 17

的研究中继续探讨；鉴于本书的研究重点偏向于形态—句法和形态—音系，我也就把这个问题暂且放至一边，不再赘言。

综上所述，与不同，本书的理论没有存在于许多**词库论**的理论的那样一个词库。相反，它采用了三份列表：句法终端表，词汇表和百科知识表。

### 1.4.2 分解

前一小节考察了语法中必须列举的各类信息，并勾勒了一种使用三份不同列表的方法。然而，知道哪些信息需要列举，这只是整体情况的一部分。分布式形态学对那些种类的客体不能被列举也有自己的主张。该理论尤其主张，所有的复杂结构，即由一个以上语素组成的所有客体，在每次使用时都均由句法推导而成。换言之，每个词和每个短语的每一次使用都由推导而成。这种立场展现了一种强式的分解主义语言观，即非初始项不可储存。这种立场可以表述为**完全分解**（full decomposition），如（9）。

（9）**完全分解**：任何复杂客体均不可在记忆中储存；即每个复杂客体都必须由语法推导而成。

在对（9）的讨论中，重要的是"**复杂**"具有什么样的特定含义。原则上，"复杂"既可以表示"由一个以上初始项组成"，也可以表示类似"一个有着内部结构的初始项"的意思。前者的含义在本书尤为重要——初始项，即记忆中的语素，可以由多个特征构成，因此是内部复杂的。（9）所排除的是在大脑中储存由超过一个语素所构成的表征。

"分解"是本理论的一个核心部分，因为它在**词汇关联性**（lexical relatedness）问题上采取了最为强式的生成立场。词汇关联性指不同的词是如何在语法中相互关联的。形态学理论必须确认相关的词之间有什么样的联系，如 *play*，*played* 和 *plays*，或者 *vapor*，*vaporous* 和 *vaporousness* 之间有何联系。按照完全分解，当复杂词语共享同一部分时，亦即可以被分解到某个共享的元素时，它们便有了联系。以 *plays* 和 *played* 为例，这

18

两者相互关联是因为它们共享一个词根 $\sqrt{\text{PLAY}}$。完全分解认为理论上把 *plays* 和 *played* 当作两个独立储存于记忆中的词，然后规定它们之间"关联性"关系，这绝无可能。恰恰相反，它们之所以相互关联是因为它们从共享的一个部件，即词根 $\sqrt{\text{PLAY}}$，建构而成；也就是说，关联性是通过以语素为基础的分解而定义的。

完全分解应用于规则形式如 *plays* 和 *played* 时，作用十分明显，其功效在不规则过去时形式如 *sang* 的时候显得更为突出。具体地说，完全分解排除了把 *sang* 作为词根 $\sqrt{\text{SING}}$ 和过去时语素 T[+past] 的组合而整体储存于记忆之中的分析方法。相比之下，形态学中许多其他理论却采用这种"整词储存"的分析，并且假定任何不规则的形式都只能"储存"，而不能"由规则推导而成"。[7]

以 *sing/sang* 为例，词根 $\sqrt{\text{SING}}$ 和过去时语素 T[+past] 均是独立的语素，这个观察是完全分解分析方法的起点。这个事实是清楚的，因为词根 $\sqrt{\text{SING}}$ 可以出现在其他一些语境之中（如 *sing-ϕ*，*sing-s*，*sing-ing* 等），而 T[+past] 也可以与其他一些动词一起出现（如 *play-ed*，*pass-ed*，*plaster-ed* 等）。那么，根据完全分解，词根 $\sqrt{\text{SING}}$ 和过去时语素 T[+past] 只能通过句法推导的方式组合起来，形成一个如（10）所示的复杂中心语。（另外，这里还包括产生了动词的定类语素 *v*（见第二章）；依据英语时态词缀化的方式，T[+past] 语素附接于 *v*。）

（10）$\sqrt{\text{SING}}$ 的过去时

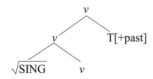

经过词汇插入和一项形态音系规则的应用，词干的元音被改变，（10）中的结构最终浮现为 *sang*（关于"词干改变"（= 词干语素变体）的讨论，见第七章）。用上文所介绍的术语来表述，*sing* 和 *sang* 有关联，是因为它们可以分解出一个共享的部分：每个都是包含词根 $\sqrt{\text{SING}}$ 的推导的产物。[8] 19

完全分解所做出的预测不仅是当今理论研究的话题，也是心理语言学和神经语言学研究的话题（有关后者与本研究的联系，见恩比克和马兰茨（2005）和斯托考和马兰茨（2006））。完全分解的重要性体现在本书以下章节中的很多案例分析之中，特别是有关（讨论不规则形式的）语境变体的分析和（以词汇关联性为中心的）阻断效应的分析。见第七章。

### 1.4.3 列表及其动因

分布式形态学的框架使用三份列表：句法终端表，词汇表和百科知识表。值得一提的是，就语法本质的"概念"（conceptual）问题而言，这三份列表的地位并不平等。其中的两份——句法终端表和百科知识表——在节俭性因素（无论是不是"最简的"）方面近乎无可挑剔。这是因为每一个理论都必须有一份建构块的列表和一份记录某些不可预测语义诠释的列表。

不过，词汇表的动因却不像另外两张列表一样不证自明。因为实现语素的音系形式是不可预测的，因此其相关信息必须得到列举。尽管如此，仍有一些方式可以绕开第三张表，比如把音系信息与语素一并表征在句法终端表中。这样说来，把词汇表纳入理论的本体（ontology）是否定功能中心语是"传统"语素的结果，即否定它们从一开始就同时具有声音和意义，转而支持一种实现性的音—义联系方式。

现在仍然不清楚设立词汇表是否有某种概念上的动因。然而，词汇插入的动因不是概念的，而是经验的，是基于系统地描写某些形态现象（如合形现象（syncretism））的需要之上的。本章的 1.6.2 节会对合形做一个简要的介绍，详细的讨论见第 4 章至第 6 章。

## 1.5 总结和核心特性

本书所提出的理论围绕着这样一个思想——语素是语法模型（1）中推导的初始元素。本理论采用了三份列表，如（11）所示：

（11）列表

　　a. **句法终端**：包含**词根**和**功能语素**的列表。

　　b. **词汇**：**词汇项**的列表，词汇项是为功能语素提供音系内容的客体。

　　c. **百科知识**：特殊语义信息的列表。

对这三份列表的访问发生在不同的阶段，如（12）中的图表所示：

（12）含列表的语法模型

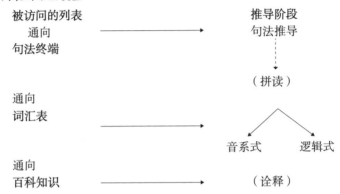

语素从**句法终端**表中提取，并担任句法推导的初始元素。**词汇**在音系 21 式中受查询，此处音系实现项被添加到功能语素上。百科知识则在诠释（interpretation）接口被访问。为方便起见，我将诠释放到逻辑式接口之后。我认为逻辑式体现了组合性诠释中偏"结构"的方面。虽然这里对百科知识的处理有些过度简化，但是并不影响本书的中心观点。

　　本书的余下部分将阐释分布式形态学的核心主张，特别是有关语素和词汇插入操作的主张。尽管分布式形态学的框架允许不同的理论探讨，但仍有一些核心立场定义了它的边界。在我看来，这些立场如下：

　　**句法的**：其理论是非词库论的；不存在先于句法而负责构词或者储词的词库。语法中唯一的生成部门是句法。因此，词在架构上没有特殊的地位。

　　**语素**：其方法是基于部件的。形态的基本单位是安排在层级结构之中的离散部件：语素。

　　**（部分）迟后填音**：某些语素（在本书采用的理论中，至少功能语素）的音系内容是通过词汇插入操作，在音系式中提供的。

**完全分解**：记忆不储存任何复杂结构；相反，每个复杂结构在每次使用时都需由语法推导而成。

在这四个特有立场的边界之内，分布式形态学有各种变体理论被提了出来，它们之间的差异还在继续接受实证上的检验。然而，放弃这四个核心立场中的任何一个都会偏离本书所讨论的理论所具有的特点。

## 1.6  研究主题的回顾与预告

> 提示：本节概述本书反复出现的一些主题，需要的背景知识可能要多于前面的小节。这一背景知识多数将在以下各章提供。因此，对本理论具体内容的发展感兴趣的读者可以先跳到第二章，在之后的某个时候再回到本节，比如当某个具体的主题后来被提到的时候，也可结合第八章的结语阅读本节。

本书尽管主要直接针对语素，但也触及若干其他的理论问题。这一点也许并不令人意外，因为我们的讨论以记忆中的语素表征为起点，触及了语素如何组合成复杂客体，还详细讨论了语素在音系式中的音系实现。也就是说，虽然本书的焦点是语素，但是后续的章节会仔细考察语法若干不同的部分，只有这样，多数"形态"现象不可能脱离句法、语义和音系而独立得到研究这个总体思想才会有实质性的内容。

尽管如此，有一些主题贯穿于本书的始终。我所说的主题，不是指理论原则或者假设本身，而是指一些大家长期关注的领域，既有可能是理论的产物，也有可能是对其基本特性的组织。这些领域在本书余下的内容和文献中均有体现。接下来我会主要讨论其中三个最为重要的问题。

### 1.6.1 接口的透明性（interface transparency）

语言学理论的一个重要的话题是：像语素（以及非正式意义上的词）这样的形态客体与其所处的句法结构是如何互动的。这是本章第一节提出的问题 2 的一部分。像本研究这样，把语素按句法客体来处理，产生了一个句法与形态之间有**直接**联系的理论。这一点十分重要，因为并非所有的形态学理论在处理词与句法结构的关系上都是这样做的。事实上，许多形态学理论明确地否认语素是句法客体（如 1.4.1 提到的词库论理论），或者根本否认词的形式可以分解为语素（例如，在安德森（1992）提出的理论中，至少就屈折形态而言，就既**无词缀**也**无语素**）。有关形态与句法接口的理论从不透明（即词的结构和句子结构毫无关系）到透明（即形态结构是句法结构），应有尽有。因而在对待的问题上，有的理论展现出更为模糊的态度而有的理论则更加透明。第二种观点，我称之为**接口的透明性**，是分布式形态学的主要原则之一。本质上，它相当于说句法和形态只存在极少量的错配（mismatch）。更准确地说，句法与形态的透明连接是常态，而对这个常态的偏离则是应用于音系式之中的操作的结果。

在这种句法与形态接口透明的理论里，一个标准的观点是，复杂中心语（complex head）是形态理论所关心的最为重要的句法客体。复杂中心语通过语缀附加操作由两个或以上的语素构成。例如，一个词根如果出现在有着中心语 X 和 Y 的句法结构中（见 13），则可与这些中心语组合成一个复杂的中心语（见 14）。而（14）所显示的词缀化可以由中心语移位的过程产生，从而把 $\sqrt{\text{ROOT}}$ 带到 X，然后把 [ $\sqrt{\text{ROOT}}$ X] 带到 Y：

（13）结构　　　　　　　　　　（14）复杂中心语

如上图所示，复杂中心语（14）在结构（13）中形成；也就是说，既然词在结构（13）中形成，那么词和其出现的短语有着直接的联系。词缀理论规定了词缀化发生的条件（比如，如果在结构（13）的中心语 X 和 Y 之间，还有一个中心语 Z，那么中心语移位便不会发生），除此之外，

关于（14）这样的词结构与（13）中的短语结构是如何联系的，没有更多的问题。

在不用句法推导词的理论中，如何处理词与句法的关系是一个不容忽视的问题——这样的理论很难解释像$\sqrt{ROOT}$ -X-Y 这样的词如何在一个系统（比如说词库）里构造，又在句法环境中使用，其中的 X 与 Y 的特征还要得到表达。不仅如此，这样的理论还无法清楚地回答为什么语素 -X 和 -Y 的位置（线性顺序）和它们所处的 XP 和 YP 成系统的对应关系，即所谓的镜原则（Mirror Principle）效应（见第三章）。

相比之下，句法理论可以直接明了地回答这类问题：拥有 X 和 Y 特征的词之所以表达这些特征，是因为它们是在 X 和 Y 是句法终端的句法环境中推导出来的。不仅如此，语素出现的位置与句法结构有着直接联系（见第三章），原因是 (i) 词缀化的局域条件，同时还有 (ii) 控制句法结构线性化的条件。

总而言之，在本框架下，句法结构与形态的关系是极其透明的，因为默认情况下，两者没有不同。句法和形态（或者音系）之间也出现错配（比如说"括号悖论"，或者后句法移位等现象；见第三章）时，这是由于特定的音系式操作所造成的。相关的研究肇始于乔姆斯基和哈利（1968）中对韵律错配的研究，在 1980 年代因为马兰茨（1984）和斯普罗特（1985）等研究而得到发展。沿着这条源远流长的传统，分布式形态学的目标是发展出一种观点，允许有节制的音系式操作，从而降低了句法与形态联系的透明度。关于音系式操作的综述，见恩比克和努瓦耶（2007）；关于涉及语素和其特征错配现象的讨论，见附录。

### 1.6.2 实现性的音-义关联

词汇插入为某些语素添加音系内容，或者说至少某一些语素并没有底层的音系表征，这个观点是一个重大的理论进展。它是由经验驱动的，特别是有研究发现音-义的关联在语素层次上是相当复杂的。

处理这种复杂性，最简单的方法是通过观察语素的音–义关联并不总是一一对应的。理想情况下，每一个功能语素都应该对应一个独有的语音实现项。在语素层面，这种情形有着最大程度的透明度，但显然不出现于任何自然语言之中。语素理论的一个主要研究问题就关系到这些并不一一对应的偏离现象以及如何解释这些不透明的偏离现象。如 1.6.1 小节所提到的，我们的理论需要在尽可能地维持最透明的音–义关联的同时为这些实际存在的偏离现象寻求一个合理的解释。

音–义关联不完全透明有很多表现方式。用通俗的话说，音–义关联有两种引人入胜的方式：**多对一**（many-to-one）和**一对多**（one-to-many）。第一种关联拥有多种声音形式，却只有一种意义，典型代表是**语素变体**，例如一个单一的过去时语素 T[+past] 可以有多样的完全不同的音系实现项——如 *play-ed*，*ben-t* 和 *hit-ϕ*。这就使简单的一一对应的理想变得复杂化了，因为在语素变体中，一个简单的句法语义客体（如 T[+past]）与不止一个不同的底层音系表征相关联（如 /d/，/t/，ϕ）。在第四章介绍词汇插入时，语素变体会占有非常显赫的地位，另外第七章会用主要篇幅来详细分析语素变体。

另一种现象，即合形（syncretism），也显著地偏离了一对一的理想状态。合形指包含不同句法语义特征集的语素实现为相同的音系表征。比如，比较一下（15）中拉丁语和（拉丁美洲）西班牙语中的动词现在时形式（拉丁语 *laudāre* 'praise'；西班牙语 *hablar* 'speak'）：

（15）合形的示例

| 人称 / 数量 | 拉丁语 | 拉丁美洲西班牙语 |
| --- | --- | --- |
| 1 单 | laud-ō | habl-o |
| 2 单 | laudā-s | habla-s |
| 3 单 | lauda-t | habla-ϕ |
| 1 复 | laudā-mus | habla-mos |
| 2 复 | laudā-tis | habla-n |
| 3 复 | lauda-nt | habla-n |

26     从（15）可以看到，在拉丁语中，不同的人称和数量的特征分别对应六组不同的一致语素，而在拉丁美洲西班牙语中，只有五种不同的音系实现项，其中第二人称复数和第三人称复数形式皆是由 *-n* 来实现。事实上，*-n* 出现在这两个形态句法各异的语法环境中并不是偶然的；也就是说，这种情况不同于同音异义的情况（如英语单词 *bank* 既有"河岸"的意思又有"银行"的意思，或英语中复数的语音实现项 /-z/ 和第三人称现在时单数的语音实现项 /-z/ 相同）。相反，在分析拉丁美洲西班牙语的时候，这两类不同的句法语义特征集合必须由**相同的** *-n* 来实现。这种效应就是本书所说的（**系统性**）合形。

    合形现象在自然语言中极其常见，因此语素理论不能把它们分析成偶然事件。本章1.3小节所介绍的词汇插入操作就是用来给合形现象提供一个**系统性的**（亦即非偶然性的）分析。它允许同一个音系实现项出现在多个句法语义的环境之中，即不同的语素可以有同一个音系实现项。

    关键的思想是：词汇项在应用于功能语素时是**不充分赋值的**（underspecified）。为说明这个思想是如何用在具体例子上的，让我们考量一下西班牙语关于一致（agreement，ARG）特征的功能语素，如（16）所示；人称特征用 [ ± 1] 和 [ ± 2] 表示，数量特征用 [ ± pl] 表示：

（16）西班牙语的一致语素

        a. [+1, -2, -pl] = '第一人称单数'

        b. [-1, +2, -pl] = '第二人称单数'

        c. [-1, -2, -pl] = '第三人称单数'

        d. [+1, -2, +pl] = '第一人称复数'

        e. [-1, +2, +pl] = '第二人称复数'

        f. [-1, -2, +pl] = '第三人称复数'

    在定式西班牙语现在时动词的推导中，（16）中的功能语素有一个是先于词汇插入而出现的。这些功能语素经过（17）中的词汇项而在音系式中得到拼读：

（17）（15）中西班牙语一致语素的词汇项　27

$[+1, -2, -pl] \leftrightarrow$ -mos

$[-1, +2, -pl] \leftrightarrow$ -o

$[-1, -2, -pl] \leftrightarrow$ -s

$[+1, -2, +pl] \leftrightarrow$ -$\phi$

$[-1, +pl] \qquad \leftrightarrow$ -n

（17）中的词汇项为了被应用于某个特定的语素而相互竞争。为了应用，词汇项必须有目标语素所含特征的一个子集（不必是完全的集合）。如果超过一个词汇项在原则上可以应用于某个语素，则拥有最多具体内容的（即有目标语素的特征的最大子集的）那个词汇项在竞争中胜出。在西班牙语第二和第三人称复数形式的例子中，最具体的词汇项是（17）列表中的最后一个；这是因为（17）中没有词汇项可以指 [-1,+2,+pl] 或者 [-1,-2,+pl]。结果，音系实现项 -n 被插入了两个拥有完全不同句法语义特征的节点；这样，在（16e, f）中，第二人称和第三人称的复数一致语素均实现为 -n。

在讨论（16）之前我们提到，对合形现象的这个分析基于的思想是：词汇项相对于其所应用的语素可以是不充分赋值的。这意味着词汇项不需要参照语素中出现的所有特征。在（17）这个具体的例子中，插入 -n 的词汇项相对于其所应用的语素而言是不充分赋值的，即（16e）和（16f），因为它并不参照包含在这两个语素之中的 [±2] 特征。第四章会对不充分赋值进行更为精确的阐释。

重要的是，对（15）中的合形现象所做的分析（17）采用了**同一个**词汇项，而没有采用两个词汇项，每个的音系实现项都碰巧是 -n。我们对合形的分析在定义上是系统性的。尽管在某个分析层次，第二人称和第三人称的一致语素是不同的客体，拥有不同的句法语义特征内容，但是它们都可以从同一个词汇项接受音系内容。[9]

认为声音相对于意义是不充分赋值的，或者用本书的术语说，认为音系实现项相对于句法语义特征是不充分赋值的，这需要词汇插入

28 （或某种类似的分析），需要假设声音形式是添加给那些底层没有音系表征的语素的。反之，如果没有词汇插入操作，如果功能语素内在地拥有音系形式，那么西班牙语的人称和数的变换形式就不可能被分析成为一种系统性的现象，而是一种偶然的同音异义现象，即：西班牙语的语法中包含两个不同的功能语素——[-1,+2,+pl,/n/] 和 [-1,-2,+pl,/n/]，这两种语素的音系实现恰好一致。然而，这样的分析不能阐明在一个又一个语言存在的一个重要现象，即（特征上）类似的意义可以实现为相同的形态。

综上所述，合形现象是语言中最为显著的偏离音义——对应的现象之一，需要词汇插入操作对其进行系统的解释。本章前几个小节提到过，以这种方式把音系实现项添加给语素的理论称"实现性的"形态理论。[10] 分布式形态学的主要目标之一是构建一个维持最透明音-义关联的实现性理论，与此同时，也能够灵活地解释合形及其他相关现象。我会在第四章到第六章详细地阐述这个主题；而如何维持一个强式的实现性理论，这个问题将贯穿于本书的始终。

### 1.6.3 语素本位效应（the Morpheme-Locus effect）

贯穿于以下各章节的最后一条主线是非常总体性的，即语素对于解释语法中的若干现象是必不可少的。在某种意义上，这是分布式形态学的主要观点之一。这听起来也许并不足为奇，特别是给定了前文所提到的假设之后；语素在最低限度必须在本书的理论中占据重要的一席之地，因为它是一个句法的理论，语素在此享有作为句法推导终端节点的特权地位。但是如果本书的主张是正确的，那么语素的特殊性远远不止于此。具体地说，本书定义上的语素好像是许多形式操作和表征的客体，这些操作和表征合在一起覆盖了形态学理论的很大一部分。为了凸显这部分理论的重要性，我把汇聚在语素（而不是其他尺寸的客体）之上的各个不同的理论子系统称为"**语素本位效应**"。

语素本位效应体现在若干不同的领域,其中最为基本的有关声音-意 29
义的关联,内容见上小节的讨论。功能语素通过词汇插入操作获得其音系
实现;不仅如此,按照下文对词汇插入的理论的阐释,语素还是音系实现
的**唯一**(操作)目标。这意味着词汇插入既不可能使音系一步到位地实现
在整个"词"上,也不可能实现在其他句法客体(如非终端节点)上。因
此,语法中音-义关系的首要本位是语素,因为只有在它的身上"基本的"
音-义关系才可以建立起来。

在经验的角度,这种词汇插入仅能作用于语素的观点在许多领域都
产生了重要的影响,其中之一就是语法中的**阻断效应**(blocking effect)
理论。该理论脱胎于阿罗诺夫(1976)这一影响重大的研究,观点是对
语法性的竞争在词与词之间进行。因此,举一个著名例子,可以说 *glory*
阻挡了 *\*gloriosity* 的语法性。然而,在本书的理论中,词与词的竞争不
可能发生。竞争的唯一本位是语素,因为它是词汇插入可以应用的唯一
客体(有关完全分解的假设在此也有关联)。看来,如此限制音系实现
能够全范围地正确地预测自然语言中的阻断效应,具体讨论可参见第七
章。这种分析的核心思想是语素是句法的特殊客体:是语素本位效应的
实例之一。

在多数形态学理论中发挥关键作用的另外一个现象是语境语素变
体,即不同的词汇项和语境决定了语素不同的形式。在第七章里,我
会阐释一个理论,其中局域条件对语素变体的限制是建立在语素基础
之上的。简单来说,只有当两个语素毗邻的时候,其中的一个语素才
能看见另一个,才能触发语素变体。这再一次展现了语素本位效应。
或许最终可以证明,自然语言中的语素变体参照的是更大的客体(整
词),或者非终端节点等,但实际情况看来却并非如此。相反,语境语
素变体理论需要词汇插入的操作,并且有赖于在语素基础上所定义的

局域条件。

在下面的章节中还可以看到语素本位效应的另外一些地方,既可能是
30 具体的案例研究,也可能与宏观架构相关联。例如,上文所述的接口透明
性多数是以语素为中心的,是不可能脱离语素而存在的。

总而言之,语素本位效应是本书中心论断的简称:形态学理论需要语
素,因为只有这样很多语法现象才能得到系统的解释。

# 第二章

# 语素与特征

## 2.1 引言

本书第一章勾勒了一个基于部件的形态学理论的基本特点：它以语素为句法结构的终端节点。该理论的核心思想之一是语素分功能语素和词根两个不同的种类。本章将分别更详细地审视这两类语素，重点探讨它们是如何与不同的特征相关联的。

如第一章所强调的，语素是句法推导的**初始**元素；这就是说，就句法而言，它们具有**原子性**（atomic）。这意味着语素是句法操作的最小客体。但是语素的原子性的观点并不意味着它们没有更小的组成部分。实际上，根据我将接受的观点，某些语素（特别是功能语素）是由特征组成的丛集。用乔姆斯基（2007: 6）的话说，这些语素是"一个由特性（特征）组成的、供合并及其他操作用于形成表达式的、有结构的阵列"。

语素是**有结构的**阵列，这句话的确切含义饶有兴趣。作为初始假设，由不同特征 $F_i$ 组成的一个语素可以表征为诸如（1）这样的集合：

（1）$\{F_1, ..., F_n\}$

超出（1）这样的最小值，语素拥有多少内部结构是一个经验上的问题。最简单的观点（想必）是，语素是特征的集合，别无其他，因此给语素添加任何额外结构（如特征的"几何"或者其他层级表征）需要重大的经验动机。[1]

虽然（1）是表征语素的基本方式，但其他一些符号约定也常用于表征语素，特别是当其与如何处理**语类**（category）相关的时候。遵循标准惯例，本书对语素的表征有时会把语类标签与特征内容的进一步说明分离开来。举例来说，在使用这种约定时，过去时语素可以表征为（2）：

32 　（2）T [+past]

这种表征是（1）这种表征的简写形式。（1）用一个单一的集合来表征所有的特征，包括那些使之成为时态语素的特征，"语类标签"因而只是其中的特征之一。[2]

## 2.2　功能语素

"语素是特征的集合"这个观点与功能语素的关联最为清晰。本书提出的理论是对句法理论中一个标准观点的延伸：功能语素是众所周知的功能语类（functional category），按定义是语法特征的丛集。然而，下面我们会看到，分布式形态学扩展了功能语类的范围，其方式是使用功能中心语向词根提供诸如名词、动词等"词汇语类"；见下面的第 2.3.4 节。

本节考察功能语素的非音系特征，即句法语义特征。功能语素的音系表征则会在介绍词汇插入过程的第四章予以讨论。

### 2.2.1　特征与功能语素

我假设语法包含句法语义特征的一个普遍集合。粗略地讲，此集合中的特征是语义诠释所需要的特征；换言之，按乔姆斯基（1995）及相关文献的说法，它们是**可诠释的**特征（interpretable feature）。

普遍的句法语义特征集合包括了与时、体、数量、人称等相关特征：与语义相关的所有的不同的特征种类，或者，更准确地说，负责在语法中得到编码的那部分意义的特征种类。第一章初步地介绍了此类特征，如 [±def] 表示定指，[±pl] 表示复数，[±past] 表示过去时，等等。依照上章介绍的一个惯例，我假定这些特征在默认情况下是二元的。

总体来看，这个句法语义特征的集合可称为普遍特征库（Universal Feature Inventory），为方便起见，亦可称为 UFI。个别语言使用该普遍特征库的一个特征子集。在术语上，被某个语言选用的特征在该语言中是**活跃的**（active）。一种语言中活跃的（单个的或与其他特征捆绑在一起的）特征构成了该语言的功能语素。

普遍特征库所包含的内容是有关人类语言中实体共项（substantive universal）基础研究问题的一个重要话题（见乔姆斯基（1965））。就本节所关心的问题而言，普遍特征库有两个特点与功能语素理论相关：其一是所有语言都从相同的特征库选取特征；其二是对于某个语言可能有什么语素显然存在普遍性的限制，因此，不可能普遍特征库的任意子集都能被捆绑成一个功能语素。

这两种立场为自然语言的语素库划出了一些相当普遍的边界，使得各个语言的语素库有相当大的预料之中的重叠。尽管如此，功能语素理论也有属于个别语言的方面——任何一种语言的功能语素的精确集都会表现出跨语言差异。这是因为个体语言可能有两种方式的不同：第一，普遍特征库的某个特征可能在一种语言中是活跃的，在另一种语言中却不是；第二，在把特征组合成语素的方式上各个语言也可能相互不同。

普遍特征库与音系学的特征理论相似，后者的标准假设是不同的语言从相同的普遍库存中提取不同的特征子集，并将它们以不同的方式组合成音段。

在音系学中，大量文献（如雅各布森和哈利（1956），乔姆斯基和哈利（1968），克莱门茨（1985），哈利（2002），以及大量相关著作）对特征库的大部分已经形成了大范围的共识。相对来说，对于普遍特征库，在功能语素及其特征的本质方面，共识要小一些，这也就使之成为当下研究中一个极为活跃的领域。尽管如此，我们还是考察一些实例，看看语言的语素库是如何不同的。

34 ### 2.2.2 捆绑与可能的语素

上面的 2.1 节提到，本研究假定某个单一的语素可以由一个以上的句法语义特征组成。用术语来表达则是，由多个句法语义特征组成的功能语素包含**捆绑的**（bundled）特征。举个捆绑的例子，如果不考虑定义代词的语类特征的话，第一人称复数代词可由（3）中的两个特征（[±1] 和 [±pl]）来表征：

（3）第一人称复数 =[+1,+pl]

在该语素中，两个特征共同产生了相关诠释：[+1] 特征负责的是第一人称部分，而 [+pl] 特征提供的是复数部分。

许多语言都有（3）中的功能语素。但是（3）中的两个特征捆绑成一个语素，这却不是**必然的**。就本章的主张而言，很有可能 [±1] 和 [±pl] 在有些语言中组成不同的语素。这个现代汉语里看到的情形可能就是如此，其人称代词的人称和数量是由不同语素担任的。

（4）汉语普通话的人称代词（科比特（2000））

| 人称 / 数量 | 形式 |
| --- | --- |
| 1 单（1s） | 我 |
| 2 单（2s） | 你 |
| 3 单（3s） | 他 / 她 / 它 |
| 1 复（1p） | 我—们 |
| 2 复（2p） | 你—们 |
| 3 复（3p） | 他 / 她 / 它—们 |

如此，英语只用一个单独的语素（发音为 *we*）来表达"我们"的含义，见（3），现代汉语却用两个独立的语素—[+1] 和 [+pl]—来衍生第一人称复数的意思。一个大略的观点，即各种语言在捆绑特征的方式上有所差别，而这一差别又会引发有趣的事实后果，在许多领域都已得到了探讨。[3]

尽管本研究自始至终都假设语言之间在捆绑特征方面以如上所示的方式互有不同，但是对于功能语素如何影响到对诸如英语和现代汉语的
35 现象的分析，人们的观点不尽相同，对此有必要概要性地评论一下。特

别是，有些关于语素和特征的假设会导致如下的分析：要么（i）现代汉语像英语（即人称和数的特征起先是捆绑在一起的，之后才分开），要么（ii）英语像现代汉语（即人称和数是不同的语素，之后才合并）。不严格地说，前种理论更重视特征的捆绑，而不是把它们作为语素的独立表征；后者理论则恰恰相反，即特征的捆绑越少越好。尽管本研究对这两种假设均不会详细讨论，但是上述（i）和（ii）两个选项所需要的裂化（fission）和融化（fusion）操作会在附录 A 里得到讨论。

　　跨越语言何以不同的问题，有一个普遍性问题，即哪些特征可以捆绑在同一个功能语素之中。例如，尽管许多语言中人称和数量特征经常以（3）演示的方式被捆绑到代词之中，但是并不是所有可以设想的特征组合都在自然语言之中出现。① 比如说，语言中似乎不使用时和数量特征捆绑而成的语素，或者介词和形容词特征捆绑而成的语素，等等。

　　尽管可以就刚提到的这些看上去不可能的语素举出许多的例子，但是就我所知，关于可能语素现在还没有一个完备的理论，至少，还没有一个关于不可能语素的**明晰的**理论。我这样说的意思是：现在的句法理论有许多（经常是默认的）方面涉及各类语法范畴的本质及其接口，它们构成了可能语素的工作原理。之所以如此，是因为它们所使用的语素有这样而非那样的特征组合（以及选择性特性，等等）。因此，基于对自然语言的句法的了解（比如，时和数量的特征没有相似的分布），许多可以想象但却是不可能的语素在自然语言中缺失就"说得通"了。然而，这类说法远远不是一个**可能语素**的通用理论，而该理论又是普遍特征库理论的一个重要组成部分。实际上，多数理论（包括本书的理论）都假定：存在一些句法和语义关联度高的概念，它们决定了什么样的特征能够被捆绑在一起。然而，如何准确定义这类关联度（coherence），它们可能的动因是什么，这 36 些重要的问题仍然有待进一步研究。

---

① 前者被称为"可能（的）语素"，后者被称为"不可能（的）语素"。——译者

### 2.2.3 活跃特征的差异

众所周知，各个语言所使用的形态特征是互有区别的。即便我们抛开那些语言个性色彩突出的，较为表层的形态特征，如（任意性的）词形变化系统①，这一点都是毋庸置疑的（见下面的3.3节）。

形态特征的跨语言差异有两种主要的表现方式。一种方式是，各个语言在普遍特征库中做出的选择不同：在某些语言中活跃的特征在另外的语言中并不活跃；另一种可能的方式则是，不同的语言虽然在某个领域选择了相同的特征，但捆绑这些特征的方式却不相同。在上一节讨论英语代词与现代汉语代词的区别时，我们已经看过这类方式的初步例子。

从下面的论述可以逐渐看到，这两种类型的差异既可能容易分清，也可能很难。为了说明这一点，让我们看一下与代词相关的数量系统，名词的数量标记，以及与之伴随的动词一致特征，它们在语素库方面的差异已经被研究得较为透彻了。例如，一些语言仅仅区分单数与复数，而有些语言除了这两类还运用**双数**（dual）来指称两个对象。古希腊语（Classical Greek）是后者的一个例子。它有单数、复数和双数三种数，其名词因此原则上有三种标记方式，如下面（5）中的名词 *níkē* "胜利" 所示。为了简便，我没有把这些词形中表示数量的语素分离出来：

（5）*níkē* "胜利"，主格

　　单数　　níkē

　　双数　　níkā

　　复数　　níkai

动词的一致特征也可以找到这种数量区别。（6）中的现在时动词词形有不同的词尾，反映了对数量的三分法：

37　（6）现在时 lú-ō　　"松开"

　　**人称/数量**　　**词形**

　　1单　　　　　　lúō

---

① 在印欧语言中，词形变化系统主要分动词的变时（conjugation）和名词的变格（declension）两种。——译者

| | |
|---|---|
| 2 单 | lúeis |
| 3 单 | lúei |
| 1 双 | lúomen |
| 2 双 | lúeton |
| 3 双 | lúeton |
| 1 复 | lúomen |
| 2 复 | lúete |
| 3 复 | lúousi |

与古希腊语的数量系统相比，像英语这样的语言只有两种数量：单数和复数。在后者这类语言中，仅需要一个二元的特征就足够区分句法语义上（因此也是形态上）的不同。出于方便，我们可以把这个特征标注为 [±pl]。这样，[-pl] 和 [+pl] 分别表示"单数"和"复数"的含义（引号中的术语可以理解为指称基本特征区别的一种速记形式）。

显然，对于除了单数和复数之外还有双数的语言而言，一个二元的特征 [±pl] 是不足以表示所有语义相关的区别的。假设特征最多是二元的，则需要引入新特征。在此，我们将假设，双数出现于拥有两个二元特征的系统之中：[±sg（单数）] 和 [±pl（复数）]；当 [±sg] 和 [±pl] 都取负值的时候，便出现了双数，如（7）所示：

（7）数量特征

| | **+sg** | **-sg** |
|---|---|---|
| +pl | -- | "复数" |
| -pl | "单数" | "双数" |

参照例（7）以及上述有关英语的假设，可以看到古希腊语采用的功能语素并不存在于英语之中。英语采用的数量语素要么是 [+pl]，要么是 [-pl]：

（8）英语中包含数量的语素　　　　　　　　　　　　　　　　　　　38

　　　a. 单数：[-pl]

　　　b. 复数：[+pl]

与之不同的是，古希腊语采用的功能语素，其数量特征如（9）所示：

（9）古希腊语中包含数量的语素

　　　a. 单数：[+sg, -pl]

b. 双数：[-sg，-pl]

c. 复数：[-sg，+pl]

在这种分析之中，英语与希腊语在从普遍特征库中选取特征时有所差别：英语使用 [±pl]，但不使用 [±sg]。用本节之初使用的术语来表达，这意味着有一个特征在某个语言（希腊语）中是活跃的，而在另一个语言（英语）中是不活跃的。（其次，在这种分析之中，希腊语有别于英语的地方还在于它把 [±pl] 和 [±sg] 特征捆绑在了相同节点下）。

从这个介绍性的讨论就可以清楚地看出，语言之间差异的确切本质取决于对特征表征的设想。举个例子，假如出于特征一致性等方面的考虑，我们用 [±pl] 和 [±sg] 两组特征来分析英语。那么，英语的单数和复数就可以像古希腊语那样定义：即分别为 [+sg，-pl] 和 [-sg，+pl]，与此同时，英语不存在 [-sg，-pl] 这样的语素。在这种情形下，英语和古希腊语从普遍特征库选取的特征是相同的，因为两者皆使用 [±pl] 和 [±sg]。两种语言的差异因此在于古希腊语拥有 [-sg，-pl] 表征的功能语素，而英语没有。这样，语言之间的差异存在于特征是如何被捆绑成语素的，而不首先是哪些特征是活跃的。

仅仅根据以上讨论的语料，很难区分出第一种（基于库藏的）和第二种（基于捆绑的）分析。当数量系统得到详尽的分析，可能会有更多的经验和理论证据说明两者之间孰优孰劣。然而，因为古希腊语和英语的比较已足以展示个别语言是如何使用普遍特征库的，我将不再对此进行讨论了。

不正式地说，当一个语言有另一个语言没有的区别时，比如上面所说的双数，这经常是清晰明了的。然而，有的时候，即使是看上去简单的差异，如果详尽研究，也会冒出许多复杂的问题。"时态"（在此宽泛地同时指时态和体）领域就是一个例子。即便是相对类似的语言，动词在表达时态时经常会有不同。例如，英语的动词有现在时和过去时两种形式，而西班牙语动词的过去时可以进一步划分为未完成体（imperfective）过去时

39

和完成体（preterite）过去时：

（10）时态形式

　　　　a. 英语

　　　　　 i. 现在时：play，play-s

　　　　　 ii. 过去时：play-ed

　　　　b. 西班牙语 *hablar* "说"；1s，2s，3s，...

　　　　　 i. 现在时：habl-o，habl-a-s，habl-a，etc.

　　　　　 ii. 未完成体：habl-a-ba，habl-a-ba-s，habl-a-ba，etc.

　　　　　 iii.完成体：habl-é，habl-a-ste，habl-ó，etc.

　　很明显，在拥有不同的限定式动词形式的数量方面，英语和西班牙语是不一样的。然而，从该语言句法语义特征活跃程度的角度，这意味着什么却不那么明显。例如，西班牙语过去时未完成体形式所表示的意义之一是过去进行体。英语在表达过去进行体意义时，使用的是所谓的**进行体**形式，由系动词 *be* 的某个词形加上主动词的 *-ing* 形式构成：[5]

（11）John was playing.

　　如此，要查明英语和西班牙语时体语素差异的方式，最终要取决于我们应该如何分析英语（过去）进行体的意义与西班牙语的未完成体的意义之间的关联。有一种可能是各种语言使用的特征非常相似，但"打包"（packaged）的方式各有不同：也就是说，相同的特征可能在西班牙语中实现为单一"动词"（即"复杂的中心语"），在英语中则实现为一个助动词加分词。当然，可以提出另外的分析方案，比如说，英语和西班牙语在 40 这部分时态系统里使用不同（但语义相似）的特征和语素。解答这类问题需要一个涵盖句法、语义以及形态的综合性理论；对于为什么许多形态学议题不能孤立地研究，这是一个很好的例子。

　　语素是如何打包成复杂的中心语的？这个问题是个重要的话题，将在第三章再次讨论。就目前的目的而言，以（10）为基础的比较显示，形态—句法上的表面差异并不总是简单地归结于句法语义特征库或语素。相反，这种差异既可能源于特征及其捆绑成语素的方式的不同，也可能源于语素（通过词缀化操作）成为复杂中心语时的不同安排，也可能两者兼而有之。

### 2.2.4 小结：功能语素的特征

功能语素是句法语义特征的丛集：至少在通常情况下是二元的特征。本书采用的初步假设是：特征没有额外的内部结构；然而本书的总体框架与许多其他有关特征内容和组织的理论是相互兼容的。

最后一个需要考虑的与句法语义特征相关的问题是：他们是专属于特定的范畴的吗？许多语素，诸如 D[+def]（＋有定指）和 T[+past]（＋过去），看起来显得句法语义特征是针对特定的语法范畴的（因此，例如，限定词可能是 [± 有定指 ]，时态节点可能是 [± 过去 ]，反之则不然）。特征以这种方式专属于不同的范畴确实是可能的。但是，可以想象，应用于诠释句法语义特征的语义操作更具普遍性。有一个诱人的可能性是，语法里的特征并不专属诸如"人称"、"数量"、"时态"或"指示（deixis）"这样的概念；相反，它拥有为数不多的一些特征，与通用的语义操作相对应，而这些语义操作的确切诠释又取决于特征可以应用于何种语法范畴。有关这类分析的实例和语义执行，请特别参阅施伦克尔（1999，2006）和哈伯（2008）。

## 2.3　词根

41

语法除了包含功能语素，还包含叫做**词根**的语素。根据定义，词根是一个语言中开放类词汇的成员。这部分词汇通常被认为与**概念**（concept）相关联，而概念是存在于语法之外的心理表征系统（综述见墨菲（2002））。因为词根的双重性质——既是语法客体，也与语法外的认知系统有着重要关联，所以词根的表征与使用是一个复杂的问题。

下面的讨论主要集中于词根表征与语法相关的部分，即词根在记忆中如何表征，它们如何与各类特征构建关联。同时，我也会简要介绍与词根的意义和概念有关的一些假设，但会保持在可控的最小限度之内。

### 2.3.1　词根与音系特征

许多理论都假设词根在底层被表征为音系特征。用这类语素的标准标注的话，名词 *cat* 的底层词根可以表示为（12）：

（12）$\sqrt{\text{CAT}}$

如果进一步假设词根 $\sqrt{\text{CAT}}$ 在底层有一个音系矩阵，那么（12）可以看作是（13）的简写方式。（13）使用了本章前面在讨论功能语素时所采用的对语素的集合表征形式，更为清楚明了：

（13）{/kæt/}

跟讨论功能语素时一样，下面的讨论将视情交替使用不太明晰的（12）—类型和较为明晰的（13）—类型两种表征形式。

就（12）和（13）中的词根 $\sqrt{\text{CAT}}$ 来说，我们往往理所当然地认为音系的底层表征足以唯一性地标记该词根。然而，单靠音系表征是无法唯一性地标记一个语言中所有的词根的。在第一章中我们提过，为了把同音的词根相互区分开来，有必要修改（12）。这可用标签来完成。如果用较为明晰的集合表征形式的话，这意味着这些标签也应该包括在集合之中。因而，"bank"底层的词根，在表示"银行"含义时可以表征为（14a），在表示"河岸"含义时可以表征为（14b）：

（14）两个同音的词根

    a.{/bæŋk/, 254}

    b.{/bæŋk/, 879}

所选的标签是任意的；我们所需要的只是用最简的方式把这两个词根相互区分开来，以此补救音系在这一功能上的不足。当然，我们还可以求助于其他不同的方式把同音的词根相互区分开来。例如，在许多语言中，同音词根在变时、变格、性或其他这些"形态"特征上的表现不同（见下面的讨论）；当这种情况出现时，形态特征可以把同音词根唯一性地标记出来，上述这种任意的数字标签原则上也就不再必要。举个例子，拉丁语中有 *aud-ī-re* "听" 和 *aud-ē-re* "敢于" 两个不同的词根，但其底层音系是相同的。然而，这两个词根属于不同的变时类型，反映在与它们共现的是不同的主题元音（分别是 -*ī* 和 -*ē*）。在一个用变音特征（diacritic feature，见第 2.3.6 节）来标志变时类型的理论中，变音可以用于唯一性地识别这两个词根。

如果词根（或者至少部分词根）同样遵循迟后填音的操作，那么所有词根都需要一个数字标签，因为只有这样词根与词根才能得以分别。具体而言，词根的迟后填音可以形式化为一个音系形式的插入，该音系形式参照了其数字标签，因此，一个把 *cat* 里的词根加以实现的词汇项可以表征如下：

（15）$\sqrt{766} \leftrightarrow$ /kæt/

在一个如（15）那样使用词汇项的理论中，$\sqrt{766}$ 这个客体所行使的功能是标记相关词根，该词根然后通过词汇插入获得音系内容。如果词汇插入在词根中真正存在的话，那么对词根应用这一操作对分析（词干）的异干互补可能有所裨益，异干互补是出现在轻动词（即语法特征的丛集；见 2.3.6 节）之中的一种现象，如 *go/went*。然而，词汇插入的主要动因是合形现象；因为合形在功能语素的实现上最为明显，所以我在接下来的章节里将不讨论词根的词汇插入问题，我们只需理解词汇插入在必要时是可以延伸到词根上的。

### 2.3.2 词根的范畴化

词根的一个重要特性是它们没有内在的语法范畴。这项假设可以追溯到早期对派生形态的研究；特别是乔姆斯基（1970），马兰茨（1997，2001），博雷尔（2005）。恩比克和马兰茨（2008）对这项假设进行了应用，并在本书采纳。

根据词根无定类的理论，像 "名词"、"动词" 或 "形容词" 这样的传统意义上的词类是一种为了方便而速记标签，它们指由词根与诸如 *n*，*v* 或 *a* 这样的定类功能中心语（category-defining functional head）相结合所形成的句法结构。（16）显示了词根是如何用这种方法得到范畴化，变成名词 *cat* 的：

（16）词根 $\sqrt{CAT}$ 实现为"名词"

定类语素拥有不同的特征，因此一个语言可以拥有各种类型的 *n*，*v*，等等，而这些不同类型的特征对派生形态学的语义层面可以做出不同程度的贡献。[6]

如（16）所示的例子展示了复杂中心语的形成过程，即将词根（通过中心语移位或其他方式）嫁接于定类语素。取决于对成分结构所做的假设，复杂中心语既可以形成于以词根为定类中心语 x 的补足语的结构之中，如（17a）；也可以在词根附接于中心语的结构之中，如（17b）：

（17）a. 句法结构

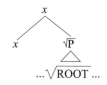

　　b. 由（17a）构成的复杂中心语

还有一种可能是词根直接与功能中心语合并，形成类似于（17b）的结构，其中的词根没有短语投射（phrasal projection）（这两种可能性不是相互排斥的）。包含诸如（17b）这样的复杂中心语的结构（17a），其确切的范围是当下研究的话题之一。本书大部分的分析会针对于诸如（17b）的复杂中心语结构，而不会详细讨论前附加（pre-affixation）结构（更多评论见第三章）。

词根必须总是由功能中心语赋予词类，这个假设被称为**定类假设**（Categorization Assumption）：

（18）**定类假设**：未被**定类**的词根不能出现；词根通过与定类功能中心语合并而获得定类。（恩比克和马兰茨 2008）

依据定类假设，词根不能"裸现"（bare）。相反，它们只有与定类中心语合并之后方能出现于句法推导之中。这个观点的后果之一是，词汇范畴中的一些成员，按传统描写是"简单的"，如"动词"*play*，"名词"*cat*，"形容词"*red* 等等，但实际上却是结构复杂的。最低限度，它们由一个词根和一个定类功能中心语组成：

45　　（19）*play*　　　　　　　（20）*cat*　　　　　　　（21）*red*

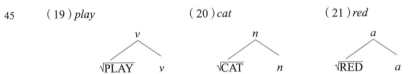

因而，按照这个理论，词根不是非正式地指称"cat"这样的词。相反，（部分）词包括词根，而词根本身一定不可独立出现。

对英语这样的语言，这个论断起初看起来似乎违反直觉。在这些语言中，词根的底层形式有时跟我们心目中的词十分相似，如词根√$\overline{\text{CAT}}$和名词 *cat*。但是很多其他语言却有更多直接证据，表明词根不能单独成词。举例来说，有些语言，如西班牙语，有主干元音（theme vowel）或称"构词标记"（word marker），其词根（如√$\overline{\text{ALT}}$，'high'）不能以 *alt* 的形式单独出现，却要跟与名词类别（与性相关）的另一个语素同时出现：*alt-o* 'high-MASC'，*alt-a* 'high-FEM'，等等。显性的后缀 -*a* 和 -*o* 表示与名词类别相关的特征，在许多语言中都是名词的一个"任意性的"形态特征（更多请见第 2.3.5 节）。√$\overline{\text{ALT}}$这样的词根不能脱离它们而出现，这个事实显示我们所认定的词根必须与其他的语素一同出现。当这些其他的语素拥有显性的音系形式时，就比英语能让更容易看出词根总是结合其他语素才出现。

在其他一些语言中,词根和词的区别更加明显。例如,在阿拉伯语这样的闪语中,词根在音系上被表征为辅音串,如√KTB(意为"write")。在词根局部环境中的语素的决定下,这些辅音串被音节化并被置于元音和辅音的一个韵律形状(即模板)之中。例如,kataba '写'源于词根√KTB,kitaab '书'也是如此(更多例子见第2.3.3节)。与英语中词根√CAT的音系表征不同,如√KTB这样的词根不能单独发音,它只有与其他的语素结合时才能被拼读出来。

如(18)所说,并不是所有的功能语素都可以给词根定类。语法中只有一组特殊的语素才能执行这一功能;它们有时叫做**定类语**(categoriz- er)。定类语有时有显性的语音实现项,有时没有。像在(19—21)的例子之中——play, cat 和 red——定类中心语没有音系实现。但在如(22—24)的其他词中,像 dark-en, marri-age 和 glob-al,这些中心语则有显性的音系。

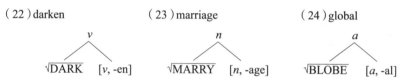

(22)darken　　　　　(23)marriage　　　　　(24)global

有些词,如 vaporization '汽化',拥有两个显性的定类中心语,如(25)所示:

(25)vaporization

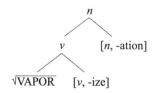

定类中心语跟其他功能语素一样,经历词汇插入操作。这就是(22—24)中 -en、-age 和 -al 等音系实现项之所以被分别插入到 v、n 和 a 节点的原因。对于 play 等定类语没有显性实现的形式,可能有若干不同的分析。目前而言,可以假设这些例子中的定类中心语有一个空(null)实现项，记作 -φ；那么在需要细节的时候，词根√PLAY 的动词形式可以写作 *play-φ*。[7]

例（25）中的 *vapor-iz-ation* 结构除了展示有显性语音实现项的定类中心语之外，还显示了另一个要点：定类中心语可以出现在其他定类中心语之外，以生成此类多语素的词（其他例子还有 *break-abil-ity* '可破性'，*fool-ish-ness* '愚蠢'，等等）。当多个不同类的定类中心语出现在同一个词时，真正的"词类转化类"就发生了，因为一种词类的客体转变成为另一种词类的成员，如（25）动词 *vapor-ize* 转变为名词 *vapor-iz-ation*。多个定类中心语可以在同一个推导中同时出现，这个观点对于应用语段循环推导是极为重要的，见第七章的讨论。

关于词根和定类语需要说的最后一点是：包含这些客体的结构是由句法构建的，而不是由记忆储存的。由于本理论用句法推导所有的复杂形式，因此不把派生形态和屈折形态分作两个模块。相反，派生语素，如 *n*、*v* 等等，跟限定性语素（D）和时态语素（T）等一样，都是句法客体。

### 2.3.3 词根与词汇意义

上节谈到，词根是可以定类的语法客体，不仅如此，词根还与词汇语义表征和概念表征同时关联（注意：对这两类信息应在何处划界的问题，我在此不持立场）。由于词根语义的问题既与有关概念本质的一般问题相关，也和语法最初是如何处理词汇意义信息的具体问题有关，而两者又都极其复杂，所以在此只粗略地谈及意义。

关于词根意义的理论，一部分针对是词根本身，另一部分针对词根出现的直接语法环境。前者说的是（至少在典型的例子中）词根有其内在的意义，后者说的是定类语素（或与词根同局域（local）的其他语素）对于决定某个语法环境中活跃词根的意义发挥着作用。

鉴于词根意义有这两个部分，本书对词根意义采用如下初步假设：词根拥有词汇意义表征，诠释句法客体的语义系统对这些表征可以解读。

（第一章提到，这类意义有时是参照百科知识表进行的；也可能存在其他的可能性。）这个系统决定了如何诠释不同语法环境中的词根：例如当其（通过 $n$）出现为名词，或（通过 $v$）出现为动词，或出现为其他某个词类成员的时候。

在这些不同的语法环境中，存在一个以词根的"基本"意义为中心的、共有的诠释部门，不过或许也存在某些基于语境的差异。举个例子，英语词根$\sqrt{\text{FEATHER}}$用作名词 *feather* 时，它指称的客体特性不一而足。不过，英语母语者知道，如果换一个语境，比如形容词 *feather-y* '轻的'，其意义会狭窄得多，因为这时词根$\sqrt{\text{FEATHER}}$仅凸显重量方面：*feather-y* 意为"轻的"，不涉及其实际的客体（羽毛）（此例摘自塔夫特（2004））。总体上看，词根不同的词汇语义构成了词根的**多义**（*polysemy*）现象，这也是人类语言的一个普遍现象。[8]

在阿拉伯语等闪语中，不同语法环境对词根意义的塑造方式表现得尤为显著，易于说明。众所周知，在这些语言中，一个词根可以在不同的"模板"（即辅音元音串）中出现，并且衍生跟词根核心意义相关的诠释。这些模板是词根所处的不同语法环境的形态-音系表现，而这些语法环境是由不同的功能语素所定义的。

下面的（26）展示了词根$\sqrt{\text{KTB}}$（大意为'写'）的一些示例（见韦尔（1976），凯（2007））；请注意，一些例子中有一部分除了模板样式的变化之外还涉及一些显性的词缀，不过为了简便，我对所举的例子不做分隔：[9]

（26）词根$\sqrt{\text{KTB}}$的一些形式

　　kataba 'to write'（写）

　　kitaab 'writing, book'（著作）

　　kutubii 'bookseller'（书商）

　　kuttaab 'Koran school'（古兰经学校）

　　kutayyib 'booklet'（小册子）

　　kitaaba 'act or practice of writing'（写作）

kitaabii 'written, literary'（书面的，字面的）

maktab 'office'（办公室）

maktaba 'library'（图书馆）

miktaab 'typewriter'（打字机）

kaatib 'write, scribe'（写）

maktuub 'written down'（记录）

这些形式每个都以辅音 /k/-/t/-/b/ 为基础，它们按照这个顺序，共同
构成了该词根的音系表征。处于它们环境之中的不同语素决定了这些辅音
各自的韵律模式（pattern），派生出了一组相关形式和意义的词语。

虽然阿拉伯语（或更笼统地说闪语族）为基于词根的构词提供了一个
特别引人注目的例子，但可以假设相同的现象存在于所有语言之中，即使
并非所有语言的词根都有闪语族那样精妙的形态–音系系统。

至于上文提到词根的**核心意义**（core meaning），可以假设每一个词
根都拥有一个词汇语义的意义表征，我把它简写为 R。在特定的语法推导
中，词根出现于句法环境之中，即与功能中心语处于相同的局域之中。当
这个包含词根的句法客体得到拼读（spell-out）时，诠释句法结构的语义
系统作用于 R（以及处在词根环境之中的语素的意义），产出由语法环境
激活的、确定该词根意义的一个语义表征。

### 2.3.4 词根与句法语义特征

至此我们已经讨论了与广义上意义相关的两种表征：一种是句法语
义特征，另一种则是与词根相关的 R 意义。本节主要讨论这两种意义的
关系，它们实际上是词根与句法语义特征是如何关联的这个大问题的一
部分。

我在此秉持的观点是：词根表征不涉及句法语义特征，就此为止。特
别是，词根既不属于任何这样的特征，也不能被分解为这样的特征。这两
个立场可以表述为（27）：

（27）词根与句法语义特征

　　　　a. **词根无句法-语义设定**：词根不拥有句法语义特征。

　　　　b. **词根不可分解**：词根不能被分解为句法语义特征。

　　第一个立场（27a）对词根可能被设定的特征类型进行了限制。它只允许词根内在性地拥有音系或形态特征（关于形态特征见第 2.3.5 节）。

　　与第一个立场紧密相关，第二个立场（27b）说的是：无论词根（从 50 $R$ 意义角度）具有何种语义或概念内容，词根的意义都不可还原于人类语言的句法语义特征库（即普遍特征库）。尽管 $R$ 意义可以基于特征系统加以定义，而特征系统又可以把词根划分为不同的语义类别，比如某些词根语义上是状态性的，有些与实体相关，等等，但是这个词根的分类系统不是句法语义特征系统。换言之，$R$ 意义和句法-语义意义系统是不相交的集合，尽管这两个系统必须互动，才能使得词根具有不同的分布（即出现在不同的句法环境中；参看下面的论述）。

　　（27b）的立场禁止把词根视为语法特征集合的那种特定的**词汇分解**（lexical decomposition）。在此必须注意一下术语的使用，因为过往大量文献所采用的术语"词汇分解"（不幸地）有着完全不同甚至不相兼容的含义（这种用法上的混乱与第一章提及的"词汇"含义众多有关）。（27b）所禁止的"词汇分解"意义等同于词根（词根意义）不可拆分（即在成分上分解）为句法语义特征。对这个术语点如此强调，是因为"词汇分解"另有他用，指按通常理解，"词"可以分解成若干个语素，而语素是句法上离散的客体。后者这类词汇分解当然不仅被本理论认可，而且还是其核心。

　　（27）中的两条表述都是否定形式，但这并不意味着词根没有任何特性（尽管分布式形态学认为词根实际上没有句法可见的特性，或者说词根不参与句法推导；相关观点见马尔茨（1995），恩比克（1997，1998，2000））。最低限度，需要有一个关于词根意义（即 $R$ 表征）的理论来解释一个简单的事实——词根拥有内在意义。

　　还有一个问题是 *R* 意义是如何与句法分布关联的。从经验角度可以清楚地看到，一些词根在某些句法环境中会有些异常（deviance）。举个例子，√RUG '垫毯' 作为名词完美无缺，如 *The rug is red* '这块垫毯是红的'，但在作者的英语中作不及物动词则是古里古怪的，如 *#John rugs* '约翰垫毯了'。如果词根不具有确定的句法语义特征，那么这一分布情况不可能通过为词根标记 [-*v*]（或 [+*n*]）等方式加以满意的解释。相反，这种异常现象应该归因于词根的 *R* 意义与其所处的句法环境相互联系的方式。

51　　在上文对 *rug* 的讨论中，用符号 # 来表示"异常"，因为这个句子是**不合语法**的，还是合乎语法但（可能由于语义上的偏离，如不恰当（infelicitous）等）却是不可接受的，这个问题尚无定论。文献中对这一点的观点不一。例如，博雷尔（2003）允许词根跟句法环境的所有组合在技术上都是合乎语法的。另一种可能则是词根在句法分布上的限制起因于它们拥有内在的（以 *R* 意义为形式的）语义特性，这些特性决定了它们的分布（对此的评论见恩比克和马尔茨（2008））。根据后者的观点，当词根的 *R* 意义不能与所处句法环境匹配时，异常现象便应运而生，但产生这种现象的机制是语法内的，而不是诸如概念或者语用等其他系统。这些观点的差异可以多种方式研究，而各种竞争理论的差异往往是相当细微的。总的来看，两种观点都认为词根意义（如 *R* 意义）的某些方面一定与派生于其所处环境中语素的语法意义相互作用；这也再次说明了第 2.3.1 节介绍的观点：*R* 意义和句法语义特征的意义即使是不同的，也必须以某种方式互相可见。

### 2.3.5　词根与"形态"特征

　　至此我已经勾勒了词根分析的两个组成部分。第一个是词根拥有音系表征，也许还有"数字性"的标签；第二个是，虽然有着词汇语义的 *R* 表征，词根既并不能用句法语义特征来表征，也不能分解为句法语义特征。

这些理论的组成部分紧紧围绕之前所介绍的两类特征——音系特征和句法语义特征。然而，词根看起来似乎还与一类没有提到的特征有联系：本质上主要属于形态的特征。之所以需要这类特征是因为有些语言中的词根（及有些功能语素）属于某些形态类别，其成员不能从语言中的其他任 52 何部分预测出来。

我们常用的一个例证是，在许多语言的名词性和动词性系统中，名词和动词可以划分成不同的变格（名词，有时还有形容词）和变时（动词）。例如，古拉丁语的动词有五种变时，（28）以现在时陈述式逐一做了例示。不同的变时有不同的主干元音（即紧跟词根的元音；I: /-ā/; II: /-ē/; 等等）。（其次，一致词尾也存在一些与变时相关的差异——比较第三人称复数形式，如 -nt 和 -unt）：

（28）一些拉丁语动词的陈述式形式

|  |  | I | II | III | III(i) | IV |
|---|---|---|---|---|---|---|
|  |  | 'praise' | 'warn' | 'lead' | 'seize' | 'hear' |
| 1 | 单 | laud-ō | mon-e-ō | dūc-ō | cap-i-ō | aud-i-ō |
| 2 | 单 | laud-ā-t | mon-ē-s | dūc-i-s | cap-i-s | aud-ī-s |
| 3 | 单 | laud-a-t | mon-e-t | dūc-i-t | cap-i-t | aud-i-t |
| 1 | 复 | laud-ā-mus | mon-ē-mus | dūc-i-mus | cap-i-mus | aud-ī-mus |
| 2 | 复 | laud-ā-tis | mon-ē-tis | dūc-i-tis | cap-i-tis | aud-ī-tis |
| 3 | 复 | laud-a-nt | mon-e-nt | dūc-unt | cap-i-unt | aud-i-unt |

遵照描写性文献中基本上是标准的分类，不同的变时类型用 I、II 等标签来标记。除了个别动词无主干元音（athematic）之外，古拉丁语的所有动词都属于（28）中的五类之一。这些类型的成员既不能通过词根的意义加以预测，也不由词根的音系特征所决定。相反，某个特定词根从属于哪种类型只能靠记忆。从共时语法的角度，它因此是任意性的。因为这种任意性的分类影响到了形态的实现（并不影响句法或语义），所涉及的特征被称为**形态性**的。

有一种表示不可预测的形态信息的方式是使用**变音符**（diacritic）特

征，其唯一目的是推导出类型之间的相关的形态区别。举个手头上的例子，拉丁语词根 $\sqrt{\mathrm{AUD}}$ 属于（28）中第 IV 类变时，可以表征为（29）：

（29）$\sqrt{\mathrm{AUD}}_{[\mathrm{IV}]}$

53　　在（29）中，$\sqrt{\mathrm{AUD}}$ 拥有一个 [IV] 特征，对该语言的形态有影响，使得其主干元音实现为 /-ī/。

用第一章所介绍的（句法导向的）特征分类来衡量，变音符特征是不可诠释的，也就是说，它们不是句法语义特征。因此从定义来看，它们对语义诠释毫无影响。相反，它们的影响只见于语法的音系式部门。

（29）中的拉丁语词根的表征包括了一个单一的变音符 [IV]，但原则上没有什么阻止单一的词根拥有多个变音符，在不同的环境下可见不同的特征。在有的语言中，因为名词性和动词性系统都表现出基于类型的行为，而且一个单一的词根既可以做名词也可以做动词，所以变音符特征有多种规格有时是需要的。例如，拉丁语词根 $\sqrt{\mathrm{DUC}}$ 可以以第 III 类动词变时形式出现（*dūcere*，'领导'）（见（28）），也可以以第 III 类名词变格形式（*dux*）出现。该词根的名词和动词形式都以数字 III 来命名，这个事实当然只是描写语法中一个偶然。重要的是，词根既属于名词的某个任意性类型，也属于动词的某个任意性类型，这一信息必须在语法的某个地方予以体现。这类词根的表现提示它有两种不同的变音符号：在名词性环境携带 [n-III] 标记，在动词性环境携带 [v-III] 标记（这里的 *n* 和 *v* 两个注释起着标识特征与特定环境相关的作用）。

动词变时和名词变格两个系统为变音符标记的必要性提供了典型的现象例证。在术语上，把变音符作为词根基础表征一部分的分析（如（29））使用所谓的特征的**内在规格**（inherent specification），因为相关的这些特征为词根在底层中拥有。[10]

除了变时和变格类型之外，其他类型的现象也需要内在规格（或与其类似的东西）。例如，很多语言中都普遍存在把名词划分为任意性的"性"（genders），这可能与内在规格是相同类型的。在西班牙语中，"桥"

是阳性的（*elpuente*），"桌子"是阴性的（*lamesa*），这些信息都需要记忆。对拉丁语词根$\sqrt{\text{AUD}}$而言，像 [IV] 这样的变时类型特征起着变音符的作用，同样，西班牙语的性特征也可标记词根，因此诸如 *mesa* 的底层词根$\sqrt{\text{MES}}$拥有 [+fem] 特征。无论在西班牙语还是很多其他语言中，性 54 特征引出了很多重要的问题，在文献中得到热烈的讨论，因为性特征与标记指称物性别的语义可诠释特征可以相互作用。在西班牙语的例子中，性还与名词类型特征的实现相互作用，决定了大数名词的最后一个音段的实现（典型形式是 *-o* 或 *-a*）。对这些问题的详细讨论见哈里斯（1991）。

除了以上讨论的这些具体例子，特征理论还有一个关于内在规格的限度的基本问题。第 2.3.4 节中提到词根不得含有句法-音系特征，这个观点是这个方面的一个实质性设想。更多关于特征类型的讨论见恩比克（1997，2000）。

另一个可以提出的基本问题是，既然变音特征（根据定义）与语义毫不相关，为什么语言还要使用它们呢？这个问题与历时和习得方面的问题相关，而且很有可能涉及到处于语法之外的认知系统（如记忆）的特性。

在分析的细节方面，还有一个重要的问题：与内在规格相关的现象都需要把变音符和其他（如性）特征标记在词根上吗？就这个问题而言，可能比较保险的说法是类型上某些需要记忆的信息与词根相关，但是不必表征于词根本身。例如，克雷默（2009）根据阿姆哈拉语（Amharic）的语料，认为性特征并不专属于词根，在为词根定类的中心语 *n* 中也可找到踪迹。

按上一段所提的这些思路，应该注意的是，有许多其他的机制可以用来解释某些任意性的词形变化现象。像$\sqrt{\text{AUD}}$ [IV] 这样的表征把任意性的词形变化处理成一种词根特征。另一种标记任意性词变信息方式是使用语素变体（见第四章和第七章）。我对这个问题的看法是，通过这种或类似的分析完全清除变音符号是困难的。但是在此将不再详细讨论这个问题，因为理清这个领域各种分析之间的差别是一件微妙的事情，而且还涉及超过此书讨论范围之外的许多问题。在接下来的篇幅中，只要遇到形态特征，我都会使用这里所概述的词根的变音符特征。

### 2.3.6 词根是一种语素

词根是一种特定类型的语素。这意味着词根是语法中某些客体的内在特性。至关重要的是，词根不是依据句法结构或"词"的位置定义的。因此，"**词根**"这个术语的使用范围比"**词干**"（stem）或"**词基**"（base）这些术语要狭窄一些。在形态学理论中词干或词基经常（正式或不正式地）用于描写一个词的"基本"部分（即词缀添加的部分），词根与词干或词基这些概念之所以容易混淆，是因为在许多情况下，词根是复杂词中内嵌得最深的成分，因此它似乎为词缀起到了宿主（host）的作用。然而，虽然词根在复杂词中所处的位置可能十分重要（因为它涉及词根的分布特性），但事情的关键点是：词根之所以是词根，是由内在原因决定的，而不是位置决定的。

为了说明为什么定义词根要格外小心，下面举几个例子。首先，看一个像 *vapor-iz-ation* 这样的复杂形式，词根√VAPOR 在此是一个复杂中心语中内嵌最深的成分：

（30）*vaporization*

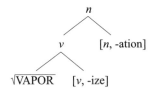

凭借其在（30）中的位置，词根√VAPOR 碰巧对应上文提到的、"进一步词缀化的宿主"这一非正式概念。

然而，在其他的一些词里，没有技术意义上的词根，尽管我们可以想象这些词里也有一个成分，可以非正式地说成为词缀的"宿主"。例如，本书采用的理论认为**轻动词**（light verb）简单地是句法语义特征的丛集，即各类轻动词 v。轻动词以上面提到的方式，处在没有词根的结构之中。我们可以举动词 *go* 为例，它是一功能中心语的实现，可称为 $v_{go}$。"*goes*" 56 这个词由 $v_{go}$，时态特征（T）和第三人称单数一致性标记 *-s* 组成，不存在本书所定义的词根：

（31）*goes*

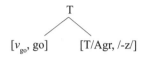

（31）中的词（以及其他与之相似的词）没有词根 $\sqrt{GO}$，因而只由功能语素组成；即使 *go* 看上去是词缀 *-s* 的宿主，这个词仍然是无词根的。

"词根是一种特定类型的语素"这个观点，以及"某些动词或其他词没有词根"这个观点，直接关联第 2.3.2 节提到的定类理论。词根是语类中立的（category-neutral），因此诸如"名词"、"动词"等语法范畴是功能词汇（各种 *n*，各种 *v*）的派生物。根据定类假设，词根必须与定类中心语一同出现。但是没有对称性的规定，要求定类中心语总得与词根一起出现。

## 2.4　总结

本书阐述的形态理论植根于语素。本章初步介绍了语法中的两类语素：功能语素和词根。它们有一些共有特性（都是语素，都出现在句法结构之中），也有一些内在特性使得它们互有差异。这些差异可以主要理解为两类语素与不同类型的特征相关联的方式。

本章的大部分内容都把语素视为记忆客体，即考察了它们的底层表征。用第一章中更加专业的术语来说，这实际上意味着我们有了一个关于句法终端的初步理论：行使句法推导构造件功能的成分的列表。

在下面的讨论中，本章勾勒的对词根的观点将基本不变。对于功能语

57 素，下面将有更多讨论。到目前为止，功能语素被看作不含音系内容的句法语义特征丛集，从第四章开始，随着词汇插入操作被定义并被论证，功能语素理论的音系方面将会占据舞台的中心。

　　在详细讨论词汇插入之前，还有必要概述一下关于语素所处结构的几个假设。根据第一章提出的语法模型，功能语素只有在语法的狭义句法部分中被结合成复杂结构之后，才能在音系式中接受其音系形式。这些复杂结构，以及由它们推导而成的线性关系因此是形态学理论的重要组成部分；它们即是下一章的主题。

# 第三章

# 结构与线性顺序

## 3.1 引言

句法推导而成的结构在进行拼读的时候，会在每个接口部门经历一些计算。我们把发生在声音（和符号）接口的计算与表征总括性地称为语法中的音系式部门。

在第一章，我强调指出音系式计算中有一些是一般性的，另一些操作在性质上则显得是"形态"特有的。基于这一区别，本章讨论的内容主要是一般性的那些。具体地说，我将考察一些由语素组合而成的复杂结构，以及从这些结构推导出的线性关系是如何表征的。本章讨论背后的指导思想是音系式计算的定义基础是语素之间的结构关系及其派生的线性关系。

为方便论述，本章从回顾第一章提出的架构性假设开始，即所有复杂的客体均由句法推导而成。这个观点导致的一个结果是不存在"词语构造"和"短语构造"的构架性或模块性的分立。相反，这两类客体均由同一个生成系统负责构造。

由语素推导出的复杂客体具有什么性质，这涉及一系列的问题。在此，我的焦点是那些一般被认为是"词"的结构，还有"词"在理论中是否具有特殊地位的问题。第一章中提到，"词"这个术语的使用经常是不正式的（即非技术性的），指那些通常被认为具有"形态"特征的客体。更确切地说，"词"指围绕在音系词相关特性周围的一组客体。既然本书试图发展的理论框架是基于语素，而不是基于"词"的，所以本章的目标之一是刻画出语素出现的结构以及其线性关系的基本属性，因为陈述复杂客体的形式特性离不开这些基本属性。

至于这个架构中与狭义句法相关的部分，我在这里假设由句法生成60 的结构本质上仅仅具有层级性；也就是说，句法结构不包含线性顺序的信息。句法客体线性顺序的表征是在语法系统中的音系式中引入的。[1] 本章开始部分的组织反映了这个观点：在简要讨论关于结构的一些概念之后（第 3.2 节和第 3.3 节），我会在第 3.4 节概述关于语素顺序的主要问题。之后的 3.5 节将勾勒出音系词的一些基本点，以及这个概念与先前章节所提出的理论客体之间的关系。

## 3.2　结构

在我采用的成分结构理论中，一个涉及形态的重要客体是**复杂中心语**（complex head）。复杂中心语是由一个中心语附加到另一个之上而形成的。根据一个广为熟知的观点，附加过程是一种由中心语移位（head movement）产生的嫁接（adjunction）操作。因此，中心语 X 可以嫁接到中心语 Y，从而形成结构（1）：

（1）中心语嫁接

图（1）显示的客体是一个层级性结构，同时为了图示方便也展现了线性顺序。原则上，图（1）所示结构可以有两种线性化的方式，X-Y 或者 Y-X；见第 3.4 节。[2]

中心语移位（有时被称为 $X^0$ 移位）从 1980 年代就开始得到句法学家的广泛讨论，例如，库普曼（1984），特拉维斯（1984），乔姆斯基（1986），贝克（1988）；此外还有马兰茨（1984）提出的"合并"（Merger）概念。出于本研究的目的，我假设中心语移位是一项句法操作。不必过度解读这个假设；即使我们的理论框架如乔姆斯基（2001）所提议的那样，把中心语移位处理为音系式操作，而不是狭义句法操作，本书的主要结论也是可以得到清晰的表述的。

根据一个标准的观点，在中心语移位中，投射 XP 的中心语 X 向上移位并嫁接至以 XP 为姐妹节点的中心语 Y 上。用树形图的话，这个过程可 61 以用图（2）表示：

（2）中心语移位之前的假想结构

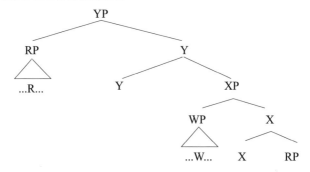

将 X 向上移动并嫁接至 YP 的中心语 Y，其结果如图（3）所示；在此可以看到，X 嫁接到 Y 并与之形成一个复杂中心语，而且处于一个较高的位置（从这里以后，删除号（X̶）表示处于较低位置 X 的拷贝形式）：

（3）中心语移位之后的假想结构

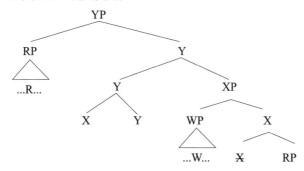

中心语移位可以递归运用，因此，如果图（3）的YP是一个中心语Z的补足语，那么复杂中心语 [_Y X Y] 还能够经历中心语移位，附接于Z，形成 [_Z [_Y X Y] Z] 的复杂中心语。

62　在本书讨论的众多语言现象中，发生在图（3）所示的复杂中心语 [_Y X Y] 内部的细节与其之外的更大的句法结构不太相干。由于这个原因，在许多案例分析中（特别是在后面的章节中），我将不做进一步讨论而直接假定如（1）所示的复杂中心语是由图（2）和图（3）所示的移位形成的。

（4）复杂中心语

上述关于中心语附加的基本假设足够用来分析许多后面提到的相关现象；只有在必要的时候我才会引入一些额外的假设，说明复杂中心语是如何在句子结构中被创造出来的。

### 3.2.1　一个示例

到目前为止，我已经用相对抽象的术语介绍了复杂中心语是如何在短语结构之中产生的。在本节，我举一个具体的例子来说明复杂中心语结构在形态分析中起到的作用。

本节所举的例子来自于西班牙语的动词变时；我在阿雷吉（1999）、奥尔特拉-马叙埃和阿雷吉（2005）（更为详细的）的分析基础上进行了改造和发展。作为第一个例子，首先考虑动词 *hablar* '说' 的现在时和未完成过去时（imperfect）陈述语气形式，如（5）；这些例子来自于拉丁美洲西班牙语，其中第二人称和第三人称复数的形式是相同的：

（5）西班牙语动词

| 人称/数 | 现在时 | 未完成过去时 |
|---|---|---|
| 1 单 | hablo | hablaba |

| 2 单 | hablas | hablabas |
|---|---|---|
| 3 单 | habla | hablaba |
| 1 复 | hablamos | hablábamos |
| 2 复 | hablan | hablaban |
| 3 复 | hablan | hablaban |

例（5）中各形式均没有切分音段。对这些动词的分析，第一步是就这些 63
形式应如何切分为语素而建立一套工作假设。这套假设不仅需要考虑形态
（即分布性的）因素，还需要考虑句法和语义的因素（如过去时形式拥有
一个 T[+past] 语素）。

　　我们清楚地看到，可以就（5）中的形式应该如何分解做出若干相对
简单的观察。举例来说，未完成过去时形式包含一个不存在于现在时形
式的语素 -ba；这表明它是这些动词过去（未完成）时的标记。同样，我
们可以看到几乎所有（5）中的动词形式在词根之后都包含一个主干元
音 -a（有关主干元音可回看第 2.3.5 节），在时态语素之后还有一个一致
语素。在现在时中，时态语素没有显性实现，所以一致语素出现在主干
元音的后面。

　　假设时态（T）既可以是 T[-past]（现在时）也可以是 T[+past]，同时
假设人称和数量语素既可以是 [±1]，[±2]，也可以是 [±pl]，那么上一
段的观察可以让我们达成以下假说——西班牙语包含如（6）所示的语素
（与音系实现项一同显示）：

（6）由（5）所鉴别出的语素及其音系表征

　　a. 主干元音：-a

　　b. 时态语素：

　　　T[-past]，-$\phi$

　　　T[+past]，-ba

　　c. 一致语素：

　　　[+1,-2,-pl]，-o；或者 -$\phi$（未完成体过去时）

　　　[-1,+2,-pl]，-s

　　　[-1,-2,-pl]，-$\phi$

$$[+1,-2,+\text{pl}], \ \textit{-mos}$$
$$[-1,+2,+\text{pl}], \ \textit{-n}$$
$$[-1,-2,+\text{pl}], \ \textit{-n}$$

注意，某些语素没有显性的实现形式。这样的例子有：T[-past]、未完成体过去时中的第一人称的一致语素、两种时态均有的第三人称单数一致语素。它们被分析为拥有 $\textit{-}\phi$ 形式的语音实现项。

64 （6）的其他方面目前还相对模糊不清。例如，第一人称单数语素有语素变体：一种是现在时的形式 -o，另一种是未完成体过去时的形式 $\textit{-}\phi$。这一现象只有在介绍词汇插入操作之后才能给出分析（见第四章）。除此之外，（6c）显示第二人称复数和第三人称复数有两种不同的 -n 语素。然而，正如第一章中提到的，这种形式上的同一性看起来是系统性的（即合形），只有一个综合的分析才能解释这一重要观察。第五章将详细地分析这类形式上的同一性。

除了语素变体和合形所带来的复杂情况之外，上述形式中至少还有一个以相对次要的方式偏离了我们所期待的模式，具体地说，就是第一人称单数现在时形式 hablo 缺乏主干元音。这种现象可以看作是音系删除（为了清晰起见，被删除的元音在以下的切分中将放入圆括号中进行表示）。

依据（6）中的工作分析而对（5）中的各种形式进行切分，其结果显示为（8）；作为参考，这些形式中语素的线性顺序表示为（7）：

（7）线性顺序：$\sqrt{\text{ROOT}}$-TH-T-Agr

（8）切分之后的西班牙语动词

| 人称 / 数 | 现在时 | 未完成过去时 |
|---|---|---|
| 1 单 | habl-(a)-$\phi$-o | habl-a-ba-$\phi$ |
| 2 单 | habl-a-$\phi$-s | habl-a-ba-s |
| 3 单 | habl-a-$\phi$-$\phi$ | habl-a-ba-$\phi$ |
| 1 复 | habl-a-$\phi$-mos | habl-á-ba-mo-s |
| 2 复 | habl-a-$\phi$-n | habl-a-ba-n |
| 3 复 | habl-a-$\phi$-n | habl-a-ba-n |

与本章主要研究目标相关的，下一个要讨论的问题是，（8）中所鉴别出的各个部件（以及更普遍的如（7）所示的线性顺序）与上个小节所说的那类复杂中心语结构是如何联系起来的。可以假设（8）中的形式是由（9）推导而成的，后者包含一个词根，一个动词性定类语素 *v* 和一个时态中心语。为了方便展示（同时凸显（9）是一个从句结构这个事实），我把 XP 和 WP 短语放入 TP 和 *v*P 的标志语位置：

（9）（8）中动词的底层结构　　　　　　　　　　　　　　　　　65

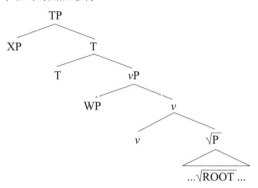

在这个结构中，词根经历了中心语移位并嫁接到 *v*；然后，复杂中心语 [ $\sqrt{\text{ROOT}}$ *v*] 整体向上移动并嫁接到 T。这些移位最终形成如（10）所示的复杂中心语：

（10）由（9）推导而成的复杂中心语结构

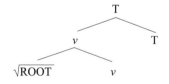

基于时态中心语可以标识为 [ ± past] 的假设，（10）既可以产出现在时动词（[-past]），也可以产出未完成体过去时动词（[+past]）。除此之外，（10）还需要再加一样东西：一个一致语素。我假设这类语素是在音系式中加在（10）这样的结构上的，在词汇插入之前，目的是为了满足个别语言对合格性的不同要求。[3] 在音系式中添加的语素叫做**分离**语素（dissociated morpheme）（有时又称**装饰性**语素（ornamental morpheme）；可参看恩比克（1997）和恩比克和努瓦耶（2007）等）。

一致语素是嫁接到 T 上的。加上它之后，复杂中心语如下所示：

66　（11）包含一致节点的结构

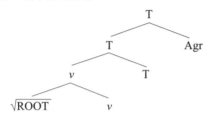

（11）中的功能语素经历了词汇插入，形成（8）中的各种形式。图（12）中的树形图展示了第一人称复数未完成体 *hablábamos* 的分析方案（为了简便起见，我把主干元音当作 *v* 的语音实现项；而阿雷吉（1999），奥尔特拉-马叙埃和阿雷吉（2005）将主干元音分析为分离语素的语音实现项，因而处在 *v* 的层级之外，更多细节请参看他们的文章）：

（12）未完成体 *habl-á-ba-mos* 的结构

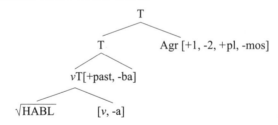

通过给 T 节点和 Agr 节点赋不同的特征值，（12）所示的结构可以囊括以上所讨论的所有形式的底层结构。

### 3.2.2 移位与复杂中心语：小结

在本书的案例分析之中，我将假设复杂中心语结构是通过附加操作形成的嫁接结构。在典型的案例中，如上述分析中的西班牙语动词形式，我
67 将假设推导复杂中心语的操作是中心语移位。尽管中心语移位经常用于

形成复杂中心语，但是其他操作在这个领域也有应用。例如，恩比克和努瓦耶（2001）发展了马兰茨（1988）中所阐发的观点，认为音系式中有两种附加操作——**下降**（lowering）和**局部变位**（local dislocation），前者由层级表征定义，后者则由线性表征定义（更多讨论见恩比克和努瓦耶（2007），恩比克（2007a，b））。

最后，尽管我赋予中心语移位以重要的作用，但是本书的理论轮廓与许多其他关于附加操作的不同理论是互相兼容的：我们可以把第一章提到的语法模型与一个采用非中心语移位的附加理论结合在一起，甚至与一个完全没有中心语附加的理论结合在一起。[4] 虽然我在此将不讨论关于中心语附加的其他方案，但是关于句法附加的性质问题目前在多个方向上得到了探讨，而这些方向与本章所讨论的形态问题是密切相关的。

### 3.3　几个定义：M 词和终端词（subword）

在附加的理论中，存在一些特殊的结构客体，它们对本书的核心问题极为重要。这些结构可以通过（13）中的结构加以定义和演示。在（13）中，一个词根嫁接到中心语 X 之上，然后移位到 Y。正如上一节所讨论到的，这是中心语移位通常形成的结构：

（13）结构

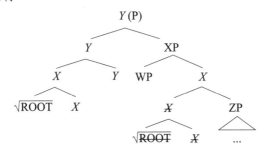

恩比克和努瓦耶（2001）、恩比克（2007b）认为，（13）中有两类结构比较特殊，因为它们受专有的音系式规则参照。这两种结构可以定义为（14）：

68

（14）定义

a.**M 词**：不受其他中心语投射支配（dominate）的中心语（可能是复杂的中心语）。[①]

b.**终端词**：终端节点，即是第二章所述的语素（既可能是功能语素，也可能是词根）。

以（13）中的结构为例，复杂中心语（15）是一个 M 词，包含 $\sqrt{ROOT}$、$X$ 和 $Y$。

（15）（13）中的 M 词

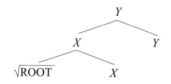

在这个客体中，终端节点——词根、$X$ 和 $Y$——都是终端词。

根据（14b）的定义，一个终端词就是一个终端节点。也就是说，终端词跟句法终端（即语素）在正常情况下是对等的。这里用"正常"来限定反映的事实是，如果有的语素是在音系式中添加的（即分离语素，见上文有关西班牙语一致语素的讨论），那么这些在音系式中的语素是终端词，但不是句法终端节点。

除了句法的考量，终端词在语素理论中起着至关重要的作用，有两个原因：首先，在大多数情况下终端词和语素是对等的；其次，终端词是词汇插入操作的对象。按照定义，词汇插入给且仅给终端节点（即（14b）意义上的终端词）提供音系内容。这是本书理论的一个核心观点：词汇插入不允许发生在"中间"（intermediate）节点上，或者在 M 词层次，或者在句法结构所表征的其他任何的短语节点上。这种把词汇插入限定于终端节点的思想将在第四章得到阐述。

M 词则直接对应第 3.2 节所使用的"复杂中心语"这个概念。用句法

----

① 在恩比克和努瓦耶（2001：574）中，M 词称"形态句法词"（morphosyntactic word），简称 MWd。——译者

的术语来说，M 词等价于乔姆斯基（1995）成分结构理论中的 $H^{0max}$。在 69
中心语移位操作递归应用的情形中，M 词对于附加的重要性清晰可见。
举个例子，设想有一个包含三个中心语 X、Y 和 Z 的结构，在中心语移位
之前如（16）所示：

（16）*中心语移位之前的结构*

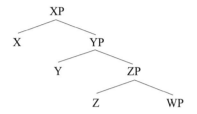

在此结构中第一次应用中心语移位，Z 嫁接入 Y：

（17）*在第一次中心语移位之后的结构*

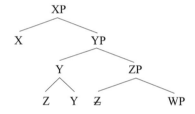

最后，（复杂）中心语 Y 可以嫁接至 X，从而形成一个包括 X、Y 和 Z 的
复杂中心语：

（18）*最终移位后的结构*

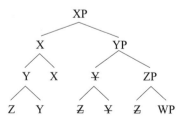

标准的中心语移位认为，只有复杂中心语 [$_Y$ Z Y] 可以像（18）所示那样
附接于 X；不可能把 Z 单独从复杂中心语 [$_Y$ Z Y] 移出，然后附接于 X。[5] 70
因此，能够进行中心语移位的对象是（14）所定义的 M 词。

M 词除了在组成复杂中心语中起到重要作用，不仅直接与音系式中的线性关系相联系（第 3.4 节），还与音系操作相互照应（第 3.5 节）。

通常情况下，在（14）定义下的 M 词与终端词并不存在重叠部分。例如，在（13）中的复杂中心语里，没有一个部分既是终端词又是 M 词：

（19）（13）中的 M 词

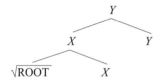

由于本书的焦点是对复杂中心语的分析，所以我会把大部分的讨论都放在 M 词和终端词是不同的客体上，如（19）所示的那些。然而，值得注意的是，许多结构包含的客体，依照（14）的定义，既是 M 词也是终端词。例如，在（20）所示的限定词短语 *the cat* 中，以名词短语为补足语的限定中心词 D[+def] 就同时是 M 词和终端词：

（20）the cat

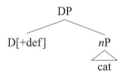

D[+def] 之所以是一个 M 词，是因为它是一个不受更高层次中心语支配的中心语；它同时又是一个终端词，因为它是一个终端节点，即语素。由于它符合这两个标准，中心语 D[+def] 以 M 词的身份线性化（见下节），它也是终端词，因此是词汇插入的目标。如果有读者有兴趣了解 M 词和终端词的区别在音系式中的作用，可参看恩比克（2007b）。

71

## 3.4  线性顺序

以上各节概述了围绕着复杂中心语所发生的附加理论，以及与形态计算直接相关的两个概念——M 词和终端词。本章的前半部分考察的是表征是**层级**（hierarchical）结构，但是单靠层级表征显然还不足于说清语素及其是如何被组织成复杂形式的：由于话语和手势必须实时实现，所以最终语素还必须被放在**线性**（linear）顺序之中。形态学（和其他领域）中的关键问题之一是线性的和层级的表征在语法中分别起着什么作用。本节旨在阐述一个语素间线性关系的工作理论，以此解释对形态与句法接口而言至关重要的线性顺序和层级结构之间的某些系统性关系。

### 3.4.1 M 词与终端词的串联

我们先看（21）所示的复杂中心语结构：

（21）（13）中的 M 词

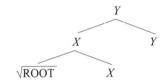

作为仔细考察线性顺序的一个重要起点，请注意（21）包含两种类型的信息：第一类是上节所说的结构信息，即（21）表征的是一个复杂中心语的层级结构，词根是其中内嵌最深的客体，中心语 X 内嵌的程度次于词根，中心语 Y 内嵌的程度最低。

树形图（21）传达的第二类信息是线性信息：它显示由 X 和 Y 两个语素构成的复杂中心语线性化于词根之后，也就是说，单纯地用线性符号，可以写作$\sqrt{\text{ROOT}}$ -X-Y。用描写形态学的术语来说，在这个情形中，X 和 Y 是后缀。

句法生成相等于（21）的层级结构，但没有线性顺序。仅就层级而言不妨这么理解：$[_Y[_X\sqrt{\text{ROOT}}\ X]\ Y]$ 和 $[_Y Y[_X X\sqrt{\text{ROOT}}\ ]]$ 是等值的，意思是它们所表征的是完全相同的信息；仅仅由于（二维的）树形图的局限才迫使它们在页面上表征为其中顺序之一。如果接受了由句法推导而出的层级结构不包含线性顺序信息的这一假设，那么我们有必要解释层级结构是如何与线性表征相互关联的。

72

在谈及结构与线性顺序的关系时，标准的说法是层级结构决定了一组可能的线性顺序，这样，结构与顺序不同，但相互间有系统的联系。在操作上，这意味着（一组）线性化程序是在音系式中作用于句法的输出品上的。因为我对语素的线性顺序的看法与任何线性化算法都能兼容，所以我对推导出这类表征的程序将不会追究细节。我采纳的对线性化的唯一限制是"不交叉条件"（No Tangling condition，即帕蒂（1993）所说的"无交叉"（nontangling））。线性化程序的不交叉条件决定了（21）中语素的顺序有一些是不可能出现的，比如说（22）：

（22）$\sqrt{\overline{ROOT}} - Y - X$

$X - Y - \sqrt{\overline{ROOT}}$

形象地说，（22）中的线性顺序是不可能的，因为形成它们要求句法树上的分支进行"交叉"；也就是说，如果句法分支不交叉，那么 $Y$ 不可能比 $X$ 更靠近词根。[6]

就本书的目的而言，我假定只有不交叉条件限制着语素的线性化。因此，线性化程序原则上可以依据不同的语言（在一些情况下，乃至特定的语素）将上面讨论的句法客体 $[X\ Y]$ 或者实现为 $X$-$Y$，或者实现为 $Y$-$X$。[7]

73 现在我们可以仔细打量 $X$ 和 $Y$ 两个语素是如何线性连接的了。相当可能的情况是，取决于对表征分析的不同侧面，与广义上的音系式相关的线性关系可能有好几种（关于形态—音系的一些具体建议，见恩比克（2010b））。在本章，我主要关注的是一种特别的线性关系，即 M 词与 M 词、终端词与终端词之间的关系。实现这一联系的算符叫做**串联**（concatenation），即一种直接居前（precedence）的二元关系。符号上，串联用算符 ⌒ 表示，所以 $X ⌒ Y$ 表示的是 $X$ 直接居前于 $Y$。

以（21）的结构为例，如果 X 和 Y 都是后缀，那么线性化程序会生成（23）中的指令，即词根与 $X$ 串联，$X$ 与 $Y$ 串联：

（23）串联指令

$\sqrt{ROOT} ⌒ X, X ⌒ Y$

本节的引言部分提到，理解形态的局域性（locality）的一个关键主题是局域性的线性和层级概念是如何相互关联的。当语素可能相互作用的时候，基于线性和基于层级所定义的局域性条件可能会做出不同的预测。关键的一点是，线性局域性对许多音系式计算均有至关重要的意义：例如，局域变位中的音系式附加操作（见上面的第 3.2.2 节），还有语境语素变体的局域性条件（见第七章）。

在符号方面，下面即将讨论的很多例子都会用到串联算符。然而，这个层级的精确度经常没有必要。因此，我有时会使用连字符"-"来表示语素的顺序，在文本和表格所讨论的形式中更是如此。

### 3.4.2 句法结构与语素顺序

在有关句法与形态接口的文献中，一个引起了大量讨论的话题是词内的语素顺序为何有时看上去"反映"了或"反射"了句子中的句法投射的顺序。用贝克（1985，1988）的术语来说，这种反射效应是由"镜原则"（Mirror Principle）造成的。

语素顺序与句法结构以系统性的方式相互关联，这个观察非常重要，74 对语素是如何组合成复杂形式的问题更是如此。从下面的讨论可以看出，这种类型的效应不需要一个独立的语法原则来规定。相反，镜效应，以及在更为宏观的角度，形态与句法的系统性关联，在一个以句法构建所有复杂客体的理论中只是架构上的必然结果。

下面的（24）是镜效应的一个示例，里面使用的盖丘亚语（Quechua）的例子均引自 Muysken（1981）：

（24）a. *Maqa-naku-ya-chi-n*

       beat-RECIP-DUR-CAUS-3s

       '他使他们相互打斗。'

    b. *Maqa-chi-naku-rka-n*

       beat-CAUS-RECIP-PL-3s

       '他们让人相互打斗。'

尽管致使（CAUS）和相互（RECIP）语素同时出现在两个句子中，但这两个例句的意思并不相同——（24a）表示相互代词的致使化，（24b）表示致使意义的相互化（更详细的讨论见穆斯肯的原著）。至关重要的是，不同的解读与不同的语素顺序有着系统性相关，特别是，致使和相互这两个语素的不同顺序反映了它们不同的**辖域**（scope）；这个观察是镜原则的基础。

想要弄清镜原则的内涵，第一步我们需要回顾一下（24）中的词是如何产生出不同的解读的。在（24a）中，一个有着相互解读的小句经历了致使化，而在（24b）中，一个致使结构被添加了相互意义。这意味着，（24a）中的致使语素在结构上高于相互语素（致使高于相互），然而（24b）中的情况却相反（相互高于致使）。用图形表示（即只专注致使语素和相互语素而忽略（24）中的其他语素），派生出这两种解读的短语结构可以显示为（25）；为了方便标记，我用"CauseP"和"RecipP"来表示这两个关键中心语的短语投射。

75　　（25）a. 致使高于相互

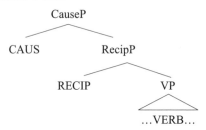

　　b. 相互高于致使

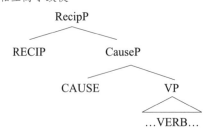

通过应用标准的中心语移位，可得到分别如（26a，b）所示的复杂中心语；它们是（24a，b）动词的基础形式：

（26）a. 致使高于相互

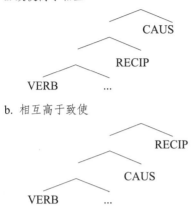

b. 相互高于致使

理解这些例子的关键在于致使和相互两个语素的顺序。在盖丘亚语中，所有的词缀都会线性化为后缀。因此，对（26a）的树线性化产生 VERB-RECIP-CAUS 的顺序，对（26b）的线性化则产生 VERB-CAUS-RECIP 的顺序。镜效应就是这样：短语句法上 CAUS 高于 RECIP 高于 VERB 的（25a）"形态上地"实现为 VERB-RECIP-CAUS（26a），而 RECIP 高于 CAUS 高于 VERB 的（25b）则"形态上地"实现为 VERB-CAUS-RECIP（26b）。在每个例子中，（26）中复杂中心语的语素的线性顺序与（25）中包含短语结构的顺序呈"镜像"关系：即当 RECIP 支配 CAUS 时，动词中语素的顺序为 CAUS-RECIP；当 CAUS 支配 RECIP 时，语素的顺序为 RECIP-CAUS。

重要的是，镜效应的产生是句法构造含有词缀的词的结果，其方式是中心语移位。如上所说，中心语移位把一个中心语移到直接支配它的中心语位置，然后把生成的复杂中心语移到下一个直接支配它的中心语位置，依此循环往复。从（25）中的不同结构出发，中心语移位的局域性条件导致了（26）中不同的复杂中心语，由此产生了不同的语素顺序。

### 3.4.3 结构与顺序

考虑到中心语移位的运行方式，镜顺序是预料之中的。但这只是情况的一部分。如果一个理论以不交叉条件限制复杂中心语的线性化，那么在不涉及严格的镜效应的情形中我们同样可以找到透明的句法和形态间的关系。这就是说，语素顺序是否反映句法中心语和投射的顺序取决于相关语素在 M 词中是如何被线性化的；这个部分可能（按假设）出现跨语言差异，也可能（在某个特定的语言中）发生基于语素的差异。因此，镜顺序是复杂中心语可能的线性化方式之一，但不能保证它们必然出现。实现复杂中心语还有不涉及镜顺序的许多其他方式，但在句法与形态的关联上却是同样透明的。

在 3.4.1 节中，我曾提到在诸如 $[[\sqrt{ROOT}\ X]\ Y]$ 的复杂中心语中，$X$ 和 $Y$ 既可以线性化为前缀，也可以为后缀。因此，推导出 $X$ - $\sqrt{ROOT}$ - $Y$ 或者 $Y$ - $\sqrt{ROOT}$ - $X$ 这样的顺序皆有可能，两者都不显示镜效应，但都遵循不交叉条件。

下面，我用（27）的结构来演示范围更广的可能的线性化，其中包括一个词根和以 X、Y 和 Z 为中心语的更高的投射：

（27）结构

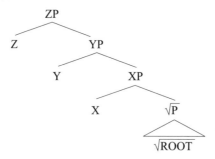

如果词根经历中心语移位分别到 X、Y，然后到 Z，那么所形成的复杂中心语（即处于树中 Z 位置的复杂中心语）具有如（28）所示的结构：

（28）（27）中形成的复杂中心语

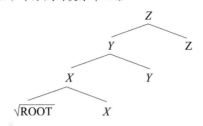

用串联的术语表示，对$\sqrt{ROOT}$ - $X$- $Y$-$Z$（28）的后缀实现是由以下指令产生的：

（29）$\sqrt{ROOT} \frown X,\ X \frown Y,\ Y \frown Z$

镜效应在（29）中显而易见，因为其语素顺序反映句子的句法结构。

目前为止，使用 $X$-$Y$-$Z$ 的抽象例子实际上回顾了上小节盖丘亚语的示例。超越严格的镜对应是基于如下的观察：对于（28）这样的结构，存在其他可能的线性化方式。特别是那些遵循不交叉条件的线性顺序，如（30）：

（30）（28）可能的线性化                                    78

    a. Root-$X$-$Y$-$Z$

    b. $Z$-Root-$X$-$Y$

    c. $Z$-$Y$-Root-$X$

    d. $Y$-Root-$X$-$Z$

    e. $X$-Root-$Y$ -$Z$

    f. $Y$-$X$-Root -$Z$

    g. $Z$-$X$-Root-$Y$

    h. $Z$-$X$-$Y$-Root

在实践中，我们当然并不指望对 $X$-$Y$-$Z$ 三个经常共现的语素的研究能够找到在跨语言研究中得到充分验证的所有的可能性。例如，语言中存在着要么以后缀为主导要么以前缀为主导的趋势，因而在（30）中，某些"混合的"顺序比"单一的"顺序如（30a）和（30h）更为少见。然而，理论中并没有什么阻止混合顺序的存在。

与此同时，为了实现进一步限制可能的线性化的目标，在理论中引入不交叉之外的条件总是可能的。不过，目前我还没有看到令人信服的理由来采用任何这类额外的假设。

小结一下本节至此的讨论，复杂中心语是在句法结构中构建出来的句法客体。复杂中心语是由一个遵循不交叉条件的程序线性化的，因此语素可能的顺序受其所在的句法结构的限制。

前面提到，盖丘亚语例子所演示的现象经常被说成是证明了**镜原则**。这个由贝克（1985，1988）提出的原则假设镜顺序源于一个独立的原则（即镜原则），它是句法结构与形态表征之间相互作用的一个**条件**。然而，正如上面的讨论所竭力证明的那样，解释形态与句法这种系统性的关联并不需要这样一个独立的原则。镜原则体现的其实是一种**观察**，即（不论镜效应是否实际存在）词的内部结构与句法结构直接相关。最佳方案是通过复杂形式是如何创造的来解释这一观察，而不是添加一个独立的原则来规定"构词"系统与"造句"两个不同系统之间的关系。在一个以单一生成系统创造复杂形式的理论中，即本书所采用的理论中，句法与形态之间的这个**透明性**程度被实现了。[8]

### 3.4.4 括弧悖论与顺序错配

句法结构直接制约可能的语素顺序的理论，在经验上有很强的动因。然而，尽管句法途径在语素顺序的条件方面解释了大量现象，但仍有某些现象似乎对这一句法—形态模型制造了难题。当由形态或形态音系驱动的语素顺序（或语素括弧）与句法语义的原因不相一致时，这些难题便浮现了出来。术语上，这一类型的现象被称为句法与形态（或者句法与音系）的**错配**（mismatch）。

许多错配现象广为人知，并且得到大量的研究。例如，乔姆斯基和哈利（1968）研究了一类句法与韵律的错配，并得出结论，即句法结构必须以有限的方式得到修改，如此才能被输送到音系系统（参看下面的讨论）。再举一个例子，有大量关于附缀化的文献（其中的许多是针对"第二位"附缀的分析）讨论的是一种错配现象，这是因为某些附缀所出现的位置是出于形态或形态音系的原因，而从纯句法的角度是无法预测的。

关于括弧问题，另一个著名的错配现象，称作**"括弧悖论"**（bracketing paradox），可用 *unhappier* 这样的词来示例（皮塞特斯基（1979，1985）；还可参阅斯普罗特（1985）和马兰茨（1988））。语义上，表示比较的程度语素 DEG（实现为 *-er*）比 *unhappy* 的辖域更大。这一点可以从下面这个事实清楚地看出，即 *unhappier* 的意义大致是"更加不幸福"，而不是"不更加幸福"。在音系上，比较级的综合型形式 X-er 只形成于短的形容词上；因此，*unhappy* 由于比较长，因此不能如此附加，但是 *happy* 显然不长，因为 *happier* 是个合乎语法的英语词。将这些观察综合起来，*unhappier* 的句法语义括弧似乎是（31a），形态音系括弧则是（31b）：

（31）a. 句法语义括弧

　　　　[[un happy] er]

　　b. 形态音系括弧

　　　　[un [happy er]]

80

当我们综合考虑语法的不同部分时，诸如 *unhappier* 这样的词中的语素好像是以不同的方式组织起来的，错配就存在于这一事实之中。斯普罗特和马兰茨认为错配现象的出现是因为层级的和线性的关系有了差异。特别是，他们认为线性关系允许自由地改变括弧。这种观点在其后的许多研究中在不同的方向上得到了探索。[9]

除了括弧悖论，还有其他涉及语素顺序的错配。这些与上文第 3.4.2 节和第 3.4.3 节中的讨论直接相关，因为它们被认为是镜原则的例外（或者违反）。海曼（2003）基于班图语中的齐切瓦语（Chichewa）的语料，为此提供了一个论据。齐切瓦语同时拥有致使语素（CAUS）和施动语素（APPL）。根据海曼的分析，在句法语义上既可能在致使结构上添加施动结构，也可以在施动结构上添加致使结构（可参照第 3.4.3 节中讨论盖丘亚语时所采用的论证）。然而，这两种不同的解读被实现为相同的语素顺序，即 CAUS-APPL *its-il*（海曼（2003：248），海曼和麦霍波（1992）；在这些例子中，PROG 是"进行体"的简称，FV 是"最后元音"的简称）：

（32）a. 致使结构上的施用结构

*alenjé a-ku-líl-íts-il-a*          *mwanándodo*

hunters 3pl-PROG-cry-CAUS-APPL-FV     child sticks

'猎人用棍子使孩子哭了。'

b. 施用结构上的致使结构

*alenjé a-ku-tátás-íts-il-a*          *mkázímthíko*

hunters 3pl-PROG-stir-CAUS-APPL-FV     woman spoon

'猎人在让女人用调羹搅拌'

81 　　如（32b）所示的例子是一个可能的错配现象。如果最明显的句法语义分析是正确的话（即把 CAUS 分析成高于 APPL），那么语素顺序应该是 APPL-CAUS，但事实并非如此。

　　总体上，对这类错配问题，可以考虑两种主要的可能性。第一种可能性是如果一个句法语义分析所预测的语素顺序并不出现，那它就是错的，正确的分析不会产生错配现象。例如，皮尔卡宁（2002）提议，班图语中 CAUS 和 APPL "固定的"顺序有其句法—语义的基础。这第一种可能性因为主张句法—语义之间只有最简单的互动，因此是种无效的假设（null hypothesis）。一般而言，对于任意推定的错配现象，我们需要考虑的是，这些错配是否只是表面的，由错误的句法语义分析得出的。这看起来给广义上的形态学理论提出了相当严苛的要求，因为它需要我们密切关注句法和语义的细节；但这是理论的优点，而非弱点。

　　第二种可能性是这套句法语义的分析确实是正确的，因此形态音系表征中有一部分实际上不同于出于句法—语义目的所需的表征。跟许多先前的文献一致，我假设这样的真正的错配是数量不多的音系式操作应用于句法推导的输出并对之有限改变的结果。

这部分句法与形态接口研究的基本任务之一是找出那些导致了错配现象的音系式操作（综述见恩比克和努瓦耶 2007）。这个研究项目是对早期句法与音系关系研究的延续，如乔姆斯基和哈利（1968）。乔姆斯基和哈利对错配相关问题所采用的方法是为"表层结构"设置了不同的概念（一个是句法的，一个是音系的），它们通过规则相互联系。然而，这些规则的性质不是乔姆斯基和哈利（1968）研究的中心，只是到了后来，范围广泛的句法音系互动才因为自身的原因，在大量的韵律音系学文献中得到了分析。与本章的重点更加接近的是马兰茨（1984，1988）的研究，其主体部分就是如何限制句法输出的表征与音系式计算相关表征之间的分歧这样一个主题，并从这个角度对重新括弧和附加法做了具体的探讨。在本书采用的框架下，我提出众多错配现象是音系式移位操作的结果；综述可参看 82 恩比克和努瓦耶（2001，2007），恩比克（2007b）。

上文提到的对错配现象的各种分析有一个共有的主题，即句法结构与形态结构在通常情况下并无二致，这一普遍规律的例外来源于由特定语言的音系要求所驱动的一组数量有限的规则。这种理论可以对句法音系错配进行系统的考察，同时也最大限度地维持了接口的透明性。实际上，分布式形态学背后的一个主要的研究直觉是错配现象虽然的确存在，但却无法撼动理论在总体上的句法导向，因为有些现象可以被分离为错配，这个事实本身就证明更为广泛的句法与形态互动具有强健的透明性。

## 3.5 关于结构和音系词的一个说明

本章的最后一个论点一方面涉及对理论至关重要的语素和句法结构的关系，另一方面涉及**词**这个直觉概念。

在一个以句法推导所有复杂客体的理论中，**词**这个术语经常非正式地用于指特性相同的一些客体，而这些特性或多或少与**音系词**（phonological word）概念有着直接的联系。从技术上讲，音系词是否为理论所必须——也就是说，音系词是否在理论中具有本体地位，而不是一个与人方便的描写性术语——在音系学理论中是一个悬而未决的问题。然而，出于本书讨论的目的，我将假定存在一个对声音结构很重要的"词层次音系"概念，因为这可以让我们看到音系领域是如何关联诸如终端词和 M 词这样的结构概念的。[10]

沿着这个思路来追求音系与结构最清晰的联系，可以发现 M 词是与音系相关的客体。与音系词一样，M 词几乎一成不变地表现出音系互动中的"近距离（close）"类型。可以假设，M 词似乎有特殊的音系互动，意思是，通常情况下它似乎与词层次音系所发生的区域是一致的。通过把 M 词当作非循环音系（non-cyclic phonology）应用的区域，这一特殊地位可以部分地得到分析（初步的讨论见恩比克（2010b））。[11]

M 词和音系词的对应对于如何从结构上理解"词"这个非正式概念是一个良好的起点。此外，当更小和更大的音系领域都纳入研究范围时，许多其他的问题会出现。

就更小的客体而言，某些（或某类）词缀在形态音系表现上的不对称，如英语中的"一阶词缀"和"二阶词缀"之间的不对称，原则上可以有若干不同的分析。例如，这些差别可能反映了终端词在附着于其宿主时可能会有重要的结构上的差异，或者反映了某些语素是否可以定义语段，或者也有可能这种音系行为来源于个体的实现项是否在音系意义上被标明是"可循环的"或者"不可循环的"（参阅哈利和韦尼奥（1987））。

在客体大于 M 词的情形中，如何在结构、语素个体行为和局部区域之间进行权衡是附缀化音系文献中最显赫的问题（对此问题和相关问题的讨论可参阅波泽（1985）、布伊吉和鲁巴赫（1987）、海斯（1990）、哈尔彭（1992）、奥登（1993）和恩比克（1995）等）。除了附缀化，结构是如何关联音系互动域这类同样的问题也适用于更大的客体之中，其研究领域通常被称为韵律音系学，或者句法—音系接口（综述可参阅帕克（2008））。

概要地说，本节的中心思想是：音系互动的领域（无论是音系词，还是其他某个领域）不是理论的初始项；相反，它们应该被某种特殊的结构客体（如 M 词或音系词），或者理论中其他的部分（如语段理论，或音系实现项的特性，等等）。在本框架中与音系互动相关的研究，可参阅马文（2002），奥尔特拉-马叙埃和阿雷吉（2005），纽厄尔（2008）；关于"词内"的研究，可参阅恩比克（2010b），关于更大句法客体的文献可参阅瓦格纳（2005）和帕克（2008）。

## 3.6　总结

84

在一个以句法途径研究形态的理论中，语素是句法推导的终端元素，所有的复杂形式均由句法推导。在推导出的结构中，复杂中心语起着重要的作用，因为形成它们的词缀化操作与形态学理论密切相关。

本章和此前的几章讨论了形态学理论的两个主要部分。第一个是在本章中概述的观点，即语素在句法推导中组合成更大客体。这个观点带来的结果是与形态学理论相关的局域性条件要么是应用于句法规则的局域性条件，要么是源自句法客体线性化的局域性条件。正是在这个意义上，本理论在根本上是句法导向的。

阐述于第二章的第二个主要观点是，本理论包含两类语素——词根和功能语素。在这两者之中，至少功能语素的表征在底层没有音系特征。负责给语素添加音系内容的计算——词汇插入——将在以下章节中占据舞台的中心。

# 第四章

# 词汇插入：初探

## 4.1 基本概念

本书阐述的理论以两类语素为中心：词根和功能语素。功能语素是句法语义特征的丛集，在底层没有音系特征。相反，它们是通过词汇插入操作，在音系式中获得音系形式的。从本章开始，我将对词汇插入做详细的讨论，在第五章和第六章我还将把这个主题延伸到更多的话题，包括合形现象及其理论分析等等。

作为讨论的一个方便的起点，我先回顾一下第一和第二章中所介绍的有关语素及其音系形式的核心观点。我们提到，每一种语言的语法都包含一张称为**词汇**（Vocabulary）的列表，该列表的成员是一个个**词汇项**（Vocabulary item）。根据我将在本章阐述的观点，词汇项是客体，在词汇插入过程中可以访问并激活的客体。[1]

依据定义，词汇项是音系**实现项**（exponent）和一组句法语义特征的配对，后者决定着该实现项出现的优先权。大体而言，句法语义特征的说明（specification）决定了词汇项原则上可以应用的语素。词汇项可以图示化为（1），其组成部分都被标记了出来：

（1）词汇项

$$[\alpha\,\beta\,\gamma] \qquad \leftrightarrow \qquad /X/$$

句法语义特征　　　　音系实现项

例如，广为熟知的英语过去时 *-ed* 是（2）中词汇项的音系实现项：

（2）T[+past] ↔ -ed

这一词汇项的作用是给节点 T[+past] 提供音系形式 *-ed*。因此，举个例子来说，如果节点 T[+past] 与词根 $\sqrt{\text{PLAY}}$ 和定类中心词 *v* 结合，其结 86 果是一个"过去时动词"，在词汇插入之前的情况如（3）所示：

（3）词汇插入之前的 *play* 的过去时

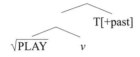

词汇插入操作应用于结构（3）中的终端节点，并把音系实现项 *-ed* 插入时态节点的位置；其结果如（4）所示，它假设一个空（*-φ*）实现项被插入了 *v* 中心语：

（4）词汇插入之后的 *play* 的过去时

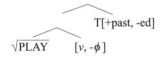

（3）和（4）对词汇插入的处理在多个方面还只是初级的。例如，它没有准确说明诸如 T[+past] 这样的功能语素是如何通过应用（2）来获得音系表征的（即 /d/）。在接下的讨论中我们可以看到，这个细节对形态学理论中的一些基本概念有着重要的影响。

另一个有待观察的问题是，词汇插入应如何用于分析形态学理论所关心的核心现象之一：**（语境）语素变体**现象。粗略地说，如果在句法或语义描写层次上的一个单一客体—即通常情况中的一个单一的功能语素—以多个音系出现，且其方式涉及多个词汇项，那么语素变体就出现了。在这个方面，英语的过去时态系统有一些耳熟能详的例子。在像 *play* 这样的"规则"动词中，功能语素 T[+past] 的实现项是 *-ed*，但在另一些动词中，这个 *-ed* 却不见踪影。以动词 *bend* 为例。*bend* 的过去时形式不是 \**bend-ed*，而是 *ben-t*。此时，过去时语素 T[+past] 的音系实现项

是 -t，而不是 -ed（另外请注意词根结尾的 /d/ 被某个（形态）音系规则删除了）。

对 T[+past] 语素音系实现的这些简单观察带来了一些启示。第一个是：为了实现过去时 T[+past]，英语语法除了 -ed 之外，还必须包含一个以 -t 为实现项的词汇项。第二个观察尤为重要，它是：语音实现为 -t 的词汇项必须应用于动词 bend，而不能用于 play 等；也就是说，我们需要一个语素变体的工作理论来确保实现项的正确分布。与之相关的是，当实现项为 -t 的词汇项应用于 bend 时，它必须阻止（2）中词汇项的应用；因此，不合语法的形式 *bend-ed 不得被推导出来（就此而言，像 *ben-t-ed 这样有两个实现项的不合语法的形式同样不得被推导出来）。把最后的这些观察放在一起就构成了所谓的**阻断效应**（blocking effect）。

本章旨在演示词汇插入是如何解释上一段所概述的观察的，同时阐述讨论过程中出现的其他观点。第 4.2 节是一个初级步骤，它把词汇插入正式地应用于如下的一个观点，即音系实现项替换了存在于功能语素底层表征中的一个变量。此后，第 4.3 节介绍如下的一个观点，即词汇项有排序并在应用于特定语素的过程中存在竞争关系。这个观点对语素变体的分析至关重要；它对第 4.4 节将阐述的对阻断效应的（初步）处理也必不可少。这个部分的讨论还介绍关于词汇插入的另外两个观点：第一，它的目标只能是终端节点（= 语素；= 终端词），不能是其他结构客体；第二，对于一个给定的节点，它只能应用一次。第 4.5 节介绍有关词汇插入在复杂结构中排序的一些假设。最后，所有这些材料将在第 4.6 节加以综合，通过一些案例来演示并强调本章的重点。

在进入具体事例之前，有必要说明一下本章与接下来几章的分工。本章就功能语素如何获得音系内容提供一个工作模型，它的重点在于词汇插入是"如何"运作的，而不是"为什么"词汇插入是必要的。后者将在第五章讨论，我在那里会考察词汇插入的主要动因，即合形现象。

## 4.2　词汇插入

最终，语素会把声音（或手势）与意义关联起来。对于功能语素来说，声音和意义通过词汇走到了一起。因此，在一个关于音系和句法语义特征如何被这一操作所关联的完备的理论中，有两组基本的问题必须得到解决。

第一类问题与词汇插入中的"插入"相关，它问的是把音系实现项添加给终端节点意味着什么。具体地说，必须有一个理论说明当词汇中的一个客体（一个把句法语义特征和音系实现项加以配对的词汇项）应用于功能语素，并产生一个具有音系表征的节点时，发生了什么。

第二类问题则有关插入过程中所参照的句法语义特征，以及当词汇插入应用于拥有这些特征的语素时，这些特征发生了什么。这里的问题是，在添加音系特征时，词汇插入是否影响句法语义特征（比如说删除它们）？或者句法语义特征能否不受插入的影响，从而使自己可见（visible）于接下来的计算？这些问题将在以下的小节里逐一得到讨论。

### 4.2.1　添加音系内容

从上文所描述的词汇插入来看，在像 *play* 这样的规则动词中，词汇项（5）可以应用于过去时 T[+past] 节点：

（5）T[+past] ↔ -ed

词汇插入的结果是，其音系实现项——即在（5）中表征为 *-ed* 的音系矩阵——出现在了语素的位置上；（6）和（7）分别展示了词汇插入先后的表征：

（6）词汇插入前的 *played*　　　　　（7）词汇插入后的 *played*

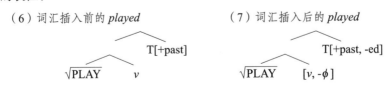

89 虽然（5）—（7）所示的过程在总体轮廓上是准确的，但是关于音系实现的细节仍有不少问题有待说明。

首先，给节点添加音系实现项的过程可以有许多不同的方式加以形式化。如（6）和（7）所示的词汇插入过程是**添加式的**（additive），意思是它给语素 T[+past] 添加了一个新的元素——一个音系表征，即 -ed。也就是说，它为 T[+past] 语素增添了其底层所没有的材料。

音系实现分析中的另一个可能性，也是本书采用的可能性，是把词汇插入视为**置换式的**（replacive）。例如，哈利（1990）就用这种方式来处理音系实现的问题。在这种理论中，某些语素在底层表征中拥有一个占位者（place-holder）$Q$，而不是一个实际的音系实现项。因此，例如 T[+past] 这样的语素在词汇插入之前的表征为 T[+past, $Q$]。在我提议的置换观点的版本中，该 $Q$ 元素行使变量的功能，所以词汇插入效应即是把变量 $Q$ 置换成一音系实现项，而该音系实现项可以看作是变量 $Q$ 的值。

基于这一总体情况，过去时例子的插入前和插入后两个阶段可以表示如下：

（6）词汇插入前（7）词汇插入后

在使用置换的广义理论中，需要假定所有的功能语素都拥有一个 $Q$ 变量，因此，所有这样的语素都有如（10）所示的形式（$\alpha$ 表示句法语义特征）：[2]

（10）图示化的功能语素：

[$\alpha$, $Q$]

对（10）中功能语素的图示化仅显示了一个单一的句法语义特征 $\alpha$，
90 但这只是出于方便的考虑。功能语素经常是多个特征的丛集，因此，[$\alpha$, $\beta$, $Q$] 也是可能的功能语素（可回看第二章）。然而，极其重要的一点是，每个功能语素只能包含一个单一的 $Q$ 元素。从此后的讨论可以看到，最后的这个假设是有深远影响的。

如上文所述，$Q$ 元素可以被处理成一个变量。那么，词汇插入的音系实现部分就可以被看作**一自由变量的替代**，即词汇项的音系实现项置换了变量 $Q$。如果在一个表达式的右边用 $[Q/X]$ 标记法来表示"音系形式 /X/ 置换 $Q$"，那么对过去时语素 T[+past] 例子而言，词汇插入过程的这一部分就可以详细地显示为（11）：

（11）详细的词汇插入

  a. 功能语素：T[+past, $Q$]

  b. 词汇项：T[+past] ↔ -ed

  c. 置换：T[+past, $Q$] [$Q$/-ed] → T[+past, -ed]

目前已经阐述的 $Q$ 变量分析为语素的音系实现提供了一个可行的解释。然而，这个方案还不全面，因为它只集中于词汇插入的最后几个步骤：也就是说，单一的词汇项给予语素音系内容的过程。词汇插入的其他部门——如（11）之前的步骤——同样需要阐明。特别是，（11）并没有说明如何使正确的词汇项变得活跃以便用于置换操作的。使词汇项在推导中处于活跃状态，需要理论能够说明词汇项在应用于某个特定的节点时是如何竞争的。这个重要的话题将在第 4.3 节讨论。

就标记法而言，显示语素中的变量 $Q$ 部分并不总有必要。在本书大部分的讨论中，如（11）所示的详尽程度将让位于更为简单的表征，即对词汇插入过程使用一种简化的版本，或者说是"两步"版本。这一简化的表征与最初讨论的形式一样，例如过去时语素在词汇插入之前表征为 T[+past]，在词汇插入之后表征为 T[+past, -ed]。仅在需要的时候，我们才会详尽地显示词汇插入过程，即明确提及变量 $Q$ 以及其他的步骤。

## 4.2.2　词汇插入与句法语义特征

根据第二章所述的观点，功能语素由来自于普遍特征库的特征组成。一个典型的功能语素可以抽象地表示为（12）（$\alpha$ 和 $\beta$ 表示句法语义特征，

$Q$ 表示变量）

（12）$[\alpha, \beta, Q]$

如（12）所示的语素在句法推导中起到终端节点的作用。根据假设，特征 $\alpha$ 和 $\beta$ 可以在语义上得到解读。那么包含此特征的句法结构可以被拼读出来，送入音系式和逻辑式的接口之中。

语素的句法语义特征在每个接口的运算系统中都可见。在逻辑式中，特征的作用就是从句法结构之中构建语义表征。在音系式中，这些特征可见于词汇插入，并且决定最适合的词汇项来进行填音。

在词汇插入的过程中，让句法语义特征可见是理论的最低要求。除此之外，还有一个更进一步的问题是词汇插入给句法语义特征产生了什么影响。准确地说，我们在这里有两个选择。第一个是句法语义特征在词汇插入之后还余留在语素之中，第二个则是（至少部分）句法语义特征受到词汇插入的影响而被删除。

跟第 4.2.1 节运用的表征形式一致，我采用第一种观点：词汇插入为语素添加音系特征，但是它不会自主删除该语素的句法语义特征。以过去时动词 *played* 为例，语音实现 *-ed* 的插入并不会导致 [+past] 的删除：

（13）*played*

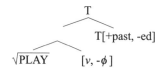

在接下来的讨论中，我在大部分的情况下采用这种不可删除的观点（non-deletion）。之所以在大部分情况下是因为全盘采用不可删除的操作可能导致理论过于简化；许多复杂的现象的分析很有可能需要由词汇插入导致的特征删除（相关讨论可参阅努瓦耶（1997）和博巴利克（2000））。然而，在词汇插入的典型案例中，不可删除似乎正是我们所需的；在第 4.6.3 节中，我会讨论支持这一观点的例证。[3]

## 4.3　词汇项的排序

在上文对英语动词过去时形式（如 *played*）的分析中，我们只考虑了一个词汇项，即插入 *-ed* 的词汇项。然而，经常会有多个词汇项原则上能应用于某个特定的功能语素，此时，胜出者是由与经历插入的语素相邻近的语素决定的。它形成语境语素变体。例如，在（14）中，英语过去时语素 T[+past] 除了规则的或默认的 *-ed* 两个音系实现项之外，还有 *-t* 和 *-φ*。[4]

（14）T[+past] 的语素变体

　　　a. *- ed*：play-ed，watch-ed，kiss-ed

　　　b. *-t*：ben-t，sen-t，lef-t

　　　c. *-φ*：hit-φ，quit-φ，sang-φ

基于（14）的语言事实，很清楚，英语的词汇表除了 *-ed* 之外，还必须包括 *-t* 和 *-φ* 两个词汇项。这些词汇项的暂定版本如（15）所示：

（15）T[+past] 的暂定的词汇项

　　　a. T[+past] ↔ -ed

　　　b. T[+past] ↔ -t

　　　c. T[+past] ↔ -φ

之所以说（15）中的词汇项是"暂定的"是因为，就目前情况而言，它们还无法对特定的过去时形式的推导做出正确的预测，具体地说，（15）中的词汇项没有任何东西可以确保 *leave* 的过去时形式是 *lef-t*（而不是 *\*leav-ed*），*play* 的过去时形式是 *play-ed*（而不是 *\*play-φ*），等等。显然，我们必须修改（15）中的词汇项，从而为实现项产生出正确的分布。

所需的修改有两个种类。第一个是表征性的：（15）中词汇项的必须扩充，以使非默认的词汇项（如实现项为 *-t* 和 *-φ* 的那些）只出现在部分而非全部的动词环境中。这一添加的信息显示为（16a，b）中修订版词汇项，其中符号"/X"表示"在 X 的语境中"：

（16）修订版词汇项

  a. T[+past] ↔ -t/ { $\sqrt{\overline{\text{BEND}}}$ , $\sqrt{\overline{\text{LEAVE}}}$ ...} __

  b. T[+past] ↔ -ϕ/ { $\sqrt{\overline{\text{HIT}}}$ , $\sqrt{\overline{\text{QUIT}}}$ , ...} __

  c. T[+past] ↔ -ed

在经历插入的过去式语素 T[+past] 所处的环境中，有一个元素被
（16a，b）中的修订版词汇项参照。例如，（16a）中的词汇项（非正式地）
说明，当过去式 T[+past] 功能语素出现在如 $\sqrt{\text{BEND}}$ 等词根的语境时，该
过去式语素的音系实现项为 -t，（16b）则显示，当相同的语素出现在如
$\sqrt{\text{HIT}}$ 等词根的语境时，其音系实现项为 -ϕ。在此，至关重要的一点是：
决定哪个词汇项得到应用的是过去式 T[+past] 节点**语境**之中的那个元素；
正是这些词汇插入的语境条件导致了语境语素变体。

（16）中值得注意的另一点是，（16c）中的英语"规则"动词的过去
时词汇项没有语境说明。这是词汇项 -ed 是**默认**（default）形式的原因：
它的应用不需要任何语境信息。因为这个原因，它是临时动词所使用的词
汇项（例如，当现在时是 blick 时，过去时就是 blick-ed）。

为词汇项标明语境信息是分析语境语素变体的第一步。对（15）的第
二个修改则关系到能够应用于 T[+past] 节点的不同词汇项之间的关系。

94  让我们具体地看一下 left 的推导过程，其在词汇插入之前的结构如
（17）所示：

（17）left

第一个问题是：主要是什么原则决定了（16）中的哪个词汇项可能应
用于 T[+past] 节点。标准的看法是，词汇项必须在特征上与其所应用的节
点相匹配。通俗地说，这意味着，如果某个节点没有词汇项要参照的特
征，那么该词汇项不能应用于该节点（对这一点下面将做出更为准确的阐
述）。举个例子，词汇项 [pl]↔ -s 是用于插入规则复数的实现项，它参

照的特征与 T[+past] 语素没有关系。它因此不是应用于 T[+past] 的一个备选词汇项。这个关于特征匹配性的观点可以引申到语境条件上：词汇项不能应用于没有正确的语境特征的语素上。

有了上述对词汇插入的限制，可以清晰地看到，（16）中有两个词汇项可能应用到（17）节点中的 T[+past] 上：一个的实现项是 *-t*，见（16a）（它参照词根 $\sqrt{\text{LEAVE}}$），另一个是默认的词汇项，其实现项是 *-ed*，见（16c）。当出现在语境 $\sqrt{\text{LEAVE}}$ 中，以 *-φ* 为实现项的词汇项不是合格的备选，因为它（在词根列表如 $\sqrt{\text{HIT}}$ 的形式中）所包含的信息与经历插入的 T[+past] 节点是不相匹配的。

对于词根 $\sqrt{\text{LEAVE}}$ 语境中实现 T[+past] 的这两个可能的选项，我们必须以牺牲实现为 *-ed* 的词汇项为代价，选择正确的实现为 *-t* 的词汇项。达成这一效应的方式是对词汇项的**排序**（ordering）：

（18）排序：词汇项有排序。

之所以必须引入"排序"概念是因为词汇项在应用于语素时相互之间有竞争；排序为决定竞争的优胜者提供了一种方式。在我们讨论的具体例子中，排位必须确保在语境 $\sqrt{\text{LEAVE}}$ 中实现为 *-t* 的词汇项必须胜过实现 为 *-ed* 的词汇项。

现在大部分理论所采用的一个假设是：词汇项之间的排序是由应用顺序的充分性（specificity）定义的。因此，在对具体节点的插入时，最为充分的那个词汇项将胜过充分程度较低的竞争者。按此思路给词汇项排序的方式之一是子集原则，如（19）所示，它同时也把与（17）相关的"匹配性"条件做了更为准确的陈述。

（19）**子集原则**（Subset Principle）：当一词汇项匹配终端语素中所有或部分特征时，则其音系实现项可插入该位置。当词汇项包含该语素没有的特征时，插入不可发生。当多个词汇项符合插入的条件时，必须选用与终端语素的特征匹配最多的词汇项（哈利（1997））。

再说动词过去时 *left* 的推导，显然实现项为 *-t* 的词汇项比 *-ed* 的词汇项更加充分。依照惯例，更加充分的词汇项排序比不太充分的要高，如

（20）所示：

（20）排序后过去式语素 T[+past] 的词汇项

a. T[+past] ↔ -t/ { $\sqrt{\overline{BEND}}$ , $\sqrt{\overline{LEAVE}}$ , ...} __

b. T[+past] ↔ -φ/ { $\sqrt{\overline{HIT}}$ , $\sqrt{\overline{QUIT}}$ , ...} __

c. T[+past] ↔ -ed

实现为 -φ 的词汇项同样比 -ed 的词汇项更加充分，因此排在它前面。然而，值得注意的是，实现为 -φ 和 -t 的词汇项是同样充分的，因为两个都参照 T[+past] 并都有语境条件。因为这个原因，它们实际上谁也不能打败谁。然而，这无关紧要，因为两者的列表是不相交的，所以对任意一个动词来说，其中的一个词汇项必然获胜。为了方便标记，在这类充分性"平手"的情形中，可以人为地规定两个词汇项中的一个在排序上高于另一个。

既然英语过去时语素的词汇项有（20）所示的排序，那么对 leave 的
96 过去式是 lef-t 而不是 *leav-ed 就可以做出分析了。当需要给（17）中的语素 T[+past] 填音时，词汇项会被检索，其中可被应用于该节点的最充分的那个词汇项会插入音系实现项 -t，最终生成 lef-t。这样，我们可以看出 *leav-ed 这样的形式之所以不被推导，是因为实现项为 -t 的词汇项，在 $\sqrt{\overline{LEAVE}}$ 的语境中打败了实现项为 -ed 的那个。

词汇项有排序并在应用中有竞争，这个观点是必不可少的，其影响在本书随处可见，从下面的第 4.4 节开始我们就将对它进行讨论。

关于语境语素变体的总体理论，还存在一些有待解决的重要问题，首当其冲的有两个。第一个问题涉及特定的词汇项能以何种形式呈现；也就是说，用于决定某个特定的词汇项何时应用的语境说明可能包括何种信息。第二类问题涉及局域性条件，也就是说，在什么条件下一个语素可以看见另一个语素，从而导致语素变体的产生。这两个问题将在第七章得到详细的考察。

在本节的最后，有一点应该提一下：排序不仅在上述对语境语素变体的分析中起着特别重要的作用，它同样也对其他现象有着重要作用。在第

五章我们会看到，一个语言的词汇表有时会包含两类如（21）所示的词汇项（$\alpha$ 和 $\beta$ 均为句法语义特征）：

（21）a. $[\alpha, \beta] \leftrightarrow$ -x

　　　b. $[\alpha] \leftrightarrow$ -y

在这种情况下，一个包含特征 $\alpha$ 和 $\beta$ 的功能语素可以从（21a）中的词汇项获得音系形式 -x。另一方面，包含语素 $[\alpha]$ 但不含 $[\beta]$ 的语素可以由（21b）实现并获得音系形式 -y。当一个语素包含 $[\alpha, \beta]$ 时，词汇项（21a）依据充分性原则而在与（21b）的竞争中胜出。然而，语境条件并不诱发充分性。相反，排序的发生是因为，对经历插入的节点而言，（21a）所匹配的特征要多于（21b）。在接下来的第五章中，我将介绍有关（21）的具体例子。在此之前，我们先阐述"不充分赋值（underspecification）"这个概念。

## 4.4　词汇插入与阻断效应初探

以不正式的方式来说，**阻断效应**（blocking effects）发生的情形如下：（i）在某个特定语境中，一个（或数个）预计应该出现的形式实际上没有出现；（ii）这个形式之所以没有出现是因为出现的形式比未出现的形式享有更高的优先级。通过观察词根 $\sqrt{\text{LEAVE}}$ 的不合语法的规则过去式 *leav-ed* 与合乎语法的 *lef-t* 形式的关联，可以看到阻断效应与英语过去时例子的相关性。

为什么 *lef-t* 合乎语法而 *leav-ed* 不合语法，部分的解释在上一节对竞争插入的讨论中已经有所涉及。现在我们来考察一下（22）中的结构，以及（23）中的词汇项：

（22）*left*

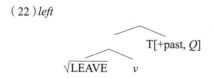

（23）语素 T[+past] 的词汇项

      a. T[+past] ↔ -t/ { $\sqrt{\text{BEND}}$ , $\sqrt{\text{LEAVE}}$ , ...}__

      b. T[+past] ↔ -$\phi$/ { $\sqrt{\text{HIT}}$ , $\sqrt{\text{QUIT}}$ , ...} __

      c. T[+past] ↔ -ed

根据子集原则（19），在（22）中给 T[+past] 赋值最充分的是以 *-t* 为实现项的词汇项，它把音系内容赋予给 T[+past] 节点，生成 *lef-t*。

就阻断概念而言，这个分析中有两个方面需要进一步探讨。第一个方面涉及操作的细节——词汇项 *-t* 的插入如何阻拦词汇项 *-ed* 的插入；或者更准确地说，音系实现项为 *-t* 的词汇项是如何阻拦音系实现项为 *-ed* 的词汇项进行词汇插入的。第二个方面则涉及一个全局性问题——应用于词汇插入的语法中的客体是什么？

先从具体的问题入手，可以看到排序决定了词汇项 *-t* 打败词汇项 *-ed*，因而合乎语法的是 *lef-t* 而不是 *\*leav-ed*。但是有什么规则确保了过去时的 *-t* 和 *-ed* 两个实现项不能**同时**出现，从而形成 *\*lef-t-ed* 的形式呢？又或者 *-t* 音系实现项不能出现两次，从而形成 *\*lef-t-t* 呢？或者是 *-ed* 实现项出现三次，从而形成 *\*play-ed-ed-ed* 呢？如此等等。

对于这些问题，基本的回答是：这些多重标记的形式之所以不合法是因为它们不能由语法推导而来。这一排除"多重标记"形式的假设可以表述为"唯一性（Uniqueness）"，见（24）：

98

（24）**唯一性**：在推导中，仅一个词汇项可应用于一个语素。

大体上说，唯一性实际上假定的是每一个功能语素只拥有一个**单一的**变量 $Q$ 作为词汇插入的目标。因而，只要词汇插入对某个功能语素应用了一次，那么对这个特定的节点而言，因为没有多余的变量需要置换，这个过程就完成了。所以，像 *\*lef-t-ed*（或者 *\*play-ed-ed* 等）这样的形式不能被推导出来，因为语素 T[+past] 被语音实现后，（23）中再无语素可供词汇项应用。

至于上文提到的那个全局性问题则涉及哪些客体是词汇插入的目标。答案是目标是语素，因为只有语素拥有变量 $Q$。在此我们用"**终端插入**"

（Terminal Insertion）来表述语素在这个方面具有特殊性的观点：

（25）**终端插入**：插入仅以语素（即终端节点）为目标。

以本书所采用的词汇插入的置换观来理解的话，终端插入意味着只有功能语素拥有变量 Q 位置。复杂结构中的其他客体，特别是非终端节点（如中间投射或短语投射），则没有变量 Q，因此不是词汇插入的对象。由此观点可以推断阻断所产生的对语法性的竞争限于语素，也仅限于语素。

阻断效应出现于词汇项之间的关系，这一点对我们的理论十分重要。关键的一点是，词与词之间是没有阻断的。因此，不是 *left* 这个词阻拦了 *\*leaved* 这个词，而是如上文所述的那样，在 $\sqrt{\text{LEAVE}}$ 的语境中，实现为 *-t* 的词汇项战胜了 *-ed* 的词汇项，从而产生了阻断效应。基于语素的阻断和基于词的阻断之间的区别有许多重要的影响。对于这个和其他一些重要的话题，我们将在第七章进一步考察语法中的阻断效应时做出更为详细的讨论。

## 4.5　复杂结构中插入的顺序　99

词汇插入经常应用于复杂中心语之中的语素。当这类插入发生时，必须有某个原则决定词汇插入是以何种顺序应用于结构中的不同语素的。根据分布式形态学中的一个标准假设，词汇插入是**从里向外**（from the inside out）应用的。这意味着词汇插入首先应用于复杂中心语中内嵌最深的结构位置，然后向外逐次展开，产生的效应有时被称为"**循环插入**"（cyclic insertion）。[5]

举个例子，居于英语的过去时动词 *vapor-iz-ed* 底层的复杂中心语有着如下的结构：

（26）*vapor-iz-ed*

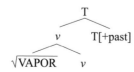

由于词根被假定为在底层即有音系形式，因此词汇插入最先应用于节点 *v*，即插入 *-ize*：

（27）*vapor-iz-ed*

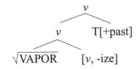

在此之后，词汇插入应用于节点 T[+past]，即插入 *-ed*：

（28）*vapor-iz-ed*

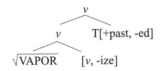

100　　词汇插入以从里向外或自下而上的方式运行，这个假设无法从目前为止我所做出的其他假设中推导出来。相反，部分因为它与之前理论模型中有关语法中的循环效应的关联，许多研究把它作为一种工作假说而予以了接受。总体来说，它在解释形态与音系的互动上是相当成功的，对语素变体模式做出了强式的预测，而且大体上是准确的（哈利和马兰茨（1993），博巴利克（2000），恩比克（2010a））。其他更多的讨论见第七章。

## 4.6　示例：拉丁语变时的一个片段

在下文中，我将对古拉丁语动词形式中的一部分进行分析，以此演示本章所讨论的很多关键概念。为了叙述的简便，本节使用的表征将略去变量 *Q* 的位置。

### 4.6.1 初步观察

作为起点，我们先观察（29），它显示拉丁语动词 *laudāre* '赞扬' 在直陈语气中的三种时态形式：现在时，未完成时和完成时：

（29）拉丁语 *laudāre* 的三种时态

|  | 现在时 | 未完成时 | 完成时 |
|---|---|---|---|
| 1 单 | laudō | laudābam | laudāvī |
| 2 单 | laudās | laudābās | laudāvistī |
| 3 单 | laudat | laudābat | laudāvit |
| 1 复 | laudāmus | laudābāmus | laudāvimus |
| 2 复 | laudātis | laudābatis | laudāvistis |
| 3 复 | laudant | laudābant | laudāvērunt |

根据我们之前对该系统中句法语义特征的区分，可以就在这些动词的分析中起作用的语素（和特征）做出如下一些观察。第一点是该语言区分现在时和过去时。以此为基础，我们可以设置 [±past] 特征，现在时是 [-past]，未完成时是 [+past]。[±past] 在完成时中的地位稍微复杂一些。考虑到该语言还有（明显是 T[+past] 特征的）过去完成时（pluperfect）（类似于英语的 *I had praised*...），可以假设（29）中完成时的特征是 [-past]。 101

第二点与体的标记相关。在表达完成体的时候，有一个专用的体语素，以下称为"体 [完成 ]"（Asp[perf]），而非完成体形式却没有这样一个语素。出于这个原因，我将设置一个只用于完成时动词的体语素（Asp）；现在时和未完成时拥有 *v* 和 T，但没有 Asp。除此之外，我还假设完成体（[perf]）的特征是**一元的**（unary），即仅有存在和不存在之分，没有 ± 之分。

除了时体特征，（29）中的动词还有一致（Agr）语素，包括 [±1] 和 [±2] 的人称特征，以及 [±pl] 的数量特征。最后，还有一个邻接词根的主干元音，我假定其为"第一变时"（first conjugation）实现一个任意的类别特征 [+I]。为了简便，主干元音被处理为 *v* 的音系实现项，但也可以把它处理为分离语素（见第二章第 2.2.1 节）。

当有了以上几种语素，我们可以把（29）中的动词切分为如（30）

所示的形式（在括号中的元音被认为是出现在形态中，但是在音系中被删除了）：[6]

（30）拉丁语动词 *laudāre* 的三种时体形式

|  | 现在时 | 未完成时 | 完成时 |
|---|---|---|---|
| 1 单 | laud-(ā)-ō | laud-ā-ba-m | laud-ā-v(i)-ī |
| 2 单 | laud-ā-s | laud-ā-bā-s | laud-ā-vi-stī |
| 3 单 | laud-a-t | laud-ā-ba-t | laud-ā-vi-t |
| 1 复 | laud-ā-mus | laud-ā-bā-mus | laud-ā-vi-mus |
| 2 复 | laud-ā-tis | laud-ā-ba-tis | laud-ā-vi-stis |
| 3 复 | laud-a-nt | laud-ā-ba-nt | laud-ā-v(i)-ērunt |

从结构上看，非完成时（现在时和未完成时）形式是（31a）的实现，而完成时形式是（31b）的实现：

（31）a. 非完成时

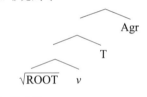

b. 完成时

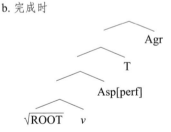

（30）中切分后的形式和（31）中的结构可以由几个步骤相互联系起来。从 *v*，Asp[perf] 和 T 开始，第一组的实现项如下所示：

（32）*v*，Asp[perf] 和 T 的音系实现项

    a. *v* : *-ā*

    b. Asp[perf] : *-vi*

    c. Tense:

  i. 现在时和完成时：*-ϕ*

  ii. 未完成时：*-bā*

一致特征模式稍显复杂。有一部分一致语素只实现为一种形式，如（33a），而（33b）中的一致语素则显示出语境语素变体：

（33）一致语素的音系实现项

  a. 无语素变体：

  i. 3 单：*-t*

  ii. 1 复：*-mus*

  b. 有语素变体

  i. 1 单：*-ō*，*-m*，*-ī*

  ii. 2 单：*-s*，*-sti*

  iii. 2 复：*-tis*，*-stis*

  iv. 3 复：*-nt*，*-ērunt*

在从词汇插入的角度分析这些实现项的分布之前，需要先考虑另外一 103 组形式，即如（34）所示的过去完成时：

（34）*laudāre* 的陈述式过去完成时：

|  | 过去完成时 |
|---|---|
| 1 单 | laud-ā-ve-ra-m |
| 2 单 | laud-ā-ve-rā-s |
| 3 单 | laud-ā-ve-ra-t |
| 1 复 | laud-ā-ve-rā-mus |
| 2 复 | laud-ā-ve-rā-tis |
| 3 复 | laud-ā-ve-ra-nt |

这些形式引入了一些额外的事实，可以吸收到我们的分析之中。从里向外，可以看到，跟上文（30）中的完成时一样，Asp[perf] 的中心语是 *-vi*（元音下降导致 /vi/ 变音为 /ve/，这可以假定是由音系所决定的；可参看洛伊曼等（1963））。在时体的位置上出现的实现项是 *-rā*。最后，在时体之外出现的是一致语素。通过比较（34）与（30）中的未完成体，可以看出它和未完成时具有相同的实现项。基于最后的这项观察，第一人称

单数—致的语素变体 *-m* 似乎受到 T[+past] 的制约。

### 4.6.2 词汇项

上节我们对不同的音系实现项进行了观察，现在让我们试着把它们纳入一个使用词汇项的分析之中。将要分析的形式来源于（31）所示的结构的线性化，其语素序列如（35）所示（体语素（Asp）仅与完成时合用，所以放在括号中）：

（35）$\sqrt{\text{ROOT}}$ -*v*-(ASP)-T-Agr

从词根开始由里向外运行，就主干元音和体语素而言，由于它们每个只有一个词汇项，所以其情形跟我们上面的讨论是一样的：

104　　（36）a. [+I] ↔ -ā

　　　　　b. Asp[perf] ↔ -vi

事实上，这部分的分析之所以简单，是因为我们只考虑了一个动词。当更多动词的语料添加进来的时候，我们就可以看到这个语言还拥有其他的主干元音。除此之外，体语素 Asp[perf] 在其他动词的环境中还有相应的语素变体。这一点我会在第 4.6.3 节进行考察。

再来看看时态语素。在上节中提到，未完成时和过去完成时两种过去式（[+past]）语素的形式有不同语素变体：分别是 *-bā* 和 *-rā*。对这个现象的分析可见（37），其中第一个词汇项需要参照完成体（Asp[perf]）的出现：

（37）T[+past] 语素的词汇项

　　　　T[+past] ↔ -rā/Asp[perf]_

　　　　T[+past] ↔ -bā

在非过去式 T[-past]（即现在时和完成时）的例子中，时语素没有显性的实现。我将不把它处理成一个零形式 -$\phi$ 的插入，转而假定是 T[-past] 语素被删除的结果，其规则如（38）所示：[7]

（38）T[-past] → $\phi$

提出这一删除规则的一部分原因是拉丁语动词的现在时 T[-past] 语素

没有显性的形态标记。删除 T[-past] 的另一个动因可以从一致语素的语境敏感性中看出，下面对完成时中一致语素变体的分析将揭示这一点。

　　下面转向一致语素。语素变体的第一个例子可以在第一人称单数中找到——在非完成体中存在 *-m* 和 *-ō* 两种语音实现。前者在过去时中出现，表明有如下的词汇项：[8]

（39）[+1, -2, -pl] ↔ -m/T[+past]___

　　　　[+1, -2, -pl] ↔ -ō

（33）中其他所有的一致语素变体都有一个共同的特性：一个特殊的语素变体被插入在完成时形式之中。更准确地说，这个特殊的形式只出现 105 于完成时之中，而不出现于过去完成时之中。把目前讨论的所有形式放在一起，如（40）所示，可以清楚地看出这一模式（对完成体（Asp[perf]）敏感的一致词尾用粗体标明）：

（40）拉丁语 *laudāre* 的四种时体形式

|  | 现在时 | 未完成时 | 完成时 | 过去完成时 |
|---|---|---|---|---|
| 1 单 | laud-(ā)-ō | laud-ā-ba-m | laud-ā-v(i)-ī | laud-ā-ve-ra-m |
| 2 单 | laud-ā-s | laud-ā-bā-s | laud-ā-vi-**stī** | laud-ā-ve-rā-s |
| 3 单 | laud-a-t | laud-ā-ba-t | laud-ā-vi-t | laud-ā-ve-ra-t |
| 1 复 | laud-ā-mus | laud-ā-bā-mus | laud-ā-vi-mus | laud-ā-ve-rā-mus |
| 2 复 | laud-ā-tis | laud-ā-ba-tis | laud-ā-vi-**stis** | laud-ā-ve-rā-tis |
| 3 复 | laud-a-nt | laud-ā-ba-nt | laud-ā-v(i)-**ērunt** | laud-ā-ve-ra-nt |

要解释完成时中这些特殊的形式，一个直截了当的方法是让这些粗体的变体形式在语境上参照完成体（Asp[perf]）。我们前面谈到，完成体的结构与一个非过去时（T[-past]）节点共现，如（41）所示：

（41）完成时的结构

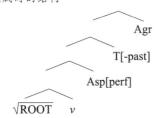

依据（38）的规则，T[-past] 被删除了。在完成时的情形中，当删除规则应用于（41）时，导致的结果是 Agr 语素在线性顺序上毗邻于（亦即串联于）Asp[perf]，从而使得语境条件有了局域性，具体细节将在第七章进行讨论。（40）中的特殊变体可以由（42）加以具体说明，其中还包括第一人称单数的变体 *-m* 和拉丁语所需的其他一致语素的词汇项：

106　　（42）一致语素的词汇项

$$[+1, -2, -复] \leftrightarrow -\bar{\imath} \qquad / \text{Asp[perf]}\underline{\quad}$$

$$[-1, +2, -复] \leftrightarrow -st\bar{\imath} \qquad / \text{Asp[perf]}\underline{\quad}$$

$$[-1, +2, +复] \leftrightarrow -stis \qquad / \text{Asp[perf]}\underline{\quad}$$

$$[-1, -2, +复] \leftrightarrow -\bar{e}runt \quad / \text{Asp[perf]}\underline{\quad}$$

$$[+1, -2, -单] \leftrightarrow -m \qquad / \text{T[+past]}\underline{\quad}$$

$$[+1, -2, -复] \leftrightarrow -\bar{o}$$

$$[+1, -2, +复] \leftrightarrow -mus$$

$$[-1, +2, -复] \leftrightarrow -s$$

$$[-1, +2, +复] \leftrightarrow -tis$$

$$[-1, -2, +复] \leftrightarrow -nt$$

（42）的分析对于本章自始至终的重点——词汇项的排序与竞争上岗——进行了要点演示。也就是说，在完成体中，赋值较充分的词汇项——（42）中那些标明语境的词汇项——在排序上优先于较不充分的词汇项。因此，举个例子，第二人称单数完成时的一致特征实现为 *-sti*，而不是 *-s*；（43）的树形图展示了其在删除了 T[-past] 之后的结构，其中各个节点均以语音实现表示：

（43）第二人称单数完成时 *laud-ā-vi-stī*

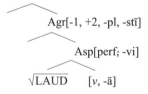

在这个结构中，[-1, +2, -pl] 的词汇项 *-sti* 战胜了 *-s* 的词汇项，因为前者标明了语境 Asp[perf]。然而，在过去完成时中，一致语素与 T[+past]

中心语毗邻，因此，第二人称单数的音系实现项为 -s，并不是 -sti，如
（44）所示：

（44）第二人称单数过去完成时 *laud-ā-ve-rā-s*　　　　　　　107

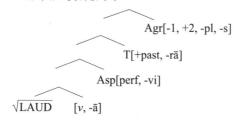

也就是说，因为 Agr[-1, +2, -pl] 不能"看见"Asp[perf]（第七章会对
此做出更为准确的解释），所以不能使用插入 -sti 的词汇项。相反，可用
于该节点的最充分的是插入 -s 的词汇项。由（42）可见，-s 是第二人称
单数的默认词汇项。

### 4.6.3 特征是不可删除的

在第 4.6.2 节的分析完成之后，我想另外讨论一下词汇插入之后句法
语义特征的地位问题。首先，依照第 4.5 节，词汇插入是从里向外应用于
诸如（43）和（44）这样的结构的；也就是说，先应用于 v 位置，再到
Aspect 和 Tense（如果它们有的话），最后到 Agr。虽然词汇插入的这一排
序方式对第 4.6.2 节中强调的观点并不至关重要，但却与上文第 4.2.2 节中
做出的假设直接相关，即词汇插入发生时句法语义特征不会自动删除。

为了说明这个观点，让我们首先看看上节提到的例子，语素 T[+past]
的语音实现项在 Asp[perf] 的语境中是 -rā，在未完成时中是 -bā。实现为
这两种方式之一的语素 T[+past] 又影响了 Agr 的实现：Agr[+1, -2, -pl] 在
T[+past] 的语境中实现为 -m，在其他的语境中实现为 -ō（见（39））。把
这些观察放在一起，特征不可删除的重要性就变得清晰可见。遵照第
4.5 节所阐述的词汇插入从里向外进行的假设，Agr 节点的词汇插入**晚**
于 Tense 节点的词汇插入。如果在词汇插入发生时特征不被删除，那么　108

Agr[+1, -2, -pl] 对 T[+past] 语境敏感就没有任何问题。

　　从另一方面考虑，如果 T[+past] 的句法语义特征在词汇插入应用时被删除了，那么只能预测外层的语素只对内层节点的音系特征（即其音系实现项）敏感。以拉丁语为例，这意味着第一人称单数形式 -m 的分布不可能参照其局域性的过去式特征而加以陈述。相反，-m 的语境条件只能分别参照 -rā 和 -bā 这两个词汇项。这样的话，我们要么会错过一次概括，要么被迫采用某个其他方式来陈述正确的分布。因此，在这些例子中，可以清晰地看到，不删除句法语义特征可使外层词汇项的分布以直截了当的方式得到概括；删除特征则会使问题复杂化。

　　同样说明这个观点的还有参照 Asp[perf] 的一致词汇项（（42）列表中的前几个）。为了证明这一点，需要另外考虑一些动词。上述例子中的词根 $\sqrt{\text{LAUD}}$ 显示了 Asp[perf] 的一个语素变体 -vi。然而，拉丁语的其他动词在 Asp[perf] 上还拥有许多不同的语素变体。总体来说，有如（45）所示的三种形式——-vi，-si 和 -i：

（45）Asp[perf] 的语素变体

　　　　a. amā-vi-ī　　'love'（爱）
　　　　b. scrip-si-ī　　'write'（写）
　　　　c. vēn-i-ī　　'come'（来）

　　在这些形式中，语素变体 -vi 是默认形式，其他两种需要标明它们实现时所处语境中的词根列表（恩比克（2000，2010a））。

　　至关重要的是，一致语素 Agr 具有跟 Asp[perf] 相同的变体模式。同样，如果相关的词汇项跟上文（42）中各例一样参照 Asp[perf] 的话，那么这种变体模式可以直接得到解释。但是，如果像 Asp[perf] 这样的句法语义特征在词汇插入中被删除的话，我们便只能用其他的、概括程度较低的方式来陈述特殊完成时语素变体的分布。

109　　　综上所述，上述讨论的两类现象展示了词汇插入发生时，什么样的信息是必不可少的。特别是，似乎只有假定句法语义特征在词汇插入发生时是不可强制删除的，语素变体的模式才有可能得到较为简单的分析。

## 4.7 总结

功能语素在底层不拥有音系表征。它们由句法组合成复杂结构，并且只在语法的音系式部门，通过词汇插入操作，获得音系形式。在本章所阐述的词汇插入操作中，对插入的竞争决定了哪个词汇项在应用于某个语素时是活跃的；该词汇项的音系实现项置换了功能语素中的变量 $Q$。我们还进一步假设，（至少在默认情况下，）语素中的句法语义特征在词汇插入发生时不可删除。

以下三个假设是本词汇插入理论的组成部分：

1. **排序**：当多个词汇项可应用于某一给定语素时，优胜者由排序决定；充分性决定词汇项的排序。

2. **终端插入**：词汇插入仅应用于语素，不能应用于其他任何类型的客体。

3. **唯一性**：对某一给定的功能语素，词汇插入仅应用一次。

至此，词汇插入有了一个完整的概述。下一章将转入对合形的探讨，这个现象为以实现方式处理音—义联系提供了最为强劲的动因。[9]

# 第五章

# 合形与（不）充分性赋值 ①

## 5.1 引言

上一章阐述了一个词汇插入理论，即向功能语素提供音系表征的音系式操作。我在第一章中曾经提到，这种在句法推导之后再引入音系内容的方式有时也被称为**迟后填音**（Late Insertion）。采用迟后填音的理论通常被称为**实现性**（realizational）的理论，因为它们认为语素通过操作才得以在音系上**拼读**（spell-out）或**实现**的。与术语相关的最后一点是，语素在底层表征中不包含音系特征的这个思想被称为**"分离假说"**（Separation Hypothesis，比尔德（1966，1995）；也可参看乔姆斯基（1965））。隐藏在这一术语背后的思想是，在实现性的理论中，语素的句法语义表征与（形态）音系表征是分离的。[1] 本章将探究词汇插入理论的更多细节，重点是合形现象，因为它为用这种方式处理音—义之间的联系提供了主要的动因。

为了方便讨论，本章先回顾一下实现性理论中的语素与"传统"语素之间的区别。本书所提倡的实现性理论与许多传统的形态学理论有共通之处——它们都认为语素在联系意义（即前文所说的句法语义特征）和声音（即音系实现项）上起着至关重要的作用。然而，与传统的语素理论不同，

---

① "不充分赋值"的另一种译法是"不详标"。——译者

本理论认为声音和意义是经由词汇插入过程而结合起来的，而该过程是在音系式中应用于语素的。

在传统的、非实现性的语素中，声音和意义从一开始就被匹配在一起。换句话说，作为记忆中的一个客体，语素同时包含句法语义特征（在此用 α 表示）和音系特征（在此用 /X/ 表示）；这种观点可以图示为（1）：

（1）传统的（表征在记忆中的）语素

[α, /X/]

如果理论中所有的语素都有如图（1）所示的形式，那么词汇插入操 112 作自然就多此一举。作为一个基本客体，这样的语素已经同时具有句法语义特征和音系特征了。

然而，在一个实现性的理论中，意义和声音不以原始项的身份同时出现在功能语素之中。相反，正如上一章所述，记忆中的功能语素只包含句法语义特征，不包含任何音系形式；它们仅仅在由句法组合成复杂客体之后才被赋予音系形式。因此，实现性理论也生成声音和意义相结合的语素，但是，只有当语素被句法结合并通过词汇插入在音系式中实现之后，声音和意义的结合才能产生。

与使用如（1）所示语素的传统理论相比，实现性理论在理论中增加了一个额外的计算（即词汇插入）和一张额外的列表（即词汇表）。显而易见，如果声音和意义在大脑中从一开始就是结合在一起的话，那就没有必要有词汇插入（以及词汇表）。因而，想要理解实现性形态学的主要观点，就必须阐明词汇插入的动因。

在本书之前的章节中，我在多处间接地提到，迟后填音的动因不是**概念上的**（conceptual），而是经验上的。在第一和第二章中，我们讨论到一个与迟后填音密切相关的观点，即语法中存在必须列举的某些客体和某类信息。在那里，我指出有两份列表——句法终端表和百科知识表（见第一章）——是必不可少的，意思是，所有的理论都必须以这样或那样的方式，包含一组原始项，同时必须记录不可预测的个体性信息。在另一方面，词汇表的动因与其他两份列表没有明显的相同之处。词汇插入的必要性是建立在功能语素不包含音系特征这个假设基础之上的。无论概念上的考虑在理论中具有何等地位，在来自合形现象的、支持迟后填音的经验证据面前，它们在这个领域只能占据次要位置。

简单地说，迟后填音的论据在于，它通过词汇项数量的**最小化**，从而使得语法中的某些概括最大化了。推理过程如下。当不同的句法语义特征在音系上以相同方式实现时，合形就发生了。在第一章的初步讨论中，这个现象是以拉丁美洲西班牙语动词屈折形态的例子来演示的。虽然这些西班牙语变体区分三种人称（第一、第二与第三人称）和两种数量（单数与复数），但是在动词的一致语素上却没有六个不同的音系实现项。相反，第二和第三人称复数的一致特征均同样实现为 *-n*：

（2）动词 *hablar* '说' 的现在时形式

| 人称／数 | 形式 |
| --- | --- |
| 1 单 | habl-o |
| 2 单 | habla-s |
| 3 单 | habla-φ |
| 1 复 | habla-mos |
| 2 复 | habla-**n** |
| 3 复 | habla-**n** |

实现性理论对上述现象有两个主要看法：(i) 如（2）所示的第二和第三人称一致在形式上的同一性是系统性的，而不是偶然性的；(ii) 这种系统性必须在语法中编码，从而像（1）这样的传统语素被排除于可用范围之内。从概括的最大化（和词汇的最小化）角度，这意味着（2）中的第二和第三人称复数语素需要被分析成一个单一的词汇项，而不是两个不同的词汇项。

本章大部分的内容主要用于阐释词汇插入在合形分析中的应用。在这个过程中，我还将围绕语素是如何标注特征的，特别是，词汇项为何是**不充分赋值**的等问题，介绍一些关键概念。总体而言，本章主要阐述对合形的分析，并在第 5.5 节中把它应用于一些案例之中。

## 5.2　合形与不充分赋值

"**合形（syncretism）**"这个术语在不同的描述型和分析型理论中有着不同的用法。在本书中，它主要指不同的句法语义环境（即捆绑成一个语素的句法语义特征的不同集合）显示出相同的音系实现项。这个定义使得合形不仅是一种音系现象，而且是一种形态现象；本章将要阐述的主要观点是，当相同的词汇项应用于不止一个功能语素时便出现合形。

以这种方式定义合形，部分是因为有必要区分形式的系统性同一性（即我所说的（**系统性**）合形）与偶然性同音（即音系上的同一性是偶然的）。对于后者，可以举一个英语的例子。英语（规则）复数语素拥有的音系是 /z/（*dog-s*），第三人称单数一致语素的音系（*play-s*）与之毫无二致。但是这种形式上的同一性似乎是一种偶然，而且在语言中把两个不同的词汇项分析为恰好共有音系实现项 /z/，这不会错失任何有意义的概括（见第 5.4 节）。在另一方面，当两个在句法语义特征内容和分布上相似的语素展示出同一个音系实现项时——如第 5.1 节中西班牙语 *-n* 的例子——那么，如果把它们设置为音系实现项相同的两个不同的词汇项，就会错失概括。形态理论的首要任务之一是为合形提供分析，并使之**以在语法上非偶然的方式**，能够解释相同的音系实现项是如何出现在不同的句法语义环境之中的。

出于本章的目的，我将假设，系统性的合形与偶然性的同音在大多数情况下有着泾渭分明的界限，所以本章的重点主要放在前者。然而，合形与偶然性的同音之间的分界线是个重要而又复杂的问题。在第六章的总结中，我将对这一点提出更多的一些思考。

### 5.2.1　一个例子：**胡帕语（Hupa）的一致特征**

合形的例子在世界语言中不胜枚举。如果以一个具体的例子来做详细分析的话，不妨考察一下阿萨巴斯卡语（Athabasca）中胡帕语的主语和宾语的前缀（戈拉（1970））。[2] 胡帕语中的动词上附有数量甚多的语素作为词缀，其中绝大部分是前缀。主语一致语素的音系实现项在（3）中以粗体表示：[3]

（3）主语

a. *no: xoWtiW*

| no | xʷɨ | **W** | tiW |
|----|-----|-------|-----|
| ADV | 3s-OBJ | **1s-SUBJ** | put |

'我放倒他。'

b. *sinda*

| si | **n** | da |
|----|-------|-----|
| STAT | **2s-SUBJ** | sit |

'你在坐着。'

c. *k̓ʸidiyaŋ*

| k̓ʸɨ | **dɨ** | yan |
|------|--------|------|
| OBJ | **1p-SUBJ** | eat |

'我们在吃饭。'

d. *Wohɫcis*

| Wɨ | **ohɫ** | cis | see |
|----|---------|-----|-----|
| 1s-OBJ | **2p-SUBJ** | CAUS | |

'你们看我。'

从上面的例子可以看出，四个不同的人称／数的范畴每一个都与一个不同的形态形式相关联：第一人称单数是 *W-*，第二人称单数是 *n-*，第一人称复数是 *di-*，第二人称复数是 *oh-*。

胡帕语的动词同样标记与其宾语的一致关系。但是，在标记宾语时，人称和数量的四种组合方式只能找到三种不同实现项。如（4）所示，第一人称复数与第二人称复数的宾语没有任何区别：

（4）宾语

a. *yɨWiwiɫteɫt*

| yɨ | **Wɨ** | wi | ɫ | teɫ |
|----|--------|-----|---|-----|
| ADV | **1s-OBJ** | ASP | CAUS | carry |

'它带着我走。'

b. *niwɨłtełɨ*

| **nɨ** | wɨ | ł | tełɨ |
|--------|------|--------|--------|
| 2s-OBJ | ASP | CAUS | carry |

'它带着你走。'

c. *nohčɨłca:n*

| **noh** | čɨ | ł | can |
|---------|------|--------|--------|
| 1, 2p-OBJ | 3s-SUBJ | CAUS | see |

'他看着我们 / 你们。'

从（4）的语料来看，重要的是，主语的一致在第一人称复数和第二 116
人称复数上展现出不同的形态实现：*di-* 和 *oh-*。从这一对立可以看出，胡
帕语在复数中实际上区别第一人称和第二人称。也就是说，该语言不是不
在句法语义特征的层面区别复数中的人称。相反，问题是在宾语的一致系
统中，第一人称复数和第二人称复数的区别在表面上没有表现——当宾语
是第一人称复数或第二人称复数时，出现的是单一的实现项 *noh-*。

把（3）和（4）的事实放在一起，胡帕语的一致前缀可以安排如下：

（5）主语和宾语的语音实现项

| | 主语 | 宾语 |
|------|------|------|
| 1 单 | w- | wɨ- |
| 2 单 | n- | nɨ- |
| 1 复 | di- | noh- |
| 2 复 | oh- | noh- |

我们现在来考察一下词汇插入之前的一致功能语素。胡帕语区分第
一和第二人称，还区分单数和复数。因此，我们的分析将使用特征 [ ± 1]
和 [ ± 2] 来表示人称，用特征 [ ± pl] 来表示数量，最后用特征 [+subj] 和
[+obj] 来表示主语和宾语。关于这些特征，需要做几点说明。

第一，技术上讲，区分第一人称和第二人称只需要一个二元的特征。
但是，在分析第三人称的时候，同时拥有 [ ± 1] 和 [ ± 2] 是有必要的，这
样第三人称可以被定义为 [-1, -2]。出于这个原因（同时也是为了与本书
的其他分析保持一致），我将采用两组特征。

第二，特征 [+subj] 和 [+obj] 在此代表一个更加复杂的特征系统，该系统涉及对相关的语法概念的表征。因此，不必对这两个特征做过多的解读。

正如上文所指出的那样，复数特征 [+pl] 和组成第一和第二人称的人称特征之间并不是互不兼容的。因此，可以假设，复数宾语语素同时包含人称和数量特征。这个假设背后的普遍原则是：功能语素在句法语义特征方面是**充分赋值的**（fully specified）；在下面的第 5.3 节，我将把这个观点与第二章关于特征的一般性讨论关联起来，并使之更为准确。

关于（5）中的图表，功能语素的充分赋值意味着胡帕语动词形式包含一致语素，其特征组合如（6）所示；（6）严格对应于（5），但展示的只是句法语义特征，而不是词汇插入之后的音系实现项：

（6）主语和宾语的一致语素

| | | 主语 | 宾语 |
|---|---|---|---|
| 1 | 单 | [+1, -2, -pl, +subj] | [+1, -2, -pl, +obj] |
| 2 | 单 | [-1, +2, -pl, +subj] | [-1, +2, -pl, +obj] |
| 1 | 复 | [+1, -2, +pl, +subj] | [+1, -2, +pl, +obj] |
| 2 | 复 | [-1, +2, +pl, +subj] | [-1, +2, +pl, +obj] |

如（6）所示的功能语素在各自出现的推导中经历词汇插入。如果只聚焦于不同的复数语素的话，那么，需要解释的观察如下：虽然在句法语义特征的层面上第一和第二人称复数的宾语有着不同的特征<u>丛</u>集，但这两个不同的功能语素却只关联一个单一的音系实现项。

### 5.2.2 实施对合形的分析

在分析胡帕语一致语素的合形时，作为第一步，我们首先从表示复数 [+pl] 的功能语素着手，如（7）所示，括号里是它们出现的音系实现项：

（7）胡帕语复数语素

    a. [+1, -2, -pl, +subj]（=di-）

    b. [-1, +2, +pl, +subj]（=oh-）

  c. [+1, -2, +pl, +obj]（=noh-）

  d. [-1, +2, +pl, +obj]（=noh-）

（7）中有三种不同的音系形式。了解了这一点，现在我们可以考察一下如（8）所示的三个词汇项：

（8）词汇项

  a. [+1, -2, -pl, +subj] ↔ di-

  b. [-1, +2, +pl, +subj] ↔ oh-

  c. [+pl, +obj]　　　↔ noh-

  依据（8），第一和第二人称的复数主语一致特征（7a）和（7b）分别由（8a）和（8b）中不同的词汇项实现。然而，宾语复数是由一个单一的词汇项（8c）完成的。该词汇项必须应用于 [+obj] 语素，这一事实是由第四章所介绍的原则规定的。根据第四章的词汇插入理论，（8a）和（8b）均不能应用于 [+obj] 语素，因为它们只能参照 [+subj] 特征。既然这两个词汇项没有一个能应用于（7c）或（7d），那么对（7c）和（7d）赋值最充分的词汇项只有（8c），它插入的是 *noh-*。因此，（7c）和（7d）这两个不同的功能语素是由同一个词汇项（8c）实现的；这就是本理论所说的系统性合形。

  这种分析方式的一个重要特点是，词汇项（8c）不参照 [±1] 和 [±2] 特征，而只参照 [+pl] 和 [+obj] 特征。因为它不参照人称特征，所以既可以应用于 [+1, -2] 的宾语复数，也可以应用于 [-1, +2] 的宾语复数。在上述这种情况下，可以说，词汇项相对于其所应用的特征丛集是**不充分赋值的**（underspecified）。

  隐含在这类不充分赋值背后的思想是，当一个功能语素所包含的特征是一个词汇项所提及的特征的超集（superset）时，则该词汇项可应用于该功能语素（见第5.3节）。就本节的例子而言，不充分赋值使得音系实现项为 *noh-* 的词汇项能够同时应用于（7c）和（7d）。

  词汇项的不充分赋值使得合形可被分析为系统性的效应，而不是一个个偶然性的同音现象。第一和第二人称复数宾语一致特征在形式上的同一性是系统性的，因为这两个语素均从词汇项（8c）中获得音系形式。用稍微不同的方式来表述，这个分析的核心在于：一个单一的形态客体允许音系词汇项 *noh-* 出现在多个复数语素之中。

### 5.2.3 比较

上小节所阐述的合形分析基于这样的一个假设：一些形式上的同一性是系统性的，而且这种系统性必须由语法决定。第5.2.2节中所分析的具体例子之中，之所以第一和第二人称复数宾语标记产生了形式上的同一性，是因为这两个不同的功能语素是由同一个词汇项实现的。支持这个分析的一个有力证据是词汇项的不充分赋值远比认为 *noh-* 来源于两个不同词汇项的分析方案要更具说服力，如（9）所示：

（9）概括的错失：实现为 *noh-* 的两个词汇项

$$[+1, -2, +pl, +obj] \leftrightarrow noh-$$

$$[-1, +2, +pl, +obj] \leftrightarrow noh-$$

（9）中的两个词汇项是不同的客体，它们具有相同音系实现这一事实纯属偶然。像（9）这样采用两个词汇项违反了一个直觉，即（其他条件相同时）词汇项数量的最小化会带来概括的最大化。此外，在我们讨论的例子中，有足够的理由把形式上的同一性处理成系统性的，因为第一人称复数和第二人称复数宾语一致语素在特征内容上有着相当大的重叠。这些特征的重叠是强烈反对把合形当作偶然性同音的分析方案的。[4]

现在我们能够明白分布式形态学（以及其他的实现性理论）为什么会抛弃传统语素了。在只有传统语素的理论中，声音与意义从一开始就结合在一起，在分析胡帕语宾语一致语素时，唯一选择是采用如（10）所示的语素：

（10）传统语素

　　a. [+1, -2, +pl, +obj, noh-]

　　b. [-1, +2, +pl, +obj, noh-]

像（9）中的词汇项一样，（10a）和（10b）是完全不同的客体。由于声音和意义从一开始便结合成为一个单一的客体，所以完全不可能对与意义相关的声音进行不充分赋值。因此，传统语素不能系统性地解释合形现象。[5]

### 5.2.4 一些补充观点

在分析完胡帕语中复数宾语语素的合形之后，再把主语语素的词汇项增加进来，对胡帕语一致系统的分析就可以完成了。在主语系统中，胡帕语没有合形现象。因此，在如（8）所示的词汇项之外，应该再添加四个额外的词汇项，如（11）所示：

（11）胡帕语一致语素的词汇项

$$[+1, -pl, +subj] \quad \leftrightarrow \quad W-$$

$$[+1, -pl, +obj] \quad \leftrightarrow \quad Wi-$$

$$[+2, -pl, +obj] \quad \leftrightarrow \quad n-$$

$$[+2, -pl, +obj] \quad \leftrightarrow \quad ni-$$

$$[+1, -2, -pl, +subj] \quad \leftrightarrow \quad di-$$

$$[-1, +2, +pl, +subj] \quad \leftrightarrow \quad oh-$$

$$[+pl, +obj] \quad \leftrightarrow \quad noh-$$

有关（11）的细节，有两点需要说明。

首先，（11）的一个创新点，也是本书后续章节讨论中将得到保留和验证的创新点，是所有的词汇项都是不充分赋值的。例如，第一人称单数主语的词汇项不参照 [-2]（[- 第二人称]）特征，其原因是，即使不参照这个特征也能推导出正确的结果。（11）中其他的词汇项情况也是如此。实际上，词汇项经常以这种方式呈现，即以确保正确应用所需的最少数量的特征呈现。这个规约的影响在这个具体的例子中还不明显，但是有许多的事例表明，词汇项特征赋值的最小化能够产生重要的影响。[6]

其次，在应用的排序方面，（11）中前六个词汇项的顺序差不多是任意的，因为只要这些词汇项以这种方式赋值，那么换成其他任何顺序都可以推导出正确的结果。就目前的分析而言，排序中唯一关键的一点是，插入 *noh-* 的词汇项必须是不充分赋值的，如此一来，它在 [+subj] 复数语素的环境中可能被插入 *di-* 和 *oh-* 的词汇项所击败。

121  词汇项赋值的细节，赋值与排位之间的互动，这些关键的话题在本书后续的部分将反复得到讨论（可特别关注下面第 5.5 节的案例分析和第六章）。

关于对（11）的具体分析，按照上述的总体研究思路，还可以做出许多其他的观察。这些观察有不少都涉及词汇应该最小化的思想。举一个具体的例子，（11）中的第一和第二人称单数在主宾语的音系实现上极为相似：它们的差别仅体现在在宾语上会多出现一个 /i/（比较 *W-/Wi-*，*n-/ni-*）。如果 /i/ 在宾语上的出现可以归结于其他因素（特别是音系因素），那么（11）中词汇项的数量便有可能进一步压缩——只用一个单一的词汇项来表示第一人称单数和第二人称单数。[7] 在这个修改中，实现为 *W-* 和 *n-* 的词汇项在主语和宾语的区别方面是不充分赋值的，如（12）所示：

（12）压缩后的胡帕语一致语素的词汇项

$$
\begin{aligned}
&[+1, +pl, +subj] && \leftrightarrow di\text{-} \\
&[+2, +pl, +subj] && \leftrightarrow oh\text{-} \\
&[+1, -pl] && \leftrightarrow W\text{-} \\
&[+2, -pl] && \leftrightarrow n\text{-} \\
&[+pl, +obj] && \leftrightarrow noh\text{-}
\end{aligned}
$$

（12）中的分析保持了插入 *noh-* 的词汇项是不充分赋值的这一直觉，同时进一步压缩了词汇项的数量，从而对（11）做出了改进。

## 5.3  赋值

上一节的主要观点是，通过词汇项的不充分赋值可以得到对合形现象的系统性分析。我们用了胡帕语中的具体例子来演示上述这个观点：胡帕语中的第一和第二人称复数的宾语一致语素是由只参照 [+pl] 和 [+obj] 特征的词汇项推导而来的。因为（i）这个词汇项没有对人称特征赋值，也因为（ii）它没有被另一个赋值更充分的词汇项击败，所以它可以同时应用到 [+1, +pl, +obj] 和 [+2, +pl, +obj] 这两个节点上。

这个分析之所以可行应该归功于一个有关（在插入之**前**的）功能语素 122 表征的假设。具体来说，我们假设，尽管第一和第二人称复数宾语的一致语素在音系上是相同的，但是这两个节点在句法语义特征内容上却是相异的。也就是说，第一人称复数宾语语素如（13a）所示，而第二人称宾语语素如（13b）所示：

（13）复数宾语语素

    a. [+1, -2, +pl, +obj]

    b. [-1, +2, +pl, +obj]

换一种说法，这种形式的同一性来源于词汇插入操作，并没有什么更深层次的原因。

在这里起作用的普遍原则是分布式形态学的一项标准假设：功能语素在句法语义特征上总是充分赋值的，而词汇项则有可能是不充分赋值的。用术语表达，可以说功能语素呈现**充分赋值**（Full Specification），而词汇项则有可能**不充分赋值**（Underspecification）。充分赋值可以定义为（14）；出于比较的目的，我们在此把不充分赋值的定义也陈述出来：

（14）**充分赋值**：功能语素对语言中活跃的句法语义特征是充分赋值的。

（15）**不充分赋值**：词汇项可以参照其所应用的节点所含特征丛集的一个子集。

"充分赋值"是本理论的一个重要思想。为了让词汇项不充分赋值，总得有一些东西是充分赋值的，只有这样，那些在合形中被"忽视掉"的句法语义特征才能发挥作用。

然而，（14）所定义的充分赋值有一些内在的模糊性。定义说某一语言中的功能节点对该语言中活跃的句法语义特征是充分赋值的。这自然引起这样的问题——如何在任何一个语言中确定哪些句法语义特征确实是活跃的。对这个问题的一个简单答案如下：一个语言中活跃的特征是其句法

和语义所需要的那些。因此，定义（14）表面上的模糊性是由这样一个事
123 实造成的，即任何形态分析（也就是任何使用词汇插入的分析）都关键性
地依赖于有关特征的句法和语义理论。

基于上述原因，一个完整的充分赋值理论相当于一个句法和语义所必
需的所有特征的理论。虽然本书不能呈现如此规模和范围的理论，但是充
分赋值的诸多方面仍然值得更为详细的考察，因为它们为后续的一些对比
和比较研究铺平了道路。

回顾一下胡帕语，实现为 *noh-* 的是不同的功能语素，如（16）所示：

（16）复数宾语语素

      a. [+1, -2, +pl, +obj]

      b. [-1, +2, +pl, +obj]

充分赋值是功能语素之所以如此赋值的原因。非正式地说，第一和
第二人称复数的宾语语素在句法（和语义）上是不同的客体。尽管它们
在表层形态上是同一性的（即它们由同一个词汇项实现），但它们是不同
的语素。

那么，为什么（16）中要设置两个不同的语素呢？这个问题值得进一
步思考。这里，我们再看看该语言中的其他一些事实，或许有助于这个问
题的解答。

其中的一个事实已经在第 5.2 节中关注过了。在胡帕语的主语—致系
统中，人称和数量的四种组合均有不同的音系实现项：

（17）主语—致

| 人称 / 数 | 音系实现项 |
| --- | --- |
| 1 单 | W- |
| 2 单 | n- |
| 1 复 | di- |
| 2 复 | oh- |

从这个观察可以清楚地看到（i）胡帕语区分两种人称（第一和第
二）和两种数量（单数和复数）；（ii）这些特征在功能语素中都有交叉分

类。也就是说，胡帕语至少包含一类功能语素，其组合是 [+1, -2, +pl] 和　124
[-1, +2, +pl]，等等。

　　值得强调的是，胡帕语允许人称和数量特征被组合到相同的语素之中，因为这个观察排除了用某些其他方式来处理宾语语素中所发现的合形现象的可能性。为了理解这一点，让我们先回顾一个事实——一些语言没有其他语言所拥有的句法语义特征区别。在第二章讨论普遍特征库时，我们曾用古希腊语和英语做过演示，前者除了有单数和复数之外，还有双数语素，而后者则没有双数语素。既然不同的语言之间在功能语素方面有某种程度的差异，所以一个重要的事实便是：胡帕语确实允许人称特征（如 [±1] 和 [±2]）和数量特征（如 [±pl]）出现在同一个单一的语素中。如果没有这类证据，我们可能会基于宾语中的一致现象而简单地做出胡帕语压根就不能把人称和数量特征捆绑在一起的结论。

　　继续沿着这个方向，在人称和数量共现方面还有其他更多的证据，可以证明这些特征在胡帕语中是捆绑在一起的。例如，在自由代词系统中，人称和数量特征是一起出现的（戈拉（1970：236））：

（18）胡帕语的代词

| 代词 | 注释 |
| --- | --- |
| We | '我' |
| nin | '你' |
| nehe | '我们' |
| nohnɨ | '你们' |

合起来看，基于（17）和（18）的观察表明胡帕语的语素既包含人称特征，也包含数量特征。既然没有理由相信宾语语素与此不同，那么充分赋值就要求以（16）中功能语素对宾语中的一致现象进行分析。

　　到目前为止，充分赋值是以正值（positive）的形象被看待的，即它是一种为功能语素赋予特定表征的方式。这个视角也可以被反过来，从而负值（negative）地看待充分赋值，即它是一种排除某些类型语素的方式：也就是在一个语言中活跃的特定语义层面上排除那些"模糊不清的"语

125　素。具体地说，充分赋值（在上述观察的配合下）排除了这样的表征，即胡帕语不把人称特征与宾语复数语素捆绑在一起，因此不能在宾语系统中区分第一和第二人称的复数形式，如（19）所示：

（19）充分赋值所排除的假定的胡帕语语素

[+pl, +obj]

这个假定的语素在句法语义层面上是"模糊不清的"，因为它不包含人称特征。虽然这个语素可能存在于其他语言之中（例如，在一个人称特征不活跃的语言中，或者在一个人称和数量特征不捆绑在一起的语言中），但由于如上所述的理由，胡帕语语法不允许它的存在。[8]

小结一下，充分赋值对功能语素的表征进行了限制：它要求语素在句法语义特征上是充分赋值的，并且排除不能区分活跃特征的"模糊不清的"语素。与此同时，充分赋值并不严格规定哪些特征是必需的；必需的特征只能由句法、语义和形态等各方面的因素决定。

沿着这个思路，通过本书接下来即将考察的许多案例分析，我们会越来越清楚地看到，基于词汇插入来分析复杂形态相互作用中的任何系统，取决于对这些不同的语素的本质是如何进行假设的（也可回顾第二章关于普遍特征库的讨论）。

最后强调一点，充分赋值对语素表征的限制发生于**可能对它们应用的任何进一步的操作之前**。从下面第六章的讨论可以看出，在词汇插入之前，采用在音系式中删除特征的**贫化**规则，是有可能推导出看上去像（19）那样的语素的。

## 5.4　合形现象与同音异义现象

作为迟后填音的动因，形式上的同一性（即合形）是**系统性的**；不充分赋值这一分析手段允许我们围绕着一个单一的词汇项来解释合形现象。

126　　对合形的分析在形态理论中居于中心地位，这是因为，正如之前提到的，它是偏离"一个意义／一个声音"理想状态的主要现象之一（语素变体，即一个功能语素实现为许多不同的词汇项，代表着偏离理想状态的另一种主要现象）。然而，形式上的同一性并不总是系统性的。本章之前提到过，音系相同的实现项经常出现在不同的句法语义环境之中，但其原因纯粹是偶然的。本章的前面部分有一个例子显示：英语第三人称单数一致特征（简写为 Agr[3sg]）的音系实现项在现在时中是 /-z/（如 *He play-s*）。而复数特征 [+pl] 音系实现项的默认形式同样也是 /-z/（如 *two dog-s*）。然而，没有理由相信这里只涉及一个 /-z/（更确切地说，一个以 /-z/ 为语音实现项的词汇项），因为 Agr[3sg] 和 [+pl] 在句法和语义上毫无相同之处。因此，使用两个不同的词汇项，每个的实现项都是 /-z/，这没有错过任何重要的概括。

上面演示的这种形式上的同一性被称为（**偶然的**）**同音异义**（accidental homophony）。在上个特定的例子中，同音异义发生在功能语素；但是偶然的同音异义也可以出现在词根上，像第二章曾讨论过的 $\sqrt{\text{BANK}}$ "河岸"和 $\sqrt{\text{BANK}}$ "银行"两个词根，它们的音系表征是相同的：其发音完全一致。上面我们间接地提到，偶然的同音异义被分析为碰巧拥有相同音系实现项的两个不同的词汇项。对于英语的 Agr[3sg] 和 [+pl] 特征，两个不同的词汇项如下所示：

（20）偶然的同音异义：两个词汇项

　　a. Agr[3sg] ↔ /-z/

　　b. [+pl] ↔ /-z/

根据这种分析，（20）中的两个词汇项是完全不同的客体；除了语音上的一致之外，它们的相同之处并不比任何两个从词汇中随机抽取的词汇项多。

总体而言，系统性的合形和偶然的同音异义有许多显著的差异。粗略地说，偶然的同音异义出现在拥有相同的音系形式但是句法语义特征完全不同的功能语素上。而在合形中，其环境中一般拥有共同的特征内 127

容。[9] 例如，在胡帕语中，语音实现为 *noh-* 的两个语素，在句法语义特征上都是复数（即共有句法语义特征 [+pl]）。这可以与（20）中的英语例子做对比。（20）中不存在任何句法语义的基础证明附加于名词的 [+pl] 语素和附加于动词的 Agr[3sg] 语素有类似的特征内容。

即使我们拥有不充分赋值这一手段，把 Agr[3sg] 和 [+pl] 两个语素看成是由同一个词汇项插入的也是极其困难的。因此，最优的分析是：在记忆中存在两个不同的词汇项，如（20）所示；虽然我们应当尽可能地把偶然的同音异义最小化（见第六章），但在许多情形中它是不可避免的。

## 5.5  示例

本节提供更多的例子来展示不充分赋值是如何用于推导出合形的。下面的各个小节将引入相当标准的特征表征，其中的许多来自人称和数量领域，以便与之前的分析相连接。在一些案例分析中，我可能对相同现象的不同分析方案进行比较。对这些分析方案的比较将把以下三点考虑在内：（i）对特征库存的不同假设；（ii）关于特征如何捆绑成语素的不同假设；以及（iii）为了解释有关合形的概括而对词汇项进行赋值的不同的方式。通过这种方式对不同的方案进行比较，才能揭示词汇与句法语义特征理论之间的紧密联系，而这两个要素在本理论的每个分析中都发挥着作用。

### 5.5.1 塞舌尔克里奥尔语（Seychelles Creole）中的代词

塞舌尔克里奥尔语是一个在塞舌尔群岛使用的法语系克里奥尔语（见科恩（1977））。该语言的代词系统区分人称和数量，并且有三种句法形态变体，我把它们称为主语格（subject）、强格（strong）和所有格（possessive）。从（21）中的表格可以看出，许多形式相对于其出现的语境是不充分赋值的：

（21）塞舌尔克里奥尔语的代词

| 人称 / 数 | 主语格 | 强格 | 所有格 |
|---|---|---|---|
| 1 单 | mõ | mua | mõ |
| 2 单 | u | u | u |
| 3 单 | i | li | sõ |
| 1 复 | nu | nu | nu |
| 2 复 | zot | zot | zot |
| 3 复 | zot | zot | zot |

在塞舌尔克里奥尔语中，活跃的功能语素如下所述。除了人称特征 [±1] 和 [±2] 与数量特征 [±pl] 之外，为了方便起见，我们可以假设"强格"和"所有格"两栏是分别由特征 [+str] 和特征 [+poss] 定义的。这两个特征代表着较细粒度的，由形态句法定义的特征（与格等特征相关），并且在主体论述中不起关键作用。根据之前的假设，这些特征交叉分类形成了充分赋值的功能语素，我们因此可以对（21）中形式的分布做出若干观察。总体而言，（21）展示了八个不同的音系实现项。其中，有四个出现在只出现在一个格子里：*mua*、*i*、*li* 和 *sõ*。既然它们的分布表明它们中的每一个都只应用于一个功能语素，所以没有必要认为插入这些实现项的词汇项是不充分赋值的。剩下的另外四个音系实现项——第一人称单数 *mõ*，第二人称单数 *u*，第一人称复数 *nu* 和非第一人称的复数（或者复数的默认形式）*zot*——可以插入到不同的功能语素，从而产生一系列合形现象。插入这些音系实现项的词汇项需要不充分赋值，才能解释这些分布。现在我们看一下（22）：

（22）词汇项

  a. [-1, -2, -pl, +poss] ↔ sõ

  b. [-1, -2, -pl, +str] ↔ li

  c. [-1, -2, -pl, +subj] ↔ i

  d. [+1, -2, -pl, +str] ↔ mua

  e. [+1, -pl] ↔ mõ

  f. [+2, -pl] ↔ u

g. [+1, +pl]　　　　　↔ nu

h. [+pl]　　　　　　↔ zot

　　　在（22）中还有几条非常重要的排序。例如，赋值为 [+1, -2, -pl, +str] 的词汇项（22d）负责插入 *mua*，它必须打败负责插入 *mõ* 的词汇项（22e）。除此之外，第一人称复数 *nu* 由（22g）负责插入，它必须打败（22h）。总之，（22）中词汇项的排序反映了第四章介绍的一般原则——赋值更充分的词汇项在排序上高于赋值较不充分的词汇项。

### 5.5.2 蒙古语的所有格

蒙古语族中的卫拉特语（Oirat）对被领属的名词用后缀进行标记，该标记与所有者的人称和数量特征形成一致。所有格语素如（23）所示，引自比尔陶隆（2003：220）：[10]

（23）所有格词缀

|  | 单数 | 复数 |
| --- | --- | --- |
| 1 | -m | -mdn |
| 2 | -cn | -tn |
| 3 | -i | -i |

第一和第二人称所有格在单数和复数上呈现出不同的形式；但是第三人称所有格在数量特征上不做区分。

我将假设，除了人称和数量特征之外，所有格功能语素还有一个 [+poss] 特征。所以，举个例子，第一人称单数所有格语素为 [+1, -2, -pl, +poss]，第二人称单数所有格语素为 [-1, +2, -pl, +poss]，等等。尽管 [+poss] 特征在（23）的分析中作用甚微，但它在下面所做的比较中却起着重要的作用。

如（24）所示的词汇项推导出（23）中的音系实现项的分布：

（24）卫拉特语的所有格词汇项

　　　a. [+1, +pl, +poss] ↔ -mdn

　　　b. [+2, +pl, +poss] ↔ -tn

c. [+1, +poss]　　　↔ -m

d. [+2, +poss]　　　↔ -cn

e. [+poss]　　　↔ -i

第三人称形式中之所以出现合形，是因为实现为 *-i* 的词汇项（24e）没有标注数量特征。（24e）的这一特性与（24）中的其他特性相结合而发挥了作用。尤其是，前四个词汇项都标注了正值的人称特征——不是 [+1] 特征就是 [+2] 特征，其中有两个还标注了数量特征。这四个词汇项解释了（23）中由第一和第二人称组成的四种特征组合。余下的第三人称单复数语素不能由（24a–d）的词汇项进行插入。因此，这两个语素从仅标明 [+poss] 的（24e）获得它们的音系形式。

（24）对卫拉特语的分析假设，所有格特征 [+poss] 与所有者的人称和数量特征捆绑在一起。在这个语言中，我们没有明显的理由认为人称 / 数量和所有格是不同的语素；但是在蒙古语族其他的语言中，做出如此的区分看上去却很有希望。下面我们来看看喀尔喀语（Khalkha）的所有格形式，如（25）所示：

（25）喀尔喀语的所有格（斯万特松（2003））

|  | 单数 | 复数 |
|---|---|---|
| 1 | miny | maany |
| 2 | ciny | tany |
| 3 | ny | ny |

跟卫拉特语一样，喀尔喀语在第三人称所有格中也不区分单数和复数。然而，不充分赋值在这两个语言中发挥作用的具体方式可能有细微的不同。在（25）所示的喀尔喀语的形式中可以看出，所有格词缀全部以 *-ny* 结尾。因此，如果假设（25）中的形式是由一个人称 / 数量语素和一个所有者语素混合而成的，那么就可能对以 *-ny* 为实现项的模式做出直截了当的处理：

（26）对人称 / 数量和所有者的分解

[±1, ±2, ±pl]　　　[+poss]

130

*-ny* 因此是只参照所有格 [+poss] 特征的词汇项的音系实现项。

（27）[+poss] ↔ -ny

作为这个分析的最后部分，人称 / 数量特征的词汇项如下所示：

（28）喀尔喀语所有者中的人称 / 数量部分

    a. [+1, +pl] ↔ maa

    b. [+2, +pl] ↔ ta

    c. [+1]    ↔ mi

    d. [+2]    ↔ ci

    e. [   ]    ↔ φ

在基于（27–28）的分析中，不是因为拥有 [+poss] 特征的词汇项的不充分赋值才发生合形现象的。相反，实现 [+poss] 的词汇项（27）应用于（25）中所有 [+poss] 特征的形式之中，因为这些形式由（26）所示的两个语素组成。那么，合形应当发生在（26）中人称 / 数量部分：在包含第三人称的语素中，（28）中对其赋值最充分的词汇项是（28e）。这个词汇项将表示第三人称单数和复数的语素均实现为 φ，从而形成了合形现象：也就是说，φ-ny 既是第三人称单数所有格的音系实现项，也是第三人称复数所有格的音系实现项。

总而言之，对卫拉特语和喀尔喀语所有格中合形现象的分析都采用了词汇项的不充分赋值。然而，被不充分赋值的词汇项作为目标的那些特定的语素各有不同，这就需要就这两种语言如何把特征捆绑成语素做出进一步的假设。（就目前情况而言，上文的分析把卫拉特语和喀尔喀语处理成为两种不同的结构。也有可能把喀尔喀语的系统进一步处理为包含一个单独的数量语素的结构。我把这个及相关举措留给读者考虑。）

### 5.5.3 巴尔巴雷诺丘马什语（Barbareño Chumash）的代词

巴尔巴雷诺语是丘马什语的一个变体，以前在加利福尼亚州西部使用（比勒（1976）），它在宾语代词的实现上表现出了合形现象，为不充分赋值提供了更多的示例。除此之外，这个例子还引出了一个问题——分析应该如何与自然类别（natural class）相结合，从而使之与句法语义特征的理论直接关联？

巴尔巴雷诺语代词区分第一、第二和第三人称，并有三元的数量区分（单数、复数和双数）。如（29）所示，在这些的特征组合上，该语言中主语的前缀比宾语代词的后缀拥有更多显性的区别：[11]

（29）巴尔巴雷诺丘马什语的代词（比勒（1976：255））

132

| 人称/数 | 主语 | 宾语 |
|---|---|---|
| 1 单 | k- | -it |
| 2 单 | p- | -in |
| 3 单 | s- | -ul |
| 1 双 | k-iš- | -iyuw |
| 2 双 | p-iš- | -iyuw |
| 3 双 | s-iš- | -wun |
| 1 复 | k-iy- | -iyuw |
| 2 复 | p-iy- | -iyuw |
| 3 复 | s-iy- | -wun |

主语系列的代词展现出人称语素（[±1] 和 [±2]），还有数量语素（[±sg] 和 [±pl]）。双数将被假设为 [-sg, -pl]，尽管如我们一会儿将看到的那样，双数中作用关键的是 [-sg] 特征。在音系实现项上，主语代词有完全的区分；这部分因为它们的人称和数量由独立的部件实现——第一、第二和第三人称分别为 *k-*、*p-* 和 *s-*，单数、双数和复数分别为 *-φ*、*-iš* 和 *-iy*。

在（29）中，与不充分赋值相关的大部分活动都发生在宾语的后缀上，特别是非单数宾语，因为单数宾语在三种人称和数量上展示出各不相同的形式。在宾语系统中，第一和第二人称的双数和复数均是 *-iyuw*，而第三人称的双数和复数是 *-wun*。也就是说，第一和第二人称的区别在双数和复数上被中和了，即是非单数成为一类。不仅如此，这些非单数特征自己被合形了，以至于双数和复数具有相同的音系实现。

既然这个系统中的非单数部分有两个音系实现项在起作用，原则上对

（29）中的这一部分有两种解释方式：既可能是插入 *-wun* 的词汇项比插入 *-iyuw* 的词汇项赋值更加充分，也可能恰恰相反。

从第一种分析类型开始，解释（29）中的非单数宾语可以使用如（30）所示的词汇项：

（30）巴尔巴雷诺丘马什语的词汇项

    a. [-1, -2, +obj, -sg] ↔ -wun

    b. [+obj, -sg]       ↔ -iyuw

这些词汇项得出了正确的结果，但这个分析的方式却有点勉强。它不说 *-iyuw* 拥有自然的分布，即覆盖了第一和第二人称的非单数，相反却在插入 *-wun* 的词汇项中参照了第三人称 [-1, -2]。既然我们接受了一个普遍思想，即自然类别应当尽可能以正值表述，因此值得寻找其他的分析。[12]

对（30）的一个替代方案是：认为 *-iyuw* 表达了一个自然类别，从普遍性的角度这是应该优先接受的。在我们讨论的案例中要做到这一点，需要增加一个特征。努瓦耶（1992）曾讨论过，一个"第一或第二人称"的自然类别不能直接用像 [±1] 和 [±2] 这样的人称特征加以表述。他建议采用一个意为"参与者"（participant）的 [±part] 特征。当取正值的时候，它表示言语行为的参与者（即第一和第二人称）；当取负值的时候，它表示非参与者（即第三人称）。不仅如此，他还提出了证据来证明 [±part] 特征对于形态学的自然类别是十分重要的。其他做出同样区分的方法也是可以想象的，比如把第三人称当作某种意思上的"非人称"（non person），因此不能被 [-1, -2] 这个特征组合所参照；不过在这里，我将采用 [±part] 特征，因为我的主要焦点在于，对词汇项不充分赋值不同设置是如何解释（29）中形式的分布的。[13]

特征 [±part] 的作用在（29）中显而易见。音系实现项 *-iyuw* 出现在第一和第二人称的双数和复数中。因此，对应的词汇项应当标注 [+part] 特征，并且在双数和复数的区别上不应当详细标注。沿着这个思路对宾语系统的非单数部分可以分析为（31）：

（31）巴尔巴雷诺丘马什语的词汇项

    a. [+part, +obj, -sg] ↔ -iyuw

    b. [+obj, -sg]       ↔ -wun

在判定（30）和（31）两种分析的差异时，有若干不同的因素需要纳入考虑的范围。例如，如果我们假设，在语法结构中，诸如以正值（如 [+part]）定义的自然类别总是优于负值（如 [-1, -2]）定义的分类，那么（31）的分析必须被认为是更优越的。[14]

最终，这些方案中的哪个更值得采信还与有关特征理论的基本假设相互关联。我用这个示例的主要意图是为不充分赋值如何导致合形提供进一步的证据。既然 -iyuw 和 -wun 都可插入到多个功能语素之中，那么就需 134 要独立于特征和自然类别这些问题的、某种类型的不充分赋值。[15]

### 5.5.4 阿门语（Amên）的所有格后缀

阿门语是用于巴布亚新几内亚西新不列颠岛的一种非南岛语言（见瑟斯顿（1982））。该语言的名词系统在屈折形态和派生形态上表现出错综复杂的情况，其中的一些将在对语料的基础描写过程中稍加提及。但是，我将搁置许多较为复杂的细节，以便把重点放在分析与词汇项不充分赋值相关的那部分系统。

阿门语的所有格名词包括一个词根语素，一个我将称之为"主题"（Theme，缩写为 TH）的、不可预测的元素，以及一个与所有者的人称、数量和性特征保持一致的所有格词缀（POSS）：

（32）Root-TH-POSS

在阿门语中，名词分为四个不同的类别，它们在所有格语素变体上各有区别。我在这里把它们分别称为"第一类"、"第二类"，等等；此外，我还将在下面的分析中对这些类别使用 [I]、[II] 等变音特征。对类别做如此处理足以满足目前的目的，尽管在更加系统的阿门语名词的研究中，这种处理还可能需要以不同的方式加以细化。

在四个不同的类别中，名词的单数所有格形式可以展示为（33）：

（33）名词：*kom*'水'；*gi*'孩子'；*ti*'腿'；*mîk*'垫子'

| 所有格人称/数 | 第一类 | 第二类 | 第三类 | 第四类 |
| --- | --- | --- | --- | --- |
| 1 单 | kom-φ-i | gi-ŋ-e | ti-g-a | mîk-d-at |
| 2 单 | kom-φ-î | gi-ŋ-ê | ti-g-îr | mîk-d-ir |
| 3 单阳性 | kom-φ-u | gi-ŋ-o | ti-g-î | mîk-d-it |
| 3 单阴性 | kom-φ-îm | gi-ŋ-êm | ti-g-î | mîk-d-it |

从（33）可以看出，所有格语素表现出由类别决定的语素变体。在阳性和阴性第三人称所有格中，第一类和第二类有不同的音系实现项，但在第三类和第四类中没有。

135    在详细考察第三人称的所有格之前，需要对决定所有格语素变体语音实现的类别特征做出一些说明。所有格名词的结构可见（34）；出于本分析的目的，我将假设主题（TH）是语素 *n* 的一种语音实现：[16]

（34）所有格名词的结构

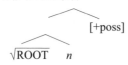

我将假设词根的类别特征出现在语素 *n* 上，并且它们可以限制不同的所有格语素变体的实现。可以假设这些特征是通过一致性（concord）拷贝到语素 *n* 之上的。[17]

至于（34）中与 [+poss] 语素相关的部分，它们被标注了所有者特征，可以通过人称特征（[ ± 1] 和 [ ± 2]）、数量特征（[ ± pl]）和性特征（[ ± fem]）的组合推导出来。因此，以第一人称单数所有格为例，*gi*'孩子'的所有格形式如下：

（35）*gi*'孩子'的第一人称单数所有格结构

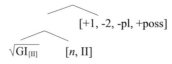

显然，对于词根、主题类别和所有格语素变体之间的关系可说的话很多（更不用说在性和数量可能的关联了）。尽管如此，词汇项的不充分赋值在所有格形态上的作用相对来说是明确的。从（33）可以看出，第一类和第二类在第三人称所有格的阴性和阳性上表现出不同的音系实现项，但是在第三类和第四类中，每个类别只有一个音系实现项。那么，就充分赋值而言，在词汇插入之前，所有格性特征的区别显然存在于所有的 [+poss] 语素之中。因此，第三类和第四类中的合形可以而且必须归因于词汇项的不充分赋值。

具体到我们所关注的所有格系统的第三人称部分，下列的词汇项得出了正确的结果：

（36）第三人称所有格的词汇项

$$[+fem, +poss] \leftrightarrow \text{-îm} \quad /[\text{I}]\underline{\phantom{xx}}$$

$$[+fem, +poss] \leftrightarrow \text{-êm} \quad /[\text{II}]\underline{\phantom{xx}}$$

$$[-fem, +poss] \leftrightarrow \text{-u} \quad /[\text{I}]\underline{\phantom{xx}}$$

$$[-fem, +poss] \leftrightarrow \text{-o} \quad /[\text{II}]\underline{\phantom{xx}}$$

$$[+poss] \qquad \leftrightarrow \text{-î} \quad /[\text{III}]\underline{\phantom{xx}}$$

$$[+poss] \qquad \leftrightarrow \text{-it} \quad /[\text{IV}]\underline{\phantom{xx}}$$

（36）中的每一个词汇项都包含一个对名词类别的语境标注。需要注意的是，第一类和第二类对阴性（[+fem]）和阳性（[-fem]）具有不同的词汇项，因此这两个类别中的每一个都有两个不同的词汇项。另一方面，第三类和第四类都只被（36）中的一个词汇项参照。结果，在这两个类别中，只有一个词汇项可以应用到 [+fem] 和 [-fem] 的所有格语素之中。这也就导致了（33）中的合形现象。

与我们之前分析的例子不同，本例中的合形涉及到的词汇项拥有一个关于名词类别特征的语境标注。通过这个方式，合形在该语言中被限制在名词中的一个特定子集之中。词汇项的不充分赋值为这些名词得出了正确的结果。然而，对于其他语境决定的合形需要增加一些机制；见第六章。

## 5.6　总结

本章的主要目标是展示词汇插入是如何应用于对合形的分析的。核心的假设是词汇项相对于其所应用的语素是不充分赋值的。因为这个原因，单一的词汇项有时可以应用于该语言中多个不同的功能语素之中。当这种情况发生时，形式上表层的同一性被处理成语法中的系统性效应。说它们是系统性的是因为它们由同一个词汇项推导而成。不使用词汇项（从更大层面来说，不对形态使用实现性的方法），就不可能对合形做出直截了当的分析。

词汇项的不充分赋值是理解分布式形态学如何分析合形现象的关键。尽管如此，正如之前的章节所提到的那样，有一些额外的复杂现象似乎需要增加一些机制来与不充分赋值共同作用。这些额外的复杂现象，以及针对它们所提出的一些机制，是下一章的话题。

# 第六章

# 合形分析中的其他话题

## 6.1 引言

到目前为止的讨论展示了不充分赋值的词汇项如何用于对系统性合形的分析。用上一章开始部分所用的术语来说，不充分赋值通过词汇项数量的最小化来实现有关声音/意义关联的概括的最大化。

不充分赋值在本理论中是核心的、不可或缺的部分。然而，合形领域中有一些现象似乎需要增加一些机制才能得以解释。也就是说，仅使用不充分赋值的词汇项所能解释的概括是有限的，因此已经有人提议在理论中额外增加一类规则，与不充分赋值相互配合，其方式将在下文中进行更为准确的说明。这些规则，亦即本章的主要焦点，被称为"**贫化规则**"（Impoverishment rules）。粗略地说，贫化规则是在对某个语素进行词汇插入之前，删除某些语境中该语素的某些特定特征的规则。

宽泛地说，有两种类别的现象与贫化规则造成的特征删除相关，两者都以不充分赋值的运行方式为基础。

第一种类别的现象出现的语境是，一个赋值较不充分的词汇项似乎在竞争中战胜了一个赋值较充分的词汇项。贫化可用于处理此类效应，因为在词汇插入之前删除语素中的某些特征正好产生这一结果。贫化的这种特性既可以用于非常具体的语境，其中使用了一个赋值相对较少的词汇项，也可以用于复杂的系统中，其中某个特定的词汇项拥有非常广泛的或者

"默认的"分布。我将在第 6.2 节阐述这些论点。

与贫化规则相关的第二种类别的现象出现在合形的普遍模式中。特别是，贫化规则使我们有可能以**超越**词汇项个体特性的方式体现一类形式上的同一性，而这是仅用不充分赋值的词汇项所不可能做到的。这类概况将是第 6.3 节的话题。

## 6.2 贫化

根据定义，贫化规则是在特定语境中删除某个特征的规则。早期运用这种规则的方案主要是博内特（1991，1995）和努瓦耶（1992），之后的许多理论在他们的基础上，探讨了贫化规则的不同表述与应用（见恩比克和努瓦耶（2007）及其所引文献）。

概要性地说，由 $[\alpha, \beta]$ 特征组成的语素可以受到贫化规则（1）的管制，从而在 K 的语境下删除特征 $[\alpha]$：

（1）贫化规则：

$$[\alpha] \rightarrow \phi/\_K$$

贫化规则在某语素经历词汇插入之前，在音系式中应用于该语素。具体来说，我们同样可以假设，贫化规则的应用早于词汇插入全面开展之前（即所有的贫化规则都先于所有的词汇插入）。

贫化规则的作用主要体现在词汇插入的过程中：特别是，词汇项不得参照被贫化的（即被删减的）特征。例如，当（1）中的语素进行词汇插入时，其目标节点只包含特征 $[\beta]$，因为特征 $[\alpha]$ 已经为贫化规则删除了。因此，任何参照特征 $[\alpha]$ 的词汇项都不能在语境 K 中得到使用。

之前我曾提到，贫化规则的主要动因之一在于，在很多情况下仅靠不充分赋值无法正确地决定词汇插入。在本章所研究的众多案例中，这种情况发生在以下时候，即某一语言的形态在一个部分做出的区别在另外一个或几个语境中可能被中和了。例如，在下面的第 6.3.2 节可以看到，拉丁语的名词的单数形式在离格（ablative）和与格（dative）上拥有不同的变格，但是在复数的情况下，两者变格却总是相同的。当这些语境独特的效应发生时，贫化规则便可用于删除相关语境中的某个特征，以使（i）参照该特征的词汇项不可应用，造成的结果是（ii）一个赋值较少的词汇项 141得到了应用。

　　原则上，贫化规则适用的语境既可能十分具体，也可能十分普遍。本节所举的例子集中于前者，即贫化规则在具体语境下的应用；第6.3节则重点关注贫化规则在普遍语境下的应用。

### 6.2.1　西班牙语的假性反身 se（spurious se）

　　博内特（1991，1995）在对西班牙语附缀（clitic）中"假性反身 se"的分析中，为贫化规则提供了一个重要的示例。作为演示这一现象（及其分析）的第一步，我们先观察例（2），它显示：西班牙语拥有一个第三人称单数阳性的宾格附缀 lo，和一个第三人称与格附缀 le（附缀均以加粗表示；这里及以后的例子均摘自博内特的论著）：

（2）a. *El premio, **lo** dieron a Pedro ayer.*

　　　　The prize 3.ACC gave.3p to Pedro yesterday

　　　　'他们昨天给了皮德罗奖金。'

　　　b. *A Pedro, **le** dieron el premio ayer.*

　　　　to Pedro 3-DAT gave.3p the prize yesterday

　　　　'他们昨天把奖金给了皮德罗。'

　　（2）中的例子分别展示了孤立语境中第三人称宾格和与格的附缀。在博内特的分析中占据中心地位的一个重要观察是：这两个附缀不能同时出现；相反，如果相当于（2）的含义的句子有两个附缀代词——一个表示受事论元，另一个表示接受者——那么，*le lo 和 *lo le 均不能出现；只能出现 se lo 的序列：

（3）*A Pedro, el premio, **se** lo dieron.*

　　　　to Pedreo the prize SE 3-ACC gave.3p

　　　　'他们把奖金给了皮德罗。'

第二个附缀 *lo* 理应是表达阳性宾格的形式（回见（2a））。第一个附缀，*se*，被简单地注释为 SE。这个附缀在西班牙语中有着复杂的分布（实际上，在其他的罗曼语言中也是这样）。它通常出现在反身从句、某142 些致使（即非宾格不及物）结构以及许多其他的语境中。这种广泛的分布范围（还有博内特和其他学者所讨论的西班牙语的其他事实）表明 *se* 是西班牙语附缀系统中的默认形式。正如我们在下文可以看到的那样，SE 的这个特性在博内特的分析中起了重要作用。

博内特的观察是：尽管（3）中附缀的表现令人费解，因为预期中的 \**le lo* 并不出现，但它也不是任意的：相反，预期中的、赋值更充分的与格附缀被默认附缀 *se* 实现了。一个独立存在的默认形式在这个语境中的实现表明附缀的实现构成了一个封闭的系统。正是在这类现象中，贫化和不充分赋值的词汇项可以相互配合，推导出正确的结果，因为贫化可以使一个赋值较不充分的词汇项在附缀系统中强行得到应用。

文献中采用贫化来推导假性反身 *se* 效应的分析为数不少，各有不同，但都共享一个基本的洞察，即与格附缀特征的语境删除导致了一个高度不充分赋值的（默认的）词汇项得到了应用。出于演示的目的，我们来看一个具体的分析。在哈利和马兰茨（1994）阐述的分析中，西班牙语的附缀被处理为具有复杂的内部结构，如（4）所示：

（4）西班牙语的附缀（引自哈利和马兰茨（1994））

    a. 第一人称：m-e（单数）；n-o-s（复数）

      [宾格、与格、和反身结构与之一致]

    b. 第二人称：t-e（单数）；o-s（复数）

      [宾格、与格、和反身结构与之一致]

    c. 第三人称

| 格 | 数 | 阳性 | 阴性 |
|---|---|---|---|
| 宾格 | 单 | l-o | l-a |
|  | 复 | l-o-s | l-a-s |
| 与格 | 单 | l-e | l-e |
|  | 复 | l-e-s | l-e-s |

|     |     |     |     |
| --- | --- | --- | --- |
| 反身 | 单 | s-e | s-e |
|     | 复 | s-e | s-e |

（4c）中的反身附缀范畴包含附缀 SE（在该分析中，SE 被分析为 *s-e*），在附缀系统中具有默认的分布。把注意力集中在这个系统的第三人称部分，哈利和马兰茨提议，各种第三人称附缀中的 *l-* 部分只能被插入到拥有 [+case] 特征的语境中。另一方面，反身代词中的 *s-* 部分是默认形式。（5）中的词汇项（仅列出第三人称的形式）显示了这个分析：

（5）西班牙语中部分的词汇项

$\qquad$ [cl +case] ↔ l

$\qquad$ [cl] ↔ s

根据（5）中的词汇项，假性反身 *se* 的现象被分析为对与格特征的语境删除，在此简写为 [+dat]：

（6）[+dat] → φ/＿[+acc]

这条规则删除了处在 [+acc] 语境中的 [+dat] 特征。有了（5）中的词汇项，那么应用贫化规则的结果是：*l* 不能被插入，因为该词汇项参照格特征；因此，出现的是默认词汇项 *s*。

贫化解释了某些特定附缀组合的特殊表现，直接解释了这样的一个直觉，即这个操作发生在一个封闭系统之中，其中对语境的删除导致一个赋值较低的词汇项得到了应用。

### 6.2.2　挪威语的形容词

第二个可以说明贫化如何导致默认形式被插入的例子来自挪威语形容词的屈折形态（见索尔兰德（1995））。不仅如此，这项案例研究还就语境删除为何必须与词汇项的不充分赋值互动而突出强调了许多重要的问题。

跟其他日耳曼语言一样，挪威语的形容词依据其出现的语境，在一致模式上有"强"和"弱"之分。这些语境用特征 [strong] 和 [weak] 缩写（这些特征目前足以区别相关语境；可参阅以下的进一步的讨论）。

144　　　从形态上来说，强形容词允许表示数量的 [±pl] 和表示性别的
[±neut] 相交叉，得出四种可能的特征组合，其音系实现项如（7）所示：

（7）挪威语的强形容词

|  | -neut | +neut |
|---|---|---|
| **-pl** | -φ | -t |
| **+pl** | -e | -e |

单数形式表现出对 [±neut] 特征的敏感，[-neut] 的音系实现项为 $-\phi$，
[+neut] 的音系实现项为 $-t$。复数形式则对 [±neut] 特征不敏感，只显示一
个音系实现项 $-e$。

仅就这些形式而言，（8）中的词汇项可以用来推导出正确的形式。唯
一值得进一步注意的一点是，（8）把 $-e$ 处理成默认形式，而不是赋值为
[+pl] 词汇项的音系实现项。这样做的原因将在下文中阐明。

（8）词汇项

$[_{adj}$ +neut, -pl$]$　↔ -t

$[_{adj}$ -neut, -pl$]$　↔ -φ

$[_{adj}]$　　　　　　↔ -e

除了强形容词之外，有关形容词一致系统总体的一个重要观察是，弱
形容词的屈折只有一个音系实现项，即 $-e$：

（9）挪威语的弱形容词

|  | -neut | +neut |
|---|---|---|
| **-pl** | -e | -e |
| **+pl** | -e | -e |

根据（7）和（9）中的情况，可以清楚地看出，实现为 $-e$ 的词汇项
是一个典型的默认形式：它的应用范围远超一个自然类别，覆盖了强/弱
区分、单数与复数形式，以及中性和非中性形式。然而，如果简单地把词
汇项（8）应用于弱形容词语境并不能生成出正确的形式，即使 $-e$ 如（8）
所示的那样是不充分赋值的。造成这种结果的原因在于，词汇项 $-t$ 和 $-\phi$
145 在单数弱的非中性和中性环境中应该像在强形容词的环境中一样，战胜词
汇项 $-e$。因此，到目前为止的分析（即（8））预测，强的和弱的形容词

应该表现出完全一致的音系实现模式，但这与事实相悖。

端详一下（7）和（9），可以观察到，[±neut] 两值之间的区别对（7）中单数形式的实现起着重要的作用，但对（9）却毫无作用。从机制的角度，想要推导出（9），实现项为 -t 和 -φ 的词汇项一定不可应用于弱语境中，只有这样实现项为 -e 的默认形式才能得到应用。

应用贫化规则（10）可以在弱语境中删除 [±neut] 特征，从而使默认形式得到应用：

（10）[±neut] → φ/_ [weak]

在弱语境中，特征 [±neut]，无论取值为何，均被（10）删除。结果，（8）中的前两个词汇项均不能用于该语境，因为它们都参照 [±neut] 的取值之一，因此，（8）中唯一能应用于弱语境的是默认的词汇项，所以 -e 可以全面出现。

到目前为止，我们都是沿用索尔兰德（1995）的推理，用贫化规则来推导出 -e 在弱形容词中的分布。然而，在这个例子中是否需要贫化使用取决于一些进一步假设，即有关词汇项应该标注哪些特性的假设。

贫化在弱语境中删除了性特征，所以（8）中的前两个词汇项不能用于弱语境。现在让我们想象一下，如果像（10）这样的贫化规则参照的不是 [weak] 特征，而是在插入 -t 和 -φ 的词汇项中参照 [strong] 特征，那将发生什么。这种分析最后导致的结果可以如（11）所示，它假设 [strong] 是插入的目标节点上的一个特征：

（11）词汇项

$[_{adj}$ +neut, -pl, strong] ↔ -t

$[_{adj}$ -neut, -pl, strong] ↔ -φ

$[_{adj}$ ] ↔ -e

这一替代分析同样推导出了音系实现项的正确分布。前两个词汇项不能在弱语境中使用，因为它们直接参照了 [strong] 特征。这个分析仅仅采用了不充分赋值的手段，而没有应用贫化规则。

146 　　总之，上述两种方案都可以得出正确的结果。如果要比较这两者，需要讨论的是词汇项能否直接参照 [strong] 特征这个问题。日耳曼语言中强形式和弱形式的分布是一个复杂的问题，涉及句法结构和形态句法特征之间的相互作用，因此需要细心考察。就目前的目的而言，重要的是上述两个方案演示了贫化与其他关于特征的假设是如何进行互动的：对于某些现象来说，词汇项的标注的改变降低了对贫化的需要。

### 6.2.3 默认的词汇项

　　在复杂的形态系统中找到默认的（即高度不充分赋值的）词汇项并不罕见。对默认形式的分析遵循在本节之初提到的那些普遍原则：在某些情况下，默认形式的分布可以仅用不充分赋值来分析；但是在另外的情况中，分析默认形式的分布好像也需要贫化规则。我会在下文依次演示这些现象。

#### 6.2.3.1 乌加里特语（Ugaritic）

　　乌加里特语是闪语族中一个古老的语言（综述见帕蒂（1997））。努瓦耶（1997）仅仅采用不充分赋值的手段来处理该语言中的前缀变时。乌加里特语区分三种人称，两种性（阳性与阴性）和三种数量（单数、双数和复数）。在所谓的前缀变时中，动词屈折可以显示为（12）（以词根 $\sqrt{\text{KTB}}$ 为例）；变异用被斜线分开的两个音系实现项显示（如 $y/t$），元音都被省略，括号内的形式是有疑问的。我们所关注的前缀是加粗的 $t$-。

　　由于这个变时的某些部分存在变异，所以这些形式所表现出的模式是复杂的（见努瓦耶（1992）及所引文献）。但是，就目前的目的而言，观察的重点是音系实现项 $t$- 的分布。依照努瓦耶的分析，实现为 $t$- 的词汇项是一致节点的默认形式；在该系统中，可以与 $t$- 互换的词汇项 $y$- 被分析为默认分布的一种衍生形式。

（12）乌加里特语的前缀变位（改自帕蒂（1997：139））

| 人称 / 数 / 性 | 形式 |
|---|---|
| 1 单 | /-ktb |
| 2 单 . 阳 | **t**-ktb |
| 2 单 . 阴 | t-ktb-n |
| 3 单 . 阳 | y-ktb |
| 3 单 . 阴 | t-ktb |
| 1 双 | (n-ktb) |
| 2 双 . 阳 | t-ktb-(n) |
| 2 双 . 阴 | N/A |
| 3 双 . 阳 | y/t-ktb-(n) |
| 3 双 . 阴 | t-ktb-(n) |
| 1 复 | n-ktb |
| 2 复 . 阳 | **t**-ktb-(n) |
| 2 复 . 阴 | (**t**-ktb-n) |
| 3 复 . 阳 | y/t-ktb |
| 3 复 . 阴 | (**t**-ktb-n) |

对（12）的分析如（13）所示：

（13）词汇项：乌克特里语

$[_{Agr}$ -1, -2, +masc, -pl$]$ ↔ y-

$[_{Agr}$ +1, +pl$]$ ↔ n-

$[_{Agr}$ +1$]$ ↔ /-

$[_{Agr}]$ ↔ t-

这一分析背后的直觉如下。首先，前缀变时中的所有动词都有一个一致语素作为前缀，包含人称、数量和性特征。其次，有几个词汇项能够实现特定的特征组合，如（13）中实现为 y-、n- 和 /- 的词汇项所示；尽管如此，其他形式由实现为 t- 的词汇项来实现；也就是说，t- 可以应用到非自然类别的环境之中，这正是默认形式的定义性特征。

### 6.2.3.2 波兰语（Polish）

哈利和马兰茨（2008）分析了波兰语中主格屈折语素的复杂系统（可

以比较卡梅龙-福克和卡斯泰尔斯-麦卡锡（2000）。他们的分析仅限于阳性单数名词的屈折语素，根据它们所携带的格词缀，这些语素可以被分为若干不同的屈折类别（以下用 **1**，**2**，……表示）：

（14）词缀列表

| case/class | 1 | 2 | 3 | 4 | 5 | 6 | 7 |
|---|---|---|---|---|---|---|---|
| 主格 | - | - | - | - | - | - | - |
| 所有格 | -a | -a | -a | -a | -a | -u | -u |
| 与格 | -owi | -owi | -u | -u | -owi | -owi | -owi |
| 工具格 | -em | -em | -em | -em | -em | -em | -em |
| 处所格 | -e | -u | -e | -u | -u | -e | -u |
| 呼格 | -e | -u | -e | -e | -e | -e | -u |

（14）中与对默认形式的讨论直接相关的特性表现在音系实现项 -u 之上，它出现在上表中的所有格、与格、处所格和呼格等行中。在哈利和马兰茨的分析中，实现项为 -u 的词汇项是实现格的默认形式，如（15）所示。[1]

（15）波兰语的词汇项（哈利和马兰茨（2008：68））

    [nom] ↔ -φ

    [gen] ↔ -a

    [dat] ↔ -owi

    [inst] ↔ -em

    [loc] ↔ -e

    [voc] ↔ -e

    [ ] ↔ -u

很明显，这一分析还需要得到改进，因为，按其现在的样子，它会做出错误的预测。具体来说，所有格 -a 在第6类和第7类中一定不能出现；与格 -owi 一定不能与第3或第4类同时出现；处所格 -e 一定不能出现与第2类、第4类、第5类或第7类同时出现；呼格 -e 则一定不能与第2类或第7类同时出现。关键的是，在所有的这些语境中，如果预测的实现项没有出现，那么 -u 就会出现。

为了解释这种现象，哈利和马兰茨提出一系列对名词所属类别敏感的　149
贫化规则。这些规则如（16）所示，它们负责在所列举的类别中的名词语
境中删除特定的格特征：[2]

（16）贫化规则

        a. [gen] → ϕ/ {6, 7} __

        b. [dat] → ϕ/ {3, 4} __

        c. [loc] → ϕ/ {2, 4, 5, 7} __

        d. [voc] → ϕ/ {2, 7} __

这些规则应用于词汇插入之前，并以规定方式删除格特征。结果，对
贫化后的格节点而言，能用的赋值最充分的词汇项是系统中的默认形式，
也就是 -u。贫化和不充分赋值共同合作，推导出了音系实现项 -u 的默认
分布情况。

## 6.3　贫化与合形模式

我们在第五章详细讨论过，不充分赋值的词汇项可使合形被分析为非
偶然的现象，因为它们所提供的机制能让同一个词汇项（因而也是同一个
音系实现项）应用到不同的功能语素上。上一节演示了贫化规则可与不充
分赋值配合，从而迫使一个相对不充分赋值或默认的词汇项在特定语境中
得到应用。本节主要考察贫化规则可以产生的另一类效应。

因为贫化规则的应用先于词汇插入，因此它们能够以超越对词汇项标
注的方式来解释合形的模式。这里所说的"超越"的意思将分两个步骤演
示。首先，我将在第 6.3.1 节中对当下讨论的模式类型做一个纲要性的概
述。然后，在第 6.3.2—6.3.5 各节中，我将在一系列案例分析中，以来自
不同的语言的具体例子来证明该模式。

### 6.3.1　抽象的演示

150

由于词汇项可以不充分赋值，那么功能语素 [+α, +β] 和 [+α, -β] 有可

能获得同一个音系实现项，记作 -X，如（17）所示：

（17）[+α] ↔ -X/ _ Context 1

（17）的一个重要方面是其标注，它规定了插入 -X 的词汇项在语境 1 中应用。之所以如此，是因为许多语言存在一些模式，在这些模式中，换一个语境（记作 Context 2），上述两个同样的功能语素仍然有相同的语音实现，**但其音系实现项却与语境 1 的不同。**因此，举个例子说，在语境 2 中，（18）中的词汇项会为语素 [+α, +β] 和 [+α, -β] 产生一个合形，但其形式却是 -Y，而不是 -X：

（18）[+α] ↔ -Y/ _ Context 2

这里的一般模式是：[+α, +β] 和 [+α, -β] 在多种语境下都表现出同样的形式，并且看上去超出（17）和（18）中个体的词汇项；特别是，在词汇项不止一个时，[+α] 节点的语音实现都忽略了 [±β] 的取值。尽管在这个假设的语境中，词汇项（17）和（18）能够正确地推导出音系实现项的分布，但是使用这些词汇项的分析并不直接标明，当 [±β] 和 [+α] 一同出现在语境 1 和语境 2 之中时，[±β] 会被系统性地忽略。更确切地说，仅仅使用（17）和（18）的分析会把它当作词汇的一种偶然，即这些词汇项不参照 [±β] 特征。随着不参照 [±β] 特征的词汇项的数量增加，这会变得愈发难以处理。因此，我们需要的是一种方式来说明：应用于 [+α] 语素的任何词汇项都不可参照 [±β] 特征；也就是说，当 [±β] 特征与 [+α] 特征共现时，[+β] 和 [-β] 之间的区别就被中和掉了。

既然贫化规则删除的是特征，那么它们可以简洁明了地解释语境中和现象。具体来说，规则（19）可用于删除处于 [+α] 语境之中的 [±β] 特征：

（19）[±β] → φ/ [+α, __ ]

规则（19）的作用是：在词汇插入之前中和掉包含 [+α] 特征的功能语素中 [+β] 和 [-β] 之间的区别。因此，应用于 [+α] 语素的词汇插入不可参照 [±β] 特征这个事实获得了直接的解释。在多个环境中（以不止一个表层实现）的 [+α, ±β] 合形因此来源于这一事实，即 [±β] 不能被应用于 [+α] 语素的词汇项参照。简言之，（17）和（18）中的词汇项不能参照 [±β] 的取值，这并不简单是词汇的一个偶然；相反，（19）中的规则直接地解释了这一概括，即该语言系统性地消除了 [±β] 特征，从而对许多不同的词汇项产生了影响。

在接下来的小节里，我考察贫化这一用法的一些具体的例子。

### 6.3.2 拉丁语的与格和离格复数

拉丁语名词的屈折形式为上面介绍的深层次的形式同一性提供了一个例子。在这个语言中，名词有五种变格屈折：主格、所有格、与格、宾格和离格（此外还有呼格，在此例中略去）；它们还表现出单复数之间的区别。我把这些变格形式分为五类，以下用 I–V 来表示；词根属于哪一类别具有任意性。以下五个名词分别来自不同的变格类别，它们的格与单复数形式如（20）所示（其中，mēnsa 意为"桌子"，hortus 意为"园子"，cōnsul 意为"执政官"，frūctus 意为"水果"，rēs 意为"东西"）：[3]

（20）五个名词的变格形式

| 格 | | I | II | III | IV | V |
|---|---|---|---|---|---|---|
| 单．| 主格 | mēns-a | hort-us | cōnsul | frūct-us | rē-s |
| | 所有格 | mēns-ae | hort-ī | cōnsul-is | frūct-ūs | re-ī |
| | 与格 | mēns-ae | hort-ō | cōnsul-ī | frūct-uī | re-ī |
| | 宾格 | mēns-am | hort-um | cōnsul-em | frūct-um | re-m |
| | 离格 | mēns-ā | hort-ō | cōmsul-e | frūct-ū | rē |
| 复．| 主格 | mēns-ae | hort-ī | consul-ēs | frūct-ūs | rē-s |
| | 所有格 | mēns-ārum | hort-ōrum | consul-um | frūct-uum | rē-rum |
| | 与格 | ***mēns-īs*** | ***hort-īs*** | ***consul-ibus*** | ***frūct-ibus*** | ***rē-bus*** |
| | 宾格 | mēns-ās | hort-ōs | consul-ēs | frūct-ūs | rē-s |
| | 离格 | ***mēns-īs*** | ***hort-īs*** | ***consul-ibus*** | ***frūct-ibus*** | ***rē-bus*** |

如（20）所示的切分既保守又有些粗糙，因为它只设置了一个单一的 152 后缀，而该后缀本身有可能被进一步分解为一个主干元音，以及一个表

示格与数量的词缀（可参考的文献如哈利和沃克斯（1998），卡拉布雷西（2008））。就这个例子的目的而言，我不会尝试更为详细的切分，因为有关合形的观点不要求这么做。

（20）中存在着为数众多的形式同一性。我将聚焦的是复数中的形式。在那个部分，可以看到，离格的复数和与格的复数形式在所有的五个变格类别中完全一致。不仅如此，形式的同一性涉及的不是某个单一的词汇项。（20）中存在与变格类别相关的语素变体，其中与格和离格复数形式的词缀在第 I 和第 II 类变格中是 -*īs*，在第 III 到第 V 类变格中是 *-(i)bus*。这种模式为我在第 6.3.1 节中纲要性的论述提供了具体的例子：该语言中所有名词的与格和离格复数都完全相同，并且涉及不止一个词汇项。

为了准确说明贫化是如何用于分析与格和离格复数的概括的，有必要对格的表征做一些额外的假设。在我们所熟知的分析格形态的方法中，诸如"主格"、"宾格"等个体的格在语法中并不是个体的特征的名称；相反，这些术语代表了特征的不同组合。在哈利（1997）、哈利和沃克斯（1998）等文献中，如（21）所示的特征系统被用于格的分解（我在此仅引用在拉丁语中出现的格）：

（21）拉丁语的格分解（哈利 1997）

|  | nom | acc | gen | dat | abl |
|---|---|---|---|---|---|
| obl(ique) | - | - | + | + | + |
| str(uctural) | + | + | + | + | - |
| sup(erior) | + | - | - | + | + |

[ ± obl]、[ ± str] 和 [ ± sup] 特征都是形态—句法定义的（具体细节见所引文献）。就（21）而言，有一个单一的特征值把与格语素和离格语素区别开来：与格是 [+obl, +str, +sup]，而离格是 [+obl, -str, -sup]。

为了推导出复数中与格和离格的合形，可采用以下的贫化规则：

153　（22）贫化规则：

$$[ \pm str] \rightarrow \phi / [\_\_, +obl, +sup, +pl]$$

这条规则在词汇插入之前运行，删除了 [ ± str] 特征，但只在 [+obl]、

[+sup] 和 [+pl] 特征出现的语境中做此删除。与格复数语素（23a）和离格复数语素（23b）都遵循这条规则。既然 [± str] 是区别与格和离格的唯一特征，那么（22）的作用就是让这两个格语素在词汇插入之前变得完全一致，如（23）所示：

（23）语素

　　a. 与格复数：[+obl, +str, +sup, +pl]

　　b. 离格复数：[+obl, -str, +sup, +pl]

　　c. 贫化规则作用之后：[+obl, +sup, +pl]

由于与格和离格复数语素在（22）的作用下，在词汇插入之前变得完全一致，所以任何词汇项都不能将它们区别对待。它们因此总有相同的形式，即使实现它们的词汇项分属于不同的名词类别。举个具体的例子，（24）中的词汇项可以用来实现（20）中的复数形式：

（24）词汇项

　　[+obl, +sup, +pl] ↔ -īs　　　／I, II __

　　[+obl, +sup, +pl] ↔ -(i)bus　／III, IV, V __

上面提过，如果把格／数量语素的进一步分解纳入考虑范围之内的话，那么本分析还需要以不同方式加以改进。同样，对如何分析体现在（24）中的变格特定的表现也存在不同的可能性。但是无论以何种形式改进，上述分析背后的核心洞察却必须得到体现，即：形式同一性的深层模式之所以产生，是因为与格和离格复数语素通过贫化在词汇插入之前变得完全一样了。

### 6.3.3　拉丁美洲西班牙语的第二／第三人称的复数

作为第二个示例，我回到第一章中用于演示合形的拉丁美洲西班牙语中的例子。之前提到，拉丁美洲西班牙语复数中的第二和第三人称形式存在合形，如（25a）所示。（25a）展示了在陈述语气下动词 *hablar*（意为"说"）的三种时态：现在时，未完成时和过去时；为了比较，（25b）展示了相应的半岛西班牙语（Peninsular Spanish）：

154

（25）拉丁美洲西班牙语和半岛西班牙语的三种时态

    a. 拉丁美洲西班牙语

| 人称 / 数量 | 现在时 | 未完成时 | 过去时 |
|---|---|---|---|
| 1 单 | hablo | hablaba | hablé |
| 2 单 | hablas | hablabas | hablaste |
| 3 单 | habla | hablaba | habló |
| 1 复 | hablamos | hablábamos | hablamos |
| 2 复 | ***hablan*** | ***hablaban*** | ***hablaron*** |
| 3 复 | ***hablan*** | ***hablaban*** | ***hablaron*** |

    b. 半岛西班牙语

| 人称 / 数量 | 现在时 | 未完成时 | 过去时 |
|---|---|---|---|
| 1 单 | hablo | hablaba | hablé |
| 2 单 | hablas | hablabas | hablaste |
| 3 单 | habla | hablaba | habló |
| 1 复 | hablamos | hablábamos | hablamos |
| 2 复 | habláis | hablabais | hablasteis |
| 3 复 | hablan | hablaban | hablaron |

第二／第三人称复数的合形在拉丁美洲西班牙语的动词系统中完全是普遍的；在每个时态和情态中都能够找到。实际上，正如哈里斯（1998）曾经讨论过的那样，拉丁美洲西班牙语动词形式中可见的模式仅是该语言更为普遍的概括的一部分，因为第二和第三人称之间的区别在其他复数语境（如人称代词等）中也被消除了。

为了解释这一模式（以及该模式由第三人称形式构成这一事实），哈里斯设置了一个贫化规则，用于在 [+pl] 的语境下删除第二人称特征，如（26）所示：

（26）拉丁美洲西班牙语的贫化规则

    $[\pm 2] \rightarrow \phi\ /\ [\ \underline{\quad},\ +pl]$

这一规则的效应是，第二人称复数语素 [-1, +2, +pl] 和第三人称复数语素 [-1, -2, +pl] 在词汇插入之前变得一致：在贫化之后均变成 [-1, +pl]。因此，拉丁美洲西班牙语的这些词汇项，在词汇插入的时候，不能参照任

155

何 [±2] 的取值，从而第二和第三人称总是呈现出相同的形式。

### 6.3.4 马其顿语（Macedonian）动词的合形

马其顿语是南斯拉夫语族的一员，其动词的屈折变化为贫化在合形中所起的作用提供了进一步的例证；本节的讨论主要基于博巴利克（2002）的研究。

以动词 *padn*（意为"落下"）为例，如（27）所示的形式分别表示现在时、过去未完成时和过去完成时（aorist）三种情况。关于（27）中对形式的切分需要说明两点。第一，为了简便起见，现在时的语素，由于总是 *-ϕ*，所以在此不予显示。第二，我自作主张，在第一和第三人称现在时形式中增加了一个带括号的主干元音 *-e-*，该元音在表层形式中并不出现（分别为 *padnam* 和 *padnat*）；这个删除可以假设是音系性质的。

（27）马其顿语的动词形式

| 人称 / 数量 | 现在时 | 过去未完成时 | 过去完成时 |
|---|---|---|---|
| 1 单 | padn-(e)-am | padn-e-v-ϕ | padn-a-v-ϕ |
| 2 单 | padn-e-š | ***padn-e-ϕ-še*** | ***padn-a-ϕ-ϕ*** |
| 3 单 | padn-e-ϕ | ***padn-e-ϕ-še*** | ***padn-a-ϕ-ϕ*** |
| 1 复 | padn-e-me | padn-e-v-me | padn-a-v-me |
| 2 复 | padn-e-te | padn-e-v-te | padn-a-v-te |
| 3 复 | padn-(e)-at | padn-e-ϕ-a | padn-a-ϕ-a |

我将假设这些形式是从（28）的结构中推导出来的，由词根、主干元音（TH）、时态节点和一致语素构成：

（28）马其顿语动词形式的结构

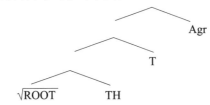

关于时态，我将假设未完成体是 T[+past]，而过去完成体是 T[+past, 156

147

perf]，其中 [perf] 是个一元特征。[4]

从（27）可以发现存在于过去时态第二和第三人称单数之中的一个重要的模式：它们在形式上完全相同，在时态和一致的实现上都是如此。不仅如此，这种形式上的同一性超越了词汇项的个体特性，因为它们在过去未完成时和过去完成时中均可出现。这些事实让马其顿语的动词系统成为贫化分析的一个首要对象。

先看一致语素，第二人称单数一致语素如（29a）所示，第三人称单数一致性语素如（29b）所示：

（29）马其顿语的一致语素

　　　　a. [-1, +2, -pl]（第二人称单数）

　　　　b. [-1, -2, -pl]（第三人称单数）

正如博巴利克所指出的那样，如果有一条贫化规则在过去时单数中删除第二人称的特征，那么（27）中所显示的形式同一性就可以得到简洁明了的解释。产生这一效果的贫化规则可以表达如下：

（30）贫化

　　　　$[\pm 2] \rightarrow \phi$ / [+past], [ __ , -pl]

这条规则导致的结果是，在词汇插入之前，（29）中的两个语素会变得相同：[-1, -pl]。

在一致语素方面，在应用于一致（Agr）节点本身的词汇项中，无法区别第二和第三人称。因此，应用于过去时第二和第三人称单数的是相同的词汇项，其中插入于过去未完成时的是 -*še*，而插入于过去完成时的是 -*ϕ*：

（31）第二和第三人称单数的词汇项

　　　　[-1, -pl] ↔ -$\phi$ / T [+past, perf] __

　　　　[-1, -pl] ↔ -še / T [+past] __

这个分析的一个重要部分是，删除 [±2] 特征不会使第二人称语素表现得像其他语素，如第一人称语素；这种情况之所以不可能发生，是因为（29a）不包含 [+1] 特征。因此，删除规则能够很好地解释中和的"方

157

向"，即第二人称变得跟第三人称基本相同了。

如果把（27）中的第二个效应考虑进来，贫化分析的重要性就更加凸显：过去时语素存在语素变体，在 -v 和 -ϕ 两种之间交替。前者出现在第一人称单数、第一人称复数和第二人称复数之中，后者则出现在第二、第三人称单数和第三人称复数之中。在其他条件相等的情况下，这个现象看起来有点复杂。但是，我们提过，像（30）这样的规则能使第二和第三人称单数形式在词汇插入之前变得相同。记着这一点，就可以看出，-ϕ 出现在这个系统的"第三人称"部分：也就是说，那些没有 [+1] 或 [+2] 特征的部分。我们还提过，因为贫化规则（30）删除了 [+2] 特征，所以在这个意义上，第二人称单数可以算作是一种第三人称。

把以上的观察放在一起，时态的词汇项可以做如下标注，它体现的观点是：当存在 [+1] 或 [+2] 特征（即非第三人称的范畴）时，插入语素变体 -v：[5]

（32）T [+past] ↔ -v / __ [+1], [+2]

　　　T [+past] ↔ -ϕ

在这个分析中，[±2] 特征的删除会直接影响到时态音系实现项的分布：贫化使过去时中第二和第三人称单数的一致（Agr）语素变得相同，也使那些对 Agr 节点上的特征语境敏感的操作（如对时态的词汇插入）无法区分第二和第三人称单数。这样一来，实现为 -v 的词汇项不能够插入到第二人称单数形式之中，取而代之的是 -ϕ。

### 6.3.5　阿迈勒语（Amele）的人称和数量

阿迈勒语是用于新几内亚（New Guinea）的一种语言。根据罗伯茨（1987）的描述和分析，它提供一个在系统中好像相当广泛的合形模式的例子。该语言在数量上有着单数，双数和复数之分。一个饶有兴趣的主要模式是非单数没有第二和第三人称的区别。因而，第二人称双数和第三人称双数形式完全相同，第二人称复数和第三人称复数形式也同样如此。然而，第二人称和第三人称的双数仍然有别于第二人称和第三人称的复数形式。

此。然而，第二人称和第三人称的双数仍然有别于第二人称和第三人称的复数形式。

158　　　非第一人称非单数形式上的同一性贯穿于整个阿迈勒语的动词系统。它包括了多个相关的人称／数量组合的实现形式，如（33）所示（里面仅展示该语言中部分的时态）。在这些形式中，一致语素被下划线所标识；注意在有些时态（如现在时，过去时 I、II 和 III）中，时／体语素居于一致语素之后，而在其他的时态（在此用习惯过去时"past habitual"表示）中，它们居于一致语素之前：[6]

（33）阿迈勒语动词的部分时态

| 人称／数 | 现在时 | 过去时 I | 过去时 II | 过去时 III | 习惯过去时 |
|---|---|---|---|---|---|
| 1 单 | fi-gi-na | fi-g-a | fi-g-an | fe-em | fo-l-ig |
| 2 单 | fa-ga-na | fa-g-a | fa-g-an | fe-em | fo-lo-g |
| 3 单 | fe-na | fe-i-a | fe-i-an | fe-n | fo-lo-i |
| 1 双 | fo-wo-na | fo-w-a | fo-w-an | fo-h | fo-lo-u |
| 2 双 | *fe-si-na* | *fe-si-a* | *fe-si-an* | *fe-sin* | *fo-lo-si* |
| 3 双 | *fe-si-na* | *fe-si-a* | *fe-si-an* | *fe-sin* | *fo-lo-si* |
| 1 复 | fo-qo-na | fo-q-a | fo-q-an | fo-m | fo-lo-b |
| 2 复 | *fe-gi-na* | *fe-ig-a* | *fe-ig-an* | *fe-in* | *fo-lo-ig* |
| 3 复 | *fe-gi-na* | *fe-ig-a* | *fe-ig-an* | *fe-in* | *fo-lo-ig* |

相同的合形还出现于该语言的其他部分，如自由代词和代词（直接）宾语附缀之中：

（34）代词和附缀

| 人称／数 | 代词 | 附缀 |
|---|---|---|
| 1 单 | ija | -it |
| 2 单 | hina | -ih |
| 3 单 | uqa | -ud |
| 1 双 | ele | -il |
| 2 双 | *ale* | *-al* |
| 3 双 | *ale* | *-al* |
| 1 复 | ege | -ig |

| 2 复 | *age* | *-ad* |
|---|---|---|
| 3 复 | *age* | *-ad* |

实际上，以上代词中的非单数具有复杂的内部结构：包括一个元素 *a*，后接一个表示数量的音系实现项——*-le* 代表双数，而 *-ge* 代表复数。这个表示数量的音系实现项也出现于该语言的其他地方。和（33）中的动词一致模式一样，第二和第三人称在双数和复数上的形式完全相同。 159

与本节之前分析过的案例一样，这种普遍的同一性模式可以用贫化加以解释。在目前的这个例子中，贫化规则必须消除第二和第三人称在非单数数量上的区别。规则（35）可以做到这一点：

（35）贫化：

　　[±2] → φ / [__, -sg]

这个规则的效应如（36）所示，其中，（33）中的不同的人称 / 数量的特征组合，在贫化规则作用的前后，分别用"之前"和"之后"表示（因为该规则不作用于单数形式，所以用"--"表示）：

（36）阿迈勒语的人称 / 数量语素

| | 之前 | 之后 |
|---|---|---|
| 1 单 | [+1, -2, +sg, -pl] | -- |
| 1 双 | [+1, -2, -sg, -pl] | [+1, -sg, -pl] |
| 1 复 | [+1, -2, -sg, +pl] | [+1, -sg, +pl] |
| 2 单 | [-1, +2, +sg, -pl] | -- |
| 2 双 | [-1, +2, -sg, -pl] | [-1. -sg, -pl] |
| 2 复 | [-1, +2, -sg, +pl] | [-1, -sg, +pl] |
| 3 单 | [-1, -2, +sg, -pl] | -- |
| 3 双 | [-1, -2, -sg, -pl] | [-1, -sg, -pl] |
| 3 复 | [-1, -2, -sg, +pl] | [-1, -sg, +pl] |

从（36）的"之后"一栏中可以看出，第一人称非单数的特征是 [+1]，并且与第二和第三人称非单数有区别。在第二和第三人称内部没有人称上的区别。然而，数量上有着双数和复数之分，因此，在词汇插入时可以参照双数和复数之间的差别。

显然，贫化对这个合形的分析发挥着重要的作用。如果仅仅只依靠词汇项的不充分赋值，可能会推导出正确的形式，但却无法解释第二和第三人称在该语言的许多地方都相同这一事实。

阿迈勒语中的模式还就贫化在语法中的作用提示了一个更为深入的问160 题。这个问题基于如下的观察：在阿迈勒语的语法中的任何一个地方都找不到第二和第三人称的双数之间，或者第二和第三人称的复数之间，在形态上有任何区别。不像在（比如）马其顿语中，第二和第三人称的单数形式在动词系统的其他部分会有差异，阿迈勒语的形态中没有任何迹象显示相关的特征组合有不同的实现。

以上的观察向我们发出了一个疑问——是否需要另一个分析方案来解释这种"全局性"的中和。贫化分析所持的立场是，阿迈勒语的人称和数量特征得到（36）"**之前**"一栏那样的标注，音系式中的贫化则在词汇插入之前产出"**之后**"一栏的结果。一个更加激进的观点可能会认为，在功能语素的库藏层次上该语言只不过是不区分非第一人称非单数中的人称而已。依照这个观点，阿迈勒语从一开始便没有完整的人称和数量特征的交叉组合；相反，其语素库藏只拥有（36）的"**之后**"一栏的语素（更准确地说，该语言的库藏包括"**之前**"一栏的单数形式和"**之后**"一栏的非单数形式）。这种分析方案被称为"库藏分析"（an inventory analysis）。

库藏分析与贫化分析孰优孰劣，主要取决于我们如何假设语言最初是如何将特征捆绑成语素的。首先，如果一个语素不包含 [±2] 特征并因此是"模糊不清的"，我们应该如何对它进行语义诠释。此外，如果存在一个基本原则，其大意是：语言的基础语素库藏是默认为具有完整的特征组合的，那么这将支持上文所述的第一种分析方案，即完整的特征组合加上后续的贫化。另一方面，如果存在一个原则，其大意是：只有当某个特征组合在该语言的某处独一无二地得到实现时才能把它设置为语素，那么这将为库藏分析提供支持。正因为这两个原则都各自的长处，所以至少在现有的抽象层次，目前还不清楚哪种分析方案更值得青睐。此外，重要的是，尽管方式不同，这两个方案都推导出了表层形式上的同一性；因此很难看清应该使用什么经验证据来把它们彼此分开。

总而言之，阿迈勒语在形式的同一性上表现出了非常系统的模式，这既可以用一条完全通用的贫化规则来分析，也可以用一个从一开始便不能把 [±2] 特征与非单数数量特征相结合的语素库藏来分析。这两类方案在解释"全局性的"合形的模式中孰对孰错，还有待未来进一步的研究。 161

## 6.4　不充分赋值与贫化

贫化规则在词汇插入之前删除特征，从而使得参照被删除特征的词汇项得不到使用。以这样的方式，贫化与不充分赋值（以及词汇项有排序的假设）共同作用，从而扩大了赋值较为不充分的或默认的词汇项的分布范围。

在以上分析的一些例子中，特别是第 6.3 节的例子中，贫化和不充分赋值的词汇项之间的确切关系得到了细致的考察。这些案例分析的主要目的是显示，仅仅使用不充分赋值的词汇项的分析尽管可以得出正确的结果，但其方式却依赖于词汇的偶然性。我阐述的观点是：为了成功地解释合形的"深层"模式，有必要使用贫化。对于不充分赋值之外贫化应何时使用这个课题，重新考察第五章中的基础的合形也可以给我们以启发。以胡帕语的宾语一致为例：

（37）胡帕语的主语和宾语一致语素

|  | 主语 | 宾语 |
|---|---|---|
| 1 单 | [+1, -2, -pl, +subj] | [+1, -2, -pl, +obj] |
| 2 单 | [-1, +2, -pl, +subj] | [-1, +2, -pl, +obj] |
| 1 复 | [+1, -2, +pl, +subj] | [+1, -2, +pl, +obj] |
| 2 复 | [-1, +2, -pl, +subj] | [-1, +2, -pl, +obj] |

（38）胡帕语一致语素的词汇项

[+1, +pl, +subj] ↔ di-

[+2, +pl, +subj] ↔ oh-

[+1, -pl]　　　 ↔ W-

[+2, -pl]　　　 ↔ n-

[+pl, +obj]　　 ↔ noh-

162　　本章里所需要关心的问题是，为什么在分析这个宾语系统时不用贫化规则来删除第一和第二人称之间的差别，如（39）：

（39）[±1/ ±2] → φ /[ __, +pl, +obj]

像（38）这样仅使用不充分赋值的分析认为，应用于宾语复数的词汇项不参照人称特征。而像（39）这样采用贫化规则的分析中，语法中多了一个部分，即词汇项之所以不参照宾语复数的人称特征是删除操作的结果。后者的断言似乎更为强烈（相关讨论参见努瓦耶（1998））。

我在这里采用的是一个标准的观点，即胡帕语的例子不需要用贫化来解释；相反，我仅在必要的时候才使用贫化规则。正如我们在本章前面所看到的那样，这种必要性有两种形式，见诸下两种情形之一：（ⅰ）当一个较为不充分赋值的词汇项需要通过贫化才能得到应用（见第6.2节），或者（ⅱ）当需要合形来解释超越词汇本身的合形现象时（见第6.3节）。既然胡帕语的宾语复数形式不符合这两种情形中的任何一种，我更愿意采用只用不充分赋值的分析。

事实上，对于"只用不充分赋值"和贫化两种分析各自的预测，有一种测试的方法。我将首先抽象地陈述这些预测，然后回到具体的案例之中。

严格来讲，用 [±α, ±β] 特征来表示，此外假设其中拥有 [+α] 的两个语素实现为相同的词汇项 -X，那么我们将要讨论的效应如下所述。当仅仅使用不充分赋值时，[±β] 的取值在词汇插入中会被忽视，如（40）所示，其中 [+α, +β] 和 [+α, -β] 均实现为 -X：

（40）[+α] ↔ -X

现在我们考虑一下，如果语素 [±α, ±β] 之前或者之后还存在一个

包含 [+γ] 特征的语素，这会发生什么？在仅仅使用不充分赋值的分析中，即使（40）中的词汇项不参照 [±β] 特征，[+β] 和 [-β] 之间的差别依然是可见于语素 γ 的。因此，有可能 [+γ] 像参照了 [±β] 那样产生了语境语素变体，尽管词汇项（40）本身没有参照 [±β]。与 [+γ] 相关的词汇项如（41）所示（我在 [±β] 之前和之后都放了一个 "__"，因为原则上这种效应在这两个位置均可发生）：

（41）假想的词汇项 163

> [+γ] ↔ /-Z/ / __ [+β] __
>
> [+γ] ↔ /-Y/ / __ [-β] __

换句话说，如果仅仅使用不充分赋值，则有可能一个词汇项没有参照的特征仍然能够对另一个语素的实现构成一种语境效应。

另一方面，（40）和（41）所提及的情景与贫化分析是格格不入的。在该分析中，[±β] 特征会被（42）删除：

（42）[±β] → φ / [+α, __]

因此，贫化分析预测，[±β] 无论是对最初包含它们的语素，还是对邻近的语素，在形态的实现上没有任何影响。

有了以上这个分析，我们便可以考察一些具体的例子，观察一下这两个不同的分析所做的经验预测。

其中一个相关案例是第 6.3.4 节中讨论过的马其顿语的动词。相关的动词形式重现于（43），而它们所实现的结构如（44）所示：

（43）马其顿语的动词形式

| 人称/数量 | 过去未完成 | 时过去完成时 |
|---|---|---|
| 1 单 | padn-e-v-φ | padn-a-v-φ |
| 2 单 | padn-e-φ-še | padn-a-φ-φ |
| 3 单 | padn-e-φ-še | padn-a-φ-φ |
| 1 复 | padn-e-v-me | padn-a-v-me |
| 2 复 | padn-e-v-te | padn-a-v-te |
| 3 复 | padn-e-φ-a | padn-a-φ-a |

（44）马其顿语的过去时：Root-TH-T-Agr

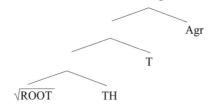

164　　之前提过，（43）中的过去未完成时和过去完成时均属于过去时态，区别在于前者是 T[+past]，后者是 T[+past, perf]。

在第 6.3.4 节中，对（43）中的事实所做的讨论与两种效应有关：一是在 -v 和 -ϕ 之间交替的时态语素的语音实现；二是第二和第三人称单数的合形。第 6.3.4 节的主要目的是说明：某个在 T[+past] 语境中删除 [±2] 特征的单一的贫化规则造成了上述这两种效应。它通过采用（45）中的词汇项，解释了第二 / 第三人称单数中的合形。并且通过删除 [±2] 特征，实现时态的词汇项也受到了影响——被插入第二人称单数的是 -ϕ，而不是 -v，如（46）所示：

（45）第二和第三人称单数的词汇项

　　　[-1, -pl] ↔ -ϕ/ T[+past, perf] __

　　　[-1, -pl] ↔ -še/ T[+past] __

（46）T[+past] ↔ -v/ __ [+1], [+2]

　　　T[+past] ↔ -ϕ

第二和第三人称单数的语素变体对过去未完成时（即 T[+past]）和过去完成时（即 T[+past, perf]）的差别是敏感的。时态语素在过去未完成时和过去完成时的语音实现是完全一致的，如（46）所示。相对于时态语素的特征，这两个词汇项是不充分赋值的，因为它们不参照 [perf] 特征。然而，一致语素的语言却**参照** [perf] 特征，如（45）所示。如果所有的合形都用贫化规则来处理的话，这就意味着插入一致节点的词汇项不能参照 [perf] 特征，但是这又与（45）所要求的相悖。因此，对于在典型合形的分析中仅采用不充分赋值（而不用贫化），我们有了一个很强的经验证据。

　　一个相似的现象出现在德语动词之中，里面存在一个元音前移的过程，称"前化"（umlaut）。我在（47）中提供了德语两个动词的现在时形式：经历前化的 *laufen*（意为'跑'）和不经历前化的 *kaufen*（意为'买'）。前一类动词，如 *laufen*，只在某些人称和数量的组合中才经历前化过程：

（47）两个德语动词　　　　　　　　　　　　　　　　　　　　　　165

| | **laufen** | **kaufen** |
|---|---|---|
| 1 单 | lauf-e | kauf-e |
| 2 单 | *läuf-st* | kauf-st |
| 3 单 | *läuf-t* | kauf-t |
| 1 复 | lauf-en | kauf-en |
| 2 复 | lauf-t | kauf-t |
| 3 复 | lauf-en | kauf-en |

第二和第三人称单数形式经历了前化过程。我在上面提到，前化是一条形态规则：它由某些语素引发，并且只在特定的宿主上发生作用（在这个例子中，前化发生于 $\sqrt{\text{LAUF}}$ 上，而不是 $\sqrt{\text{KUAF}}$）（参考威斯（1996），恩比克和哈利（2005））。在动词中，前化是由第二和第三人称单数语素（[-1, +2, -pl] 和 [-1, -2, -pl]）触发的，而不是由一致语素触发的。

　　这些动词的后缀性的一致语素的语音实现显示出了一种合形，对本节的主要论点非常重要。在第三人称单数和第二人称复数中，一致语素被实现为 *-t*。如果这种模式仅用不充分赋值性来分析的话，那么（47）中前化的分布就可以得到圆满解释：我们可以说，一个不充分赋值的词汇项将 *-t* 插入至这两个语素之中，但是前化规则只由第二和第三人称单数的一致语素触发，并不能被第二人称复数语素触发。也就是说，第二人称复数形式仍然有别于第三人称（和第二人称）单数形式。尽管第三人称单数和第二人称复数语素均实现为 *-t*，前化规则依然能够看出这种区别。另一方面，如果所有的合形都需要用贫化规则，那么要把词汇插入和元音前化的不同表现直截了当地加以解释是不可能的。两个实现为 *-t* 的一致语素之间的差别会被贫化在词汇插入之前消除。虽然它允许在两个语境中均插入 -t，但却不可能参照触发前化的不同特征的取值；这样一来，第三人称单数和第二人称复数的一致语素应该要么同时触发前化要么同时不触发前化，而这与事实不符。

总之，以上讨论的例子说明，只用词汇项的不充分赋值即足可产生简单的合形，而贫化则像本章前面所讨论的那样，仅用于一些特定的语境。

## 6.5　总结：合形与词汇插入

在本书所阐述的语素理论中，词汇插入居于核心地位，其经验上的动因是合形在自然语言中的存在。通过让音系相对于句法和语义是不充分赋值的方式，我们的理论能够对合形进行系统性的（即非偶然性的）解释。在总结对词汇插入的讨论之前，我补充说明另外两点：一个是普遍的，另一个是具体的。

在普遍的层次上，合形应该用不充分赋值的词汇项来分析，这实际上是一条如（48）所示的普遍的经济原则的具体表现：

（48）词汇的最小化：用尽可能少的词汇项来分析系统。

这一原则可以用其他方式表述，对本书的目的而言基本是等值的（例如，在恩比克（2003）中，该原则被称为"避免偶然同音"（Avoid Accidental Homophony））；无论如何，致力于对合形进行系统性解释的所有的研究都采用了这个思路。在本书采用的理论框架里，如（48）所述的原则并不是语法系统的一部分。相反，它是学习者在语言获得过程中所采用的一种默认的假设（default hypothesis）；如果某个形式上的同一性得不到系统性的分析（即存在同音的时候），那么这个原则可以被推翻。

在更具体的层面上，本书的理论中很重要的一点是：被称为**系统性**合形的形式同一性与偶然性的同音有着本质上的不同。然而，以不同的方式在语法中表征合形和同音并不总是意味着语法中某个形式上的同一性确定无误地属于合形或同音中的哪一个。正如本书的前面曾多次提到的那样，合形理论的某些边界条件来自于句法语义特征的理论，所以对某个具体的形式同一性而言，究竟应该被分析成是系统性的还是偶然性的必须紧密地联系句法和语义。因此，合形理论与句法语义特征类型的理论之间必须互相依靠，至少是信息互通的。这是本书理论的一个本质特性：它强化了我们反复强调的一个观点，即形态学的理论负责语法中若干不同的子系统之间的联系，如果对语言的这些其他方面避而不谈，形态学的研究是没有意义的。 167

　　在实际分析中，语言中与分布相关的事实并不总是能够为区分合形和偶然同音提供决定性的证据。如何界定说话人把某类形式的同一性处理为系统性的还是偶然性的现象引发了各种各样的问题，而最终解决这些问题需要理论研究和实验研究（心理−和神经语言学）的统一（见珀佩尔和恩比克（2005），恩比克（2010b））。对于很多两者之间或者具有争议的形式同一性，仅依靠音系实现项的分布情况难以决断其归属。不仅如此，同一语言不同的说话人有时会对同一种形式上的表层同一性做出不同的分析。然而，对语法表征与使用的实验调查在识别同形异义和同音异义的不同反应方面，已经取得了明显的进展（见贝雷塔等（2005），皮尔卡宁等（2006）），所以我们希望，用于这些研究领域的技术能够得到延伸，为这里提出的有关合形和同音的问题提供全新的启示。

# 第七章

# 语境语素变体与阻断

## 7.1 引言和回顾

词汇插入理论的一个核心部分是词汇项为了应用于某个特定的节点而互相**竞争**。在前面各章的很多地方都演示过，竞争由排序解决，因此，对某个特定语素而言，获胜的是赋值最充分的词汇项。

明确了这些要点之后，让我们回顾一下英语过去时动词的情况。如果用（1）中的词汇项应用于（2）中的结构，它们就可以得到解释：

（1）过去时的词汇项

    a. T[+past] ↔ -t / { $\sqrt{\text{BEND}}$ , $\sqrt{\text{LEAVE}}$ ,...} __

    b. T[+past] ↔ -ϕ/ { $\sqrt{\text{HIT}}$ , $\sqrt{\text{QUIT}}$ , ...} __

    c. T[+past] ↔ -ed

（2）过去时的结构

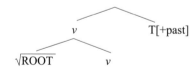

当使用一个"非默认"的（如实现为 -ϕ 的或 -t 的）词汇项时，会存在两个值得关注的不同的效应。

第一个效应涉及的事实是，在某些词根的语境中，T[+past] 语素拥有特殊的发音。必须有某个东西确保这种语境效应的正确运行。非正式地说，过去时语素 T[+past] 必须"看见"词根，以便应用正确的词汇项。尽管我们通过在某些词汇项上设置语境条件的方式来产生这个效应，但还没有开发出一套普遍理论来说明语素何时能够以相关方式彼此"看见"。重要的是，似乎存在局域条件，限制着该效应发生的时间。总体上看，决定一个语素在其语境中可见或不可见于另一个语素的条件构成了**语境语素变** 170 **体**的理论。

像（1）这样的分析所体现的第二种效应是，实现为特殊形式的词汇项，如 -φ 和 -t，会阻止规则的过去时形式出现，所以过度规则的（overregularized）形式 \*bend-ed 和双重标记的（doubly marked）形式 \*ben-t-ed 均不合语法。这种现象被称为"**阻断效应**"（blocking effects）；分布式形态学的一个重要观点是：如本研究所定义的词汇插入导致了语言中阻断效应的产生。

语境语素变体和阻断是形态学理论的核心部分。本章的余下部分将会依次对它们进行介绍：作为起点，第7.2节概述产生语素变体的各类条件；接下来，第7.3节将介绍语境语素变体理论的主要方面，重点说明制约语素变体互动的局域条件，以及从词汇插入是由里向外进行的这个假设中可以推导出的预测；第7.4节考察语法中的阻断效应，论证阻断局限于语素层面的互动，亦即词汇项之间的互动。除了以上的讨论之外，我还会从基于语素的阻断理论的视角，考察非词缀性形态交替，如 sing/sang。第7.5节是本章的总结。

## 7.2　语素变体条件的类型

在之前各章中所介绍的一些分析使用了对词汇项的语境条件来分析语素变体。在本节我将概要介绍自然语言中出现的语境语素变体的不同类型。对这些类型的定义或者依据语素是向内看还是向外看制约该语素变体的元素的（见第7.2.1节），或者依据语素变体的诱因是"语法的"（即词根或功能语素的列表），还是"音系的"（见第7.2.2节）。

作为本概论的第一步，有必要看一下范围更为普遍的一些现象，以便理解语境语素变体在一个关于形态（和形态音系）交替的理论中的地位。**语素变体**这个术语有时被用来指语素在相互结合时所经历的音系形式上的**任何**变化。从本书的理论视角来看，这种描述性的定义覆盖了两种不同机制所产生的结果：一种是音系性的，另一种是形态性的（见下文）。在本研究中，**语素变体**仅被用于指这两种意义中的后者——也就是说，它仅指多个词汇项实现某个特定语素的情况，例如（1）中所讨论的英语过去时中的情况。当需要强调某种交替是形态性的时候，我会采用"**（异干型的）语境语素变体**"（（suppletive）contextual allomorphy）这个术语。

正如上一段话所提到的，异干型的语境语素变体只是形态交替类型中的一种；语素同样可以通过音系方式来改变自己的形式。要说明形态交替和音系交替的区别，举一个简单的例子就足够了。考虑一下下面这个事实，即英语的复数语素 [+pl] 的默认实现形式 /-z/ 在表层并不总是 /z/；相反，它以如（3）所示的不同形式显现：

（3）dog-s（/z/）

　　cat-s（/s/）

　　church-es（/əz/）

事实上，英语复数语素不同表层形式的分布是由音系决定的。如果假设默认的复数实现项在底层是 /z/，那么表层形式 /s/ 和 /əz/ 可以由音系规则推导出来。在形式交替的这种（标准的）分析中，在形态层面的分析中存在一个客体，即以 /z/ 为实现项的词汇项，在音系层面的分析中则存在三个不同的表层实现：

（4）英语的（规则）复数

　　a. 底层音系形式的实现项：/z/

　　b. 表层音系形式：/z/，/s/，/əz/

可以认为，（4）减少了需要存储在记忆中的词汇项的数量。换言之，没有必要认为该词汇项有 /s/ 和 /əz/ 两个实现项，因为这些表层形式都可以用以上描写的方式，简洁明了地从一个单一的词汇项中推导出来。

如（3）所示的交替现象与（异干型的）语境语素变体不同，后者的复数语素 [+pl] 在例子 *ox* 中实现为 *ox-en*。这种复数形式需要通过记忆才得以储存；它不是由音系触发的，因为，*box*（盒子）的默认复数形式就是 *-s*（如 *box-es*）。重要的是，没有理由认为 *-en* 在音系上是从 /-z/ 衍生而来的（反之亦然）。相反，*-en* 似乎是一个独立的词汇项的一部分；这个考虑也同样适用于 *moose*（驼鹿）等词中复数的零（*-φ*）实现。这样一来，我们有如（5）所示的词汇项：

（5）英语复数的词汇项

$$[+pl] \leftrightarrow \text{-en} / \{ \sqrt{\text{OX}}, \sqrt{\text{CHILD}}, ...\} \_\_$$
$$[+pl] \leftrightarrow \text{-}\phi / \sqrt{\text{FISH}}, \sqrt{\text{MOOSE}}, ...\} \_\_$$
$$[+pl] \leftrightarrow \text{/-z/}$$

因此，在这种交替的形态性类型中，形态层面的分析中存在多个客体，如（1）或（5）中的词汇项。这也使这种形态交替成为本书所称的语素变体（即异干型的语境语素变体）。

小结一下，复数语素 [+pl] 有三个**语素变体**，它们是（5）中词汇项的实现项。至于如（4）所示的实现项 /-z/ 在附着到不同的宿主时会出现不同的形式，则可以说是复数的 /-z/ 实现项存在不同的**表层实现**（surface realization）。

### 7.2.1 向内型或向外型语素变体

关于语境语素变体的限制条件，第一个要问的问题涉及语素处于什么样的相对结构位置才彼此可见。关于这个话题的早期研究，尤其是卡斯泰尔斯（1987），把语素变体的限制条件分为了两类：**向内敏感型**（inwards sensitive）和**向外敏感型**（outwards sensitive）。根据定义，当一个语素的形式由其结构内的某个语素所决定时，该语素表现出向内敏感型的语素变体。例如，在（6）中，*Y* 向内看 *X*：

（6）复杂中心语

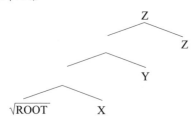

　　从本章乃至前面各章所分析的许多例子中可以看出，向内敏感型的语素变体是相当普遍的。

　　如果继续用（6）演示的话，向外敏感型语素变体涉及，比如说，看见 Z 的 Y，因为 Z 在结构上处于 Y 之外；这种类型的语素变体并不出名，但在不少语言中可以找到。卡斯泰尔斯（1987）讨论了匈牙利语的一种向外敏感型语素变体的例子。在这个语言中，复数语素在非所有格的形式中实现为 -(V)k，但是在所有格语素之前实现为 -((j)a)i-（这些实现项随后会在音系中变化，因此用括号表示）：

（7）匈牙利语的复数所有格形式（卡斯泰尔斯 1987：165）

| 单数 | 单数第一人称所有格 | 复数 | 复数第一人称所有格 | 注释 |
|---|---|---|---|---|
| ruha | ruhá-m | ruhá-k | ruha-ái-m | '衣服' |
| kalap | kalap-om | kalap-ok | kalap-jai-m | '帽子' |
| ház | ház-am | ház-ak | ház-ai-m | '房子' |

　　名词在简单复数中的形式是 Noun-[+pl]，在所有格复数的形式是 Noun-[+pl]-[+poss]。如果匈牙利语的词汇包含以下的词汇项，则可推导出以上正确的形式：

（8）[+pl] ↔ -((j)a)i- / __ [+poss]

　　　[+pl] ↔ -(V)k-

　　到目前为止，我们初步了解了向外敏感型的和向内敏感型的语境语素变体。词汇插入这一机制为解释这些现象提供了一种方式，但是向内看与向外看之间存在潜在的不对称性，对此需要做出更多的说明。特别是，下面的第 7.3 节中将会说明，词汇插入以由里向外的顺序进行，这个假设对这两种类型的语素变体所参照的信息做出了预测。

### 7.2.2　语法限制条件与音系限制条件

从描写的角度看，语境语素变体有两个不同类型的触发条件：**语法的**（grammatical）触发条件和**音系的**（phonological）触发条件：

（9）a. **语法制约的语素变体**：触发语素变体的语境因素是一组特定的语法元 174
素（即一组词根，或语素，或特征）。

　　b. **音系制约的语素变体**：触发语素变体的语境因素是一个音系表征。

之前我们考察的所有语境语素变体的例子都是语法制约的语素变体。例如，英语的过去时在词根$\sqrt{\text{LEAVE}}$的语境中实现为 -t，这是因为插入 -t 的词汇项参照了该词根。在这个具体的例子中，很明显制约条件是语法性的（参照某个具体的词根），而不是音系性的，因为其他音系上相同或者类似的词根，如$\sqrt{\text{GRIEVE}}$，并不采用 -t 这个变体（grieve/griev-ed）。上述有关复数的例子也同样如此。例如，与$\sqrt{\text{OX}}$和$\sqrt{\text{MOOSE}}$押韵的名词不会在复数中采用实现为 -en 和 -ϕ 的变体，比如，box/box-es，juice/juic-es，等。

看完（9a）后再看（9b），世界上许多语言都有音系制约的语境语素变体。在卡斯泰尔斯（1988，1990）以及较为近期的帕斯特（2006）、恩比克（2010a）等诸多研究中，这种现象的重要性得到了强调。在朝语中可以找到这种现象的例子。在该语言中，有一种被称为"主格"的后缀会根据其所附着的宿主以辅音还是元音结尾，分别表现出 -i 和 -ka 两种形式（可参阅拉普安特（1990））：

（10）朝语的主格后缀

| 语素变体 | 语境 | 例子 | 注解 |
|---|---|---|---|
| -i | /C__ | pap-i | '米饭' |
| -ka | /V__ | ai-ka | '孩子' |

在这类语素变体中，没有必要在词汇项中列出哪些词根采用 -i 变体，哪些采用 -ka 变体。相反，词汇项被规定为参照触发的音系因素，如

（11）所示：

（11）朝语的主格

[nom] ↔ -i  /C__

[nom] ↔ -ka /V__

用如（11）所示的词汇项来分析如（10）所示的分布并不少见。例如，墨西哥的塞里语（Seri）在其被动式的前缀上显示了相同的元音／辅音制约条件（马利特和施滕贝格尔（1983））：

（12）塞里语的过去式前缀

| 语素变体 | 语境 | 例子 | 注解 |
|---|---|---|---|
| *p-* | /V__ | -p-eši | '被打败' |
| *a:ʔ-* | /C__ | -a:ʔ-kašni | '被咬' |

海地克里奥尔语（Haitian Creole）的定指语素也表现出与此非常相似的东西（克莱因（2003））：

（13）海地克里奥尔语的定指语素

a. 元音之后是 *-a*

| 名词 | 名词—定指 | 注解 |
|---|---|---|
| tu | tu-a | '洞' |
| papje | papje-a | '纸' |
| papa | papa-a | '爸爸' |
| lapli | lapli-a | '雨' |
| chẽ | chẽ-ã | '狗' |

b. 辅音之后是 *-la*

| 名词 | 名词—定指 | 注解 |
|---|---|---|
| liv | liv-la | '书' |
| pitit | pitit-la | '孩子' |
| ãj | ãj-la | '天使' |
| kay | kay-la | '房子' |

从音系／形态互动理论的视角来看，这种特殊的分布是十分有趣的，因为以辅音开头的语素变体跟随以辅音结尾的词干，而以元音结尾的词干选择以元音开头的语素变体；更多讨论见克莱因（2003），帕斯特

（2006），博内特等（2007）和恩比克（2010a）。

以上的例子展现了音段特性制约的语素变体，除此之外，音系制约的语素变体也与其他类型的音系表征密切关联。例如，许多语言被认为拥有 176 受节律结构制约的语素变体；具体例子见帕斯特（2006）。

音系制约的语素变体的存在，表明某些词汇项必须能够参照音系表征。因此，至少在这个程度上，音系表征在词汇插入的过程中是可见的；把形态和音系完全分离开来是不可能的。

### 7.2.3 语境语素变体与（形态）音系

在详细考察语境语素变体的理论之前，有必要对形态交替现象（即本章所说的语素变体）和音系交替现象之间的分界线做一些说明。在本节开头的引言部分，我区分了（包含多个词汇项的）异干型的语境语素变体和某个单一的词汇项的实现项因为音系改变而产生的交替。在后者中，我用英语复数语素 /-z/ 的多种发音形式为例，说道单一的词汇项 [pl]↔/z/ 有一个拥有多个表层实现形式（/z/, /s/, /əz/）的实现项。

在许多案例中，用哪一种方案来分析某个特定的交替现象是显而易见的。然而，在一些情况中，两种分析方案看起来都行得通。例如，土耳其语的第三人称单数所有格语素的形式在元音后面是 -sɪ，在辅音后面是 -ɪ，如（14）所示（见刘易斯（1967），卡斯泰尔斯（1987），科恩菲尔特（1997），帕斯特（2006））：

（14）土耳其语的所有格语素变体

　　a. 辅音之后是 -ɪ

　　　bedel-i　'它的价格'

　　　ikiz-i　　'它的孪生同胞'

　　　alet-i　　'它的工具'

　　b. 元音之后是 -sɪ

　　　fire-si　　'它的消耗'

　　　elma-sɪ　'它的苹果'

　　　arɪ-sɪ　　'它的蜜蜂'

177　　与上面第 7.2.2 节所举的例子相似，这个例子看起来或多或少像是音系制约的语境语素变体。与此同时，既然这两个第三人称单数所有格的表层实现形式类似，意思是它们在音系内容上有着大量重合，那么可以设想它们能够从一个单一的实现项中推导出来。在这第一种情形中，语境语素变体——土耳其语的词汇会包含两个不同的词汇项，如（15）所示：

（15）[-1, -2, +poss] ↔ -sɪ/ V__

　　　　[-1, -2, +poss] ↔ -ɪ/ C__

根据第二种类型的分析，土耳其语的词汇表仅需要一个单一的词汇项：

（16）[-1, -2, +poss] ↔ -sɪ/ V__

然后，在音系中，当其与一个辅音毗邻的话，一条删除语素中 /s/ 部分的规则必须得到应用（或者，可以设置一个实现项为 -ɪ 的词汇项，和一条增加 /s/ 的音系规则）。

　　这两种分析方案均能推导出正确的结果。在没有预设其他假设的情况下，哪一种正确还不得而知。例如，如果词汇规模最小化是至高无上的话，那么第二种方案会优于第一种。这种（形态）音系的分析方案可以从土耳其语的事实中得到更多的支持，该语言中有大量的语素，当它们的前面是一个辅音的时候，会删除其第一个的辅音（参阅刘易斯（1967），科恩菲尔特（1997）等）。然而，这个删除规则必须有一定的限制条件，以使它只能应用到某些特定语素，而不是其他语素。虽然第三人称单数所有格形式在 -sɪ 和 -ɪ 之间交替，但是其他表面上相似的语素却不这样交替；例如表条件的 -se 在表层总是这个形式，不与 -e 交替（刘易斯（1967：130））。因此，如果有理由坚持，形态制约下的音系规则一旦可能则尽量避免，那么就应该沿着（15）的思路，设置两个词汇项。

　　上面考察的土耳其语事实提出了一个普遍性的问题：语素变体和（形态）音系，哪种分析更好？这个问题在许多语言中都出现，并且多年来一直是一个争执不下的话题（从普遍性视角的讨论可见基帕尔斯基（1996），恩比克（2010b）等）。即使从目前的这个初步的讨论也可以看

出，在决定某个具体的交替现象应该用词汇插入来分析，还是应该分析成 178
一种（形态）音系现象的时候，必须充分考虑许多基于具体语言的和基于
一般理论的因素。与之前章节所讨论的灰色地带一样（如第六章第 6.5 节
所讨论的合形与偶然同音的分界线），我将假设，就目前的目的而言，对
许多现象应该采用何种分析方案是清晰的，并将继续采用语境语素变体的
思路。尽管这意味着我将搁置对大部分（形态）音系现象的讨论，但将在
下面的第 7.5 节中更为详细地讨论这个领域的一些重要的主题，涉及非词
缀形态及其与本书所阐述的以语素为基础的理论之间的联系。

## 7.3　语境语素变体的制约条件

在一个关于语境语素变体的理论中，首要的问题是：在什么情况下，
一个语素会在语境中被另外一个语素所影响。目前为止，我们已经阐述了
一个用词汇项来描写语境语素变体的理论，其中，语素 $X$ 处于语素 $Y$ 的
语境中并参照 $Y$ 作为其语境条件，X 所采用的形式可以表征如下：

（17）$X \leftrightarrow \text{-}x/\_Y$

关于（17）这个图式，有个问题是，必须遵守什么样的局域条件才能
让 X 和 Y 互相可见？

作为本研究领域的一个导言，我将以恩比克（2010a）为基础，综合
文献中各种不同思路，最后呈现一个有关语素变体理论的概观。恩比克
（2010a）的主题是，语素变体的模式来源于两种不同类型的局域条件之间
的互动。特别是，他提出，语境语素变体既需要（C1），即从语段和循环
性拼读的句法理论中衍生出来一种局域条件，也需要（C2），即专属于音
系式的线性毗邻要求：

（C1）**循环性局域条件**：两个语素只有活跃在相同的语段-循环性区域
（phase-cyclic domain）内才能互相可见，从而可能产生语素变体。

（C2）**串联（线性毗邻）**：只有当 $X$ 与 $Y$ 串联，即 $X \frown Y$ 或 $Y \frown X$，语素 $X$
才可以看见语素 $Y$，从而可能产生语素变体。

179 　　除了（C1）和（C2）之外，第四章所介绍的思想——复杂结构中的词汇插入以由内向外的顺序发生——进一步地限制了语素变体。这种思想可以陈述为（C3）：

　　（C3）**词汇插入由里向外进行**：词汇插入由里向外运作。

　　在（C1）至（C3）中，最"深层"的条件是（C1）；它采纳了沿着乔姆斯基（2000，2001）思路的有关语段的句法理论，认为语素只有活跃在相同的循环拼读的语段中才能在音系式进行互动。如果（C1）是正确的，那么至少这部分的形态是敏感于句法计算所定义的局部区域的。另一方面，（C2）相比之下就相对浅层，因为根据假设，它所借助的线性顺序在句法计算中不起作用。

　　在本节的剩余部分中，（C1）至（C3）的效应将得到阐释和举例说明。

### 7.3.1　循环性区域（cyclic domain）

　　众多的理论研究都遵循一条主导思想——句法推导依据循环性（子）区域运行；循环性区域的最近体现被称为"语段"，如乔姆斯基（2000，2001）等研究。基于不同的形态–音系和语义现象，马兰茨（2001，2007），马文（2002），阿拉德（2005）和纽厄尔（2008）等提出了形态现象应该对语段敏感这一思想。本节主要回顾在恩比克（2010a）中专门用语段理论来分析语素变体现象的部分。

　　为什么语段对语素变体来说可能意义重大？理解这个问题的代表性观察来自乔姆斯基（1970）对英语不同种类的名物化结构的讨论（对该文的综述可参看亚历克西杜等（2007））。依照本书所采纳的理论，形成名词需要名词化的中心语 $n$。$n$ 中心语所采用的形式看起来表现出一些重要的模式；特别是，在（18）中可以看出，当 $n$ 直接被词根附接时会表现出若干不同的语素变体。如此形成的结构被称为"派生式名词"（derived nominals），或者被简单地称为"名词"，如（19）所示。但是，在动名词（gerund）中，$n$ 统一出现为 *-ing*。根据标准的句法分析，在动名词中，词

根在名物化之前首先被 $v$ 范畴化，如（20）所示（以下是简化过后的动名 180
词结构，因为它没有考虑 $v$ 和 $n$ 之间的其他中心语）：

（18）中心语 $n$ 的各种实现形式

| 派生式名词 | 动名词 |
| --- | --- |
| marri-age | marry-ing |
| destruct-ion | destroy-ing |
| refus-al | refus-ing |
| confus-ion | confus-ing |
| ⋮ | ⋮ |

（19）派生式名词（名词） （20）动名词结构（简化的）

　　直觉上，这种类型的模式都是语段的效应；粗略地说，在如（19）所
示的派生式名词中，中心语 $n$ 与词根处在同一个循环性区域中；而在如
（20）所示的动名词中，$n$ 与词根却被介于中间的 $v$ 隔开，所以处在不同的
循环性区域中。如果情况果真如此，那么语素变体相关理论的重要部分就
可以从一个更普遍的有关复杂客体是如何构造及拼读的理论中推导出来。

　　语段运作的确切方式是复杂的，并且需要对句法推导做出一些进一
步的假设。马兰茨（2001，2007），恩比克和马兰茨（2008），恩比克
（2010a）等研究以不同的形式阐述了一个假说，意思是**定类中心语** $n$、$v$、
$a$ 等在循环性推导中起着特殊的作用，它们触发了拼读，而且定义了拼读
的区域（第二章的第 2.3.4 节曾介绍过这些定类中心语）。鉴于这个原因，
这些中心语有时被称为**循环性中心语**（cyclic heads）。

　　如（18）所示的英语名词的模式表明，一个循环性中心语不能透过另
一个循环性中心语而看到词根。然而，其他类型的语素（即各种非循环性
（non-cyclic）语素），如果出现在循环性中心语的外面，**确实**可以跨过语
段中心语而看到词根。例如，在之前频繁讨论过的例子——英语的过去时 181

语素变体，就是这种类型的语素，因为 T[+past] 语素可以看见词根，尽管中间有 v 的介入：

（21）过去时动词

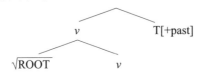

（22）词汇项：T[+past]

        a. T[+past] ↔ -t/__ { $\sqrt{\text{LEAVE}}$ , $\sqrt{\text{BEND}}$ , ...}

        b. T[+past] ↔-φ/__ { $\sqrt{\text{HIT}}$ , $\sqrt{\text{SING}}$ ...}

        c. T[+past] ↔ -d

把以上这些要点放在一起，似乎有两条概括，需要在理论的循环性部分得到解释：

**概括 1**：概括如果一个循环性中心语 y 在另一个循环性中心语 x 之外，那么它不能看见处在 x 补足语位置的词根及其他语素，例如 [[ $\sqrt{\text{ROOT}}$ x] y]。

**概括 2**：在结构 [[ $\sqrt{\text{ROOT}}$ x] Y] 中，非循环性中心语 Y 可以看见处在 x 补足语位置的词根（或者其他语素）。

182    为了解释这两个概括，恩比克（2010a）在他所阐述的语段理论中首先做出了两个假设。第一个假设规定了**在何种条件下**一个循环性区域会被送入接口；第二个假设则规定了**是什么构成了**被拼读的循环性区域：

**假设 1**：当一个循环性中心语被合并时，它会触发处在其补足语位置的循环性区域得到拼读。因此，如果 x 是一个循环性中心语，只有当更高的循环性中心语 y 被合并时，x 所处的循环性区域才能得到拼读。

**假设 2**：得到拼读的区域是由循环性中心语及其附带的结构所定义的。由循环性中心语 x 所定义的区域包括（ⅰ）x 本身；（ⅱ）处在 x 和触发条件 y 之间的非循环性中心语；（ⅲ）**不包括**触发对 x 拼读的循环性中心语 y 本身。

假设 1 和假设 2 相互配合，在同一个循环性区域的语素何时是活跃的（共同出现的）这个问题上形成了一个理论。以前我们曾提到过一个直觉，即当两个语素活跃于同一个循环性区域时，它们有可能彼此看见，从而产生语素变体（如派生式名词中的 $n$ 和词根）；但当它们不能同时活跃于相同循环性区域时，它们应该不能互相可见，语素变体（如动名词）也无从产生。这个观点的另一种陈述方式是：在语段循环性意义上，某些客体必须变得**不活跃**了；这个观点被陈述为**"活跃性推论"**（Activity Corollary），如（23）所示：

（23）活跃性推论：在 [[... $x$ ] $y$ ] 中，如果 $x$ 和 $y$ 均是循环性的，则在 $y$ 被拼读的音系式循环中，$x$ 补足语位置的成分是**不**活跃的。

例如，假如 $x$ 和 $y$ 是循环性的，$Y$ 是非循环的，那么根据**活跃性推论**，在（24）和（25）中，处于同一个循环性区域的所有的中心语都是活跃的：

（24）"词根附接的" $x$      （25）非循环性的 $Y$

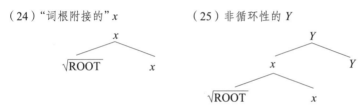

另一方面，在（26）中，词根和 $x$ 都活跃的区域不包含 $y$，所以当 $y$ 被拼读时，词根是不活跃的：

（26）外层的循环性 $y$

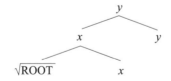

有了（24）到（26）的结构后，现在可以看出循环性理论是如何解释上述对立的：派生式名词与动名词之间的对立（属于**概括 1**），动名词中的 $n$ 与动词中的过去时之间的对立（属于**概括 2**）。从第一个对立说起，<sup></sup>183 在派生式名词中，$n$ 是附接于词根的，因此 $n$ 和词根显然在同一个循环性区域中都是活跃的。然而，在动名词结构中，$n$ 的合并发生在 $v$ 与词根合并之后；因此，中心语 $n$ 只能在之后的循环性区域中进行操作（当另一个循环中心语，如 D，触发 $n$ 的拼读时）。至关重要的是，在以后的循环性区域中，$n$ 看不见词根，因而不能产生语素变体，因为词根在它的循环性区域中是不活跃的。

相比之下，作为一个非循环语素，T[+past] 的拼读发生在 $v$ 定义的循环性区域之内（见上面的**假设 2**）。因此，词根和 T[+past] 均活跃在拼读的同一个循环性区域中，所以它们互相可见，可能产生语素变体。

以上所讨论的派生式名词和动名词之间的对立，有一个重要的方面：在动名词中，即使词根和语素 $n$ 在表层线性顺序上是毗邻的（因为语素 $v$ 没有显性的实现形式），但中心语 $n$ 显然看不见词根。这个观察尤其引人注目，因为线性毗邻关系似乎在语素变体理论中起着重要的作用。这即是下一节所讨论的话题。

### 7.3.2 串联

我将假设在音系式中应用于句法结构的线性化机制（参阅第三章）发出串联指令，从而为终端节点排序。为了考察线性关系对语境语素变体的影响，我以例（27a）为起点，说明一个观点：如果如（27a）的一个结构以 $X$ 和 $Y$ 为后缀进行线性化，则可推导出如（27b）所示的串联指令：

（27）结构和线性化

    a. 树形图

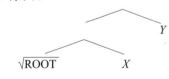

    b. $\sqrt{\text{ROOT}} \frown X, X \frown Y$

就（27b）的指令而言，（C2）规定词汇项只能参照那些与其他语素串联的语素。考虑到这一点，词汇项的表征可以明确地包含有关串联的信息。例如，在诸如第 7.2 节所考察的匈牙利语的复数语素这种"向外型"语素变体中，包含串联信息的词汇项如（28）所示：

174

（28）[+pl] ↔ -((j)a)i- / __ ⌒ [+poss]

[+pl] ↔ -(V)k-

（C2）背后的直觉是，专属于音系式的线性条件限制了语素之间可能的互动。换言之，深层的循环性局域条件（C1）定义了哪些语素原则上可以在音系式进行互动，而专属于音系式的制约条件（C2）进一步限制了哪些语素可以在该循环性区域中互相看见。

（C2）条件的运行还互动于其他有关线性顺序的假设，特别是当它涉及无声的语素时。诸如之前章节的许多地方曾经强调的那样，好像不同的语言中都存在许多没有显性音系实现的语素。对这一效应的典型处理方法是把词汇项标注为拥有空的（即 -φ）实现项。具体到由串联定义的局域，许多没有显性实现的语素似乎拥有特殊的地位。试考虑一下本书在许多地方所举的一个例子——英语过去时态。实现过去时语素的词汇项如（29）所示，在此为体现其串联信息而稍有改动：

（29）过去时态的词汇项

     a. T[+past] ↔ -t/ { $\sqrt{\text{BEND}}$ , $\sqrt{\text{LEAVE}}$ , ...} ⌒ __

     b. T[+past] ↔ -φ/ { $\sqrt{\text{HIT}}$ , $\sqrt{\text{QUIT}}$ ...} ⌒ __

     c. T[+past] ↔ -ed

T[+past] 与特定词根的串联是（29）的吸引点。根据第二章介绍的有关词根的定类假设，过去时形式的结构除了包括 T[+past] 语素和词根之外，还包括一个中心语 v，如（30）所示（以词根 $\sqrt{\text{LEAVE}}$ 为例）：

（30）词根 $\sqrt{\text{LEAVE}}$ 的过去时

185

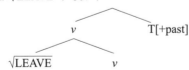

假设 v 在英语中是一个后缀（这是有显性实现项的 v 所出现的位置，如 *dark-en* '变黑' 或 *vapor-ize* '气化'），由（30）推导而来的串联指令如（31）所示：

（31）从（30）而来的串联指令：

$$\sqrt{\text{LEAVE}} \frown v, \ v \frown \text{T[+past]}$$

如恩比克（2003，2010a，b）中讨论过的那样，这里的问题是：词根和 T[+past] 语素尽管被语素 $v$ 线性隔开，但依然可以相互看见，并产生语素变体（如（31）所示）。

诸如（31）中 $v$ 这样的语素，似乎只有在没有显性实现项时才变得透明。因此，分析（31）的一种方法是说，（至少有一些）实现为 -$\phi$ 的语素被删除了，或是说是被**修剪**了（Pruned）。有许多不同的方式来设想这个修剪过程应该如何加以确切的阐述。例如，如果（某些）语素在实现为 -$\phi$ 之后必须立即被修剪掉，那么它们将被从串联指令中移除。在（31）的案例中，这样修剪 $v$ 会使 $\sqrt{\text{LEAVE}}$ 和 T[+past] 直接毗邻，因此符合（C2）对语境语素变体的要求。然而，与其在语素实现为 -$\phi$ 之后删除它，修剪也有可能以更为普遍的方式应用于特定类型的语素身上（在第四章的第 4.6 节中，我们曾实施过类似的想法）。这些问题——什么样的零形式语素会如上面描写的那样是透明的，对这些语素的修剪应该如何做出确切的阐述——目前尚无定论。

在了解了串联的基本知识及其在语素变体中的作用之后，我接下来转到与（C2）相关的两个方面。在第一个方面，我会举例说明（C2）的实施对线性局域条件的影响；在第二个方面，我将说明一个观点，即语素变体受线性限制，并且忽视句法成分结构。换言之，串联（以及与之伴随的语境语素变体）忽视句法括弧。

### 7.3.2.1 线性局域关系

根据（C2），语素只有在被串联时才能互动，从而产生语素变体。因此，应该能够找到这样例子，其中（i）语素 $X$ 与语素 $Y$ 串联，并制约其语境语素变体，但是（ii）当 $Y$ 与 $X$ 之间被一个线性上介入的语素 $Z$ 隔开时，$Y$ 不表现语素变体交替。换言之，语境语素变体应该受线性介入的影响。

拉丁语的完成体时态系统为这种类型的语素变体提供了一个例子；本节的讨论主要依据恩比克（2010a）；亦见卡斯泰尔斯（1987，2001，2003），阿杰等（2003）和利伯（1992）。（我曾在第 4.6 节分析过这个部分的拉丁语动词系统，也提出一些初步的看法，但是本节的讨论是独立自足的。）

标记为完成体的拉丁语动词可分为几类，它们之间的区别来源于对时态和语气的标注，前者分现在时、过去时和将来时，后者分陈述语气和虚拟语气。例如，除了如（32）所示的（简单的）完成体形式之外，拉丁语动词还有如（33）所示的过去完成体陈述语气形式、完成体虚拟语气形式、过去完成体虚拟语气形式和将来时的完成体形式；为了简化叙述，（32）和（33）没有对主干元音进行切分：

（32）完成体的陈述语气形式

| 人称 / 数 | 完成时 |
|---|---|
| 1 单 | laudā-v(i)-**ī** |
| 2 单 | laudā-vi-**stī** |
| 3 单 | laudā-vi-t |
| 1 复 | laudā-vi-mus |
| 2 复 | laudā-vi-**stis** |
| 3 复 | laudā-v(i)-**ērunt** |

（33）动词 *laud*ō '赞扬' 其他的完成体形式 [1]

| 人称 / 数 | pulp. ind. | perf. subj. | plup. subj. | fut. perf. |
|---|---|---|---|---|
| 1 单 | laudā-ve-ra-m | laudā-ve-ri-m | laudā-vi-s-se-m | laudā-ve-r(i)-ō |
| 2 单 | laudā-ve-rā-s | laudā-ve-rǐ-s | laudā-vi-s-se-s | laudā-ve-rǐ-s |
| 3 单 | laudā-ve-ra-t | laudā-ve-ri-t | laudā-vi-s-se-t | laudā-ve-ri-t |
| 1 复 | laudā-ve-rā-mus | laudā-ve-rǐ-mus | laudā-vi-s-sē-mus | laudā-ve-rǐ-mus |
| 2 复 | laudā-ve-rā-tis | laudā-ve-rǐ-tis | laudā-vi-s-sē-tis | laudā-ve-rǐ-tis |
| 3 复 | laudā-ve-ra-nt | laudā-ve-ri-nt | laudā-vi-s-se-nt | laudā-ve-ri-nt |

---

[1] 由于篇幅原因，以下缩写表示 pulp.=pulperfect（过去完成体），ind.=indicative（陈述语气），perf.=perfect（完成体），subj.=subjunctive（虚拟语气），fut.=future（将来时）。——译者

187　在句法-语义上，我们可以假设完成体的时态包括词根、v、Asp [perf]、时态和一致语素，如（34）所示：

（34）结构

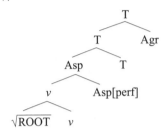

我还将假设时态有三种变体，它们与完成体（Asp[perf]）结合后形成（现在）完成时、过去完成时和将来完成时：

（35）时态的特征

　　　　T[-past] ＝现在完成时

　　　　T[+past] ＝过去完成时

　　　　T[+fut]　＝将来完成时

对于虚拟语气的形式，我将假设时态携带一个 [subj]（虚拟）特征；这个部分的分析可用不同方式做出修改，但与本节的主要论题无关。这个特征同（35）中的特征结合在一起，在（35）所示的陈述语气完成体形式之外，又产生完成体虚拟语气和过去完成体的虚拟语气。

拉丁语完成体形式的语素顺序如（36）所示：

（36）Root-TH-Asp[perf]-Tense/Mood-Agr

在将要讨论的这个动词系统中，人称／数量一致语素的实现为本节的话题提供了核心的兴趣点。需要解释的一个重要观察是：一致特征的实现项（在（32）中以粗体显示）为什么只出现在完成体的陈述语气之中。它们在动词系统的其他地方都不出现；尤其是，它们没有出现在（33）中的其他完成体的时态之中。

188　为了更好地理解这个现象，我们将（33）复制为（37）：

（37）动词 *laudō* '赞扬' 其他的完成体形式

| 人称 / 数 | pulp. ind. | perf. subj. | plup. subj. | fut. perf. |
|---|---|---|---|---|
| 1 单 | laudā-ve-ra-m | laudā-ve-ri-m | laudā-vi-s-se-m | laudā-ve-r(i)-ō |
| 2 单 | laudā-ve-rā-s | laudā-ve-rĭ-s | laudā-vi-s-se-s | laudā-ve-rĭ-s |
| 3 单 | laudā-ve-ra-t | laudā-ve-ri-t | laudā-vi-s-se-t | laudā-ve-ri-t |
| 1 复 | laudā-ve-rā-mus | laudā-ve-rĭ-mus | laudā-vi-s-sē-mus | laudā-ve-rĭ-mus |
| 2 复 | laudā-ve-rā-tis | laudā-ve-rĭ-tis | audā-vi-s-sē-tis | laudā-ve-rĭ-tis |
| 3 复 | laudā-ve-ra-nt | laudā-ve-ri-nt | laudā-vi-s-se-nt | laudā-ve-ri-nt |

（37）中下划线标出的语素是 Tense/Mood 的实现项；它们直接跟在 Asp[perf] 之后。

从（32）和（37）中可以看到的一个概括是，当时态有显性实现项时（如（37）所示的每一个时态），专用的一致实现项便不出现。相反，那些使用显性 Tense/Mood 实现项的形式，其 Agr 的形式与动词系统其他地方（即非完成体）是完全相同的。更具体地说，只有当时态不显性出现的时候，即一致语素在线性上与 Asp[perf] 毗邻的时候，专用于完成体的一致形式才会出现，这是因为我们假设 T[-pres] 已经被删除了（可参阅第 4.6 节）。即：

（38）概括

    a. Asp[perf] ⌒ Agr → 可能会出现专用于完成体的语素变体

    b. Tense ⌒ Agr → 不出现专用于完成体的语素变体

综合来看，（38）中的概括证明了（C2），其中（38b）展现的正是本节之初所抽象描写的线性介入效应。

对拉丁语这个部分的分析主要基于承担语境条件的词汇项，而语境条件又是依据串联制定的。特别是，特殊的、专用于完成体的词汇项只有在一致语素与 Asp[perf] 串联时才能得到应用，如（39）所示：[1]

（39）拉丁语一致语素的部分词汇项

    [+1, -2, -pl]   ↔   -ī    / Asp[perf] ⌒ __

    [-1, +2, -pl]   ↔   -stī   / Asp[perf] ⌒ __

    [-1, +2, +pl]   ↔   -stis  / Asp[perf] ⌒ __

189

$$[-1, -2, +pl] \quad \leftrightarrow \quad -\bar{e}runt \quad / Asp[perf] \frown \_\_$$

$$[+1, -2, -pl] \quad \leftrightarrow \quad -m \quad\quad / T[+past] \frown \_\_$$

$$[+1, -2, -pl] \quad \leftrightarrow \quad -\bar{o}$$

$$[-1, +2, -pl] \quad \leftrightarrow \quad -s$$

$$[-1, +2, +pl] \quad \leftrightarrow \quad -tis$$

$$[-1, -2, +pl] \quad \leftrightarrow \quad -nt$$

用第二人称单数一致来演示的话，其情形如下。在完成体的陈述语气中，修剪操作删除 T[-past]，所以一致语素得以与 Asp[perf] 串联。在（39）中，可以应用到该节点的赋值最充分的是第二个词汇项，它得到了应用并插入 -stī。在（37）的其他完成体时态中，Tense/Mood 语素有显性的实现，因此没有被修剪掉。如此，一致语素不能与 Asp[perf] 串联。因此，可以应用于实现它的赋值最充分的词汇项只能是第二人称中较为不充分赋值的那一个，它插入的是 -s。

小结一下，这个例子展示，只有当 Agr 和 Asp[perf] 两个语素串联的时候，它们之间才会出现语境语素变体。这些语境语素变体在什么条件下出现，在什么条件下不出现，在一个使用（C2）理论中是可预测的。

### 7.3.2.2 串联与句法结构

（C2）的第二个重要层面涉及两个方面之间的关系，一个方面是它所参照的线性关系，另一个方面是由层级结构决定的局域性关系（即姐妹关系）。特别是，根据（C2），语素能以忽视句法括弧的方式相互看见，从而可能产生语境语素变体。

之前分析的有关语境语素变体的大部分例子（如果不是所有例子的话）都证明了以上这个观点。举一个之前讨论过很多次的具体例子，英语的过去时表现出词根特异的（Root-specific）语素变体。这意味着 T[+past] 节点必须能够看见词根（即在词汇插入发生时与词根串联），其底层结构如（40）所示：

190

（40）过去时态的结构

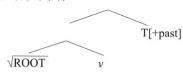

换言之，尽管词根所在的成分不包含 T[+past]，即尽管词根和 T[+past] 之间有一个介入的句法括弧，但 T[+past] 依然可以看见词根。

在一个采用（C2）的理论中，词根和 T[+past] 能够在由（40）推导出的线性表征中互相可见，这是因为串联，作为一个线性化的概念，对句法括弧并不敏感（以前提过，*v* 在这个例子中被修剪掉了）。

在例（40）中，T[+past] 和词根之间不涉及许多句法括弧，尤其是考虑到 *v* 被修剪这一点。然而，我们还可以用其他相对直观的例子来阐释上述观点，即语境语素变体忽略句法括弧。例如，动词 *understand* 的过去时形式为 *understood*；其结构如（41）所示：

（41）*understood*

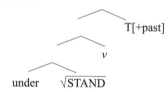

在这里，T[+past] 必须能够看见 $\sqrt{\text{STAND}}$。只有这样，T[+past] 的实现项 -ϕ 才能得到插入（不仅如此，T[+past] 必须对词根可见；只有这样，词根才能发生形态音系上的变化，从 *stand* 变为 *stood*）。这些语素之所以彼此可见是因为它们是串联的。事实上，虽然（41）比（40）多了一个句法括弧（即成分 [under $\sqrt{\text{STAND}}$ ] 里多了一个句法括弧），但正如拥有（C2）的理论所预测的那样，这对语素变体没有造成任何影响。

在以上的例子中，我们把语境语素变体分析为受线性局域条件的制约。重要的是，替代性的分析是不可行的。例如，假如语境语素变体依据结构概念，如姐妹关系，那么 *understand* 的过去时形式 *understood* 便不

191

可预测了。因为词根$\sqrt{\text{STAND}}$所属的成分并不包含 T[+past] 语素，所以一个由句法结构来定义语境语素变体的理论将预测，在其他条件相等的情况下，形成的形式是 *understand-ed。（根据其他的假设，这样的理论可能同样会把 stand 的过去时形式预测为 *stand-ed。）这些观察，尽管相对简单，清晰地说明了依据（C2）这样的线性条件来分析语境语素变体的重要性。

### 7.3.3 由里向外的词汇插入

在第四章第 4.5 节的讨论中曾经提到，分布式形态学的标准假设之一是复杂结构中的词汇插入是由里向外操作的。因为这样为插入排序对语境语素变体有着重要的影响，所以这项假设在前面被陈述为（C3）。

先做个回顾。（C3）提出，在一个如（42）所示的结构中，词汇插入的目标首先是 X，其次是 Y，最后是 Z；如果把词根位置的填音也纳入考虑范围的话，那么词根是词汇插入的第一个目标：

（42）复杂中心语

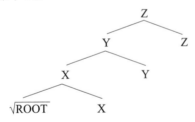

先把词根是否需要进行词汇插入的问题放到一边，假设语素 X、Y 和 Z 均是后缀，那么在词汇插入之前，线性化机制会产生以下指令：$\sqrt{\text{ROOT}} \frown X$、$X \frown Y$ 和 $Y \frown Z$。当词汇插入开始时，根据（C3），X 先于 Y 获得其音系实现项。这样插入排序的方式会导致两个后果。第一个是，如果 X 对 Y 敏感，那么 X 只能对 Y 的句法语义特征敏感，而不能是其音系特征敏感；这是因为，词汇插入应用于 X 之后，Y 才获得其音系形式。[2] 第二个后果是对 Y 而言的，也就是 Y 在原则上既可以对 X 的语法特征敏感，也可以对其实现项的音系特征敏感。

192

总体来看，（C3）对向外型和向内型语素变体的影响可以总结为（43）；由于（43）中所有检验过的案例均已在之前各章或本章的第 7.2 节中做过演示，所以在此不再对（43）的预测进行进一步的演示了：

（43）（C3）的预测

    **a.** 向外看见句法语义特征是可能的。[ 可参阅第 7.2.1 节的例子 ]

    **b.** 向外看见音系特征是不可能的。

    **c.** 向内看见句法语义特征是可能的。（向内看见词根也是可能的。）[ 本书许多例子都对此做出说明 ]

    **d.** 向内看见音系特征是可能的。[ 可参阅第 7.2.2 节的例子 ]

在采用（C3）的理论之间存在一个差异，涉及语素在经历词汇插入后，其特征应该如何处理的问题。第四章的讨论中曾经提过，词汇插入可用不同方式加以形式化：如用特征的改写，替代，等等。在这些不同的选项中，一个关键的问题是，当词汇插入应用于某个语素时，词汇项所参照的句法语义特征是否被删除。

在第四章发展的理论当中，根据"句法语义特征不受词汇插入的影响"这一默认的假设，词汇插入将变量 $Q$ 置换为一个实现项。因此当一个语素 $[\alpha, Q]$ 是词汇项 $[\alpha] \leftrightarrow /\text{-x}/$ 的目标时，经过词汇插入，其结果是 $[\alpha, \text{-x}]$。然而，博巴利克（2000）和其他学者（如努瓦耶 Noyer 1997）却认为，在插入过程中删除句法语义特征会限制语素携带的信息量，而这些信息原则上能够被外层语素在词汇插入的过程中参照。特别是关于（43c），可以发现以下情景。如果词汇插入不删除任何特征，那么（43c）就维持原样。但是如果词汇插入（或者其某个伴随操作）（i）或者删除了语素的所有特征，或者（ii）删除了部分特征，比如那些被词汇项参照的特征，那么（43c）就不能成立。相反，可以预测向内型语素变体应该（i）要么看不到任何句法语义特征（因为它们都被删除了），（ii）要么只能看到在词汇插入之后未被删除的特征（如果假设词汇插入只删除"部分"特征的话）。

鉴于第四章讨论过的理由，我在本研究中采用的是"特征不可删除"

193

的假设。但是，即使从以上这些粗略的讨论都可以看出，词汇插入理论可有许多有趣的方向，可基于不同的假设，探讨词汇插入是如何影响句法语义特征的。这个假设中的许多已经产生了明确而且有趣的经验性预测——既有对这里所述的语境语素变体的预测，也有对形态-音系过程的预测，特别是当参照句法语义特征的音系规则被考虑进来的时候。这些话题都是当下研究中的活跃领域。

"词汇插入由里向外进行"这个观点独立于先前介绍的（C1）与（C2）两个条件。不仅如此，它也独立于本理论的其他部分，因为我们不清楚它是否可以从其他的假设中衍生而出。然而，分布式形态学的早期研究（如哈利和马兰茨1993）采纳了这种由里向外的应用，从而衔接了之前的形态学和音系学的模型，而且后续的研究也对这项假设进行了富有成效的考察（更多讨论见博巴利克2000）。无论它能否最终被纳入语法的其他部分，（C3）仍是一个重要的理论提案，值得更进一步的调查。

### 7.3.4 小结

本节所描绘的语境语素变体理论主要基于以下的思想：根据（C1），句法客体以语段被送入音系式，在那里它们被线性化并且接受词汇插入操作。当音系式的操作作用于这些句法表征时，（C2）和（C3）条件会制约语境语素变体，前者把它局限于串联的节点之上，后者则按由里向外对操作排序。

条件（C2）为语境语素变体强行加入了一个音系式专属的局域性关系。以 X-Y-Z 为例，其中 Y 是一个**显性**的介入成分；如果出现在 Z 节点的不规则变化的语境语素变体参照了 X，那么这可以证伪（C2）。条件194（C3）限制了词汇插入可用信息量。如果一个语素的不规则语境语素变体是由**外层语素**的音系特性所决定的话，那么这可以证伪（C3）。

在结尾我还需要强调的一点是，对语境语素变体来说，（C1）、（C2）和（C3）是独立的条件。换言之，一个理论既可以像本节所总结的方法一样把它们都接受下来，也可以抛弃其中的一个或两个而保留其余的条件，等等。

## 7.4 阻断效应，语素与词汇插入

第四章介绍了一个观点，即阻断效应是作为词汇项之间的一种关系而存在于语法之中的。出于回顾和演示的目的，我们重温一下对英语过去时态动词的分析，其中的词汇项如（44）所示，T[+past] 语素的树形图如（45）所示：

（44）修改后的词汇项

    a. T[+past] ↔ -t/ { $\sqrt{\text{BEND}}$ , $\sqrt{\text{LEAVE}}$ , ...} ⌢ __

    b. T[+past] ↔-ɸ/ { $\sqrt{\text{HIT}}$ , $\sqrt{\text{QUIT}}$ , ...} ⌢ __

    c. T[+past] ↔ -ed

（45）过去时动词

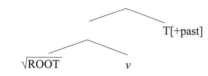

如果特别参照词汇项及其所应用的语素来陈述的话，阻断效应背后的直觉是：当一个诸如 *lef-t* 的过去时形式生成时，其他可以想象的形式并不被生成。例如，当实现项为 *-t* 的词汇项应用于词根 $\sqrt{\text{LEAVE}}$ 的语境中时，实现为 *-ed* 的默认词汇项就不能应用于该语境了（ *\*leav-ed* ）。不仅如此，（44）中的词汇项也不可"双重应用"，从而形成像 *\*lef-t-ed* 这样的形式。这点也同样适用于"规则的"过去时形式，因为对于同一个节点，词汇项只能应用一次，如在 $\sqrt{\text{PLAY}}$ 中，只能形成 *play-ed* ，而不能形成 *\*play-ed-ed* 等形式。一个有关阻断效应的理论应当能够解释为什么 *lef-t* 和 *play-ed* 是合乎语法的，而 *\*leav-ed*、*\*lef-t-ed* 和 *\*play-ed-ed* 等则不是。 195

我们在第四章讨论到，词汇插入以变量 $Q$ 为目标，而根据**终端插**

入，占据 $Q$ 位置的能且只能是语素。不仅如此，词汇插入遵循"唯一性"条件，所以一旦语素的 $Q$ 位置被一个实现项占据，对这个语素的词汇插入就戛然而止。最后，为了决定应用于各个语素的优胜者，词汇项会以某种方式得到**排序**。总体来看，这些假设允许推导出 *lef-t*，同时排除上一段所考察的不合语法的形式。不合语法的 *\*leav-ed* 之所以不会被推导出来，是因为词汇项之间为了插入而相互竞争，而且因为排序，当 T[+past] 与 $\sqrt{\text{LEAVE}}$ 毗邻时，实现为 *-t* 的词汇项胜出。体现于 *\*lef-t-ed* 之中的"双重应用"被唯一性要求排除了：在实现为 *-t* 的词汇项应用于（45）的 T[+past] 节点之后，对这个语素的词汇插入就完成了。既然在（45）的结构中没有第二个 T[+past] 语素，那么没有语素可以给实现为 *-ed* 的词汇项提供第二次插入的机会，因此 *\*lef-t-ed* 不能被推导出来。经一点适当的修改后，同样的推理可以延伸来排除 *\*play-ed-ed* 等形式。

在一个运用词汇插入来实施阻断效应的理论中，所有的行动都是基于语素而发生的。因此，并不是 *left* 这个"词"阻断了 *\*leaved* 这个"词"。相反，像上一段所描述的那样，实现为 *-t* 的词汇项，在 $\sqrt{\text{LEAVE}}$ 的语境下，阻拦了实现为 *-ed* 的词汇项。因而并不是（假想的）词 *leav-ed* 本身被阻拦了，而是它从一开始就不能被语法规则推导出来。

之所以要准确地阐明阻断效应发生的所在地，是因为阻断效应经常被认为是存在于词与词（或者可能是更大的客体）之间的一种关系。这种直觉，特别是涉及词与词之间的阻断，起源于阿罗诺夫（1976）的一部富有影响的、关于派生形态中的各种复杂模式的著作。暂且先不谈这个具体的经验性领域，从理论的角度，阻断涉及更为宏观的一系列问题，即为了语法性而进行的竞争在何种程度上是人类语言语法的一部分。[3]

本书阐述的阻断理论是基于语素的。为了更进一步阐释该理论的基本特性，在本节的余下部分，我将概述在一般认定的词与词之间阻断的案例中所存在的争论之处。

### 7.4.1 阻断与词：直觉

在第一章中，我介绍了语素本位效应（Morpheme Locus Effect），即诸多重要的语法概括都汇聚到把语素作为分析的关键对象。该效应重要的印证之一就是词汇插入这个思想，它只应用于语素，派生出阻断。与此相对，许多极具影响力的有关阻断效应的研究都以阿罗诺夫（1976）这部著作作为基础，它们假设阻断关系存在于词与词之间，所以那些"原本应该出现的"形式会在词与词的竞争中被排除。有鉴于此，一个基于语素的阻断理论必须把竞争关系限制于语素之中。围绕着词与词之间的阻断存在十分复杂的问题，因为它们涉及到派生形态理论的许多话题。本节概要地介绍在本领域中已经得到实施的一些重要直觉，以此把读者引向更为具体的讨论，如阿罗诺夫（1976）与恩比克和马兰茨（2008）。

阿罗诺夫（1976）的阻断理论所基于的思想是：词的形式会填充**格子**（cell），这样，当一个"特殊的"形式占据了一个格子时，它会阻止一个否则应该出现的词合乎语法。他提出的核心论据涉及以 *-ous* 结尾的形容词和以 *-ity* 结尾的名词之间的关系，如下表所示：

（46）Aronoff（1976：44）提出的派生形态中的一个模式

| *-ous* | *nominal* | *-ity* | *-ness* |
|--------|-----------|--------|---------|
| various | * | variety | variousness |
| curious | * | curiosity | curiousness |
| glorious | glory | *gloriosity | gloriousness |
| furious | fury | *furiosity | furiousness |
| specious | * | speciosity | speciousness |
| precious | * | preciosity | preciousness |
| gracious | grace | *graciosity | graciousness |
| spacious | space | *spaciosity | spaciousness |

阿罗诺夫的观点是，中间的两栏——"nominal"（名词）和"-ity"形式——为表达同一个意义而竞争；我们可以把这种意义称为"抽象名词"。虽然 *-ity* 名词看起来能够从 *-ous* 的形容词推导而来，但是仅有一部分 *-ity* 名词是合乎语法的。阿罗诺夫的理论认为，当表达"抽象名词"的格子被填充了一个现存的名词时，比如说 *glory*，那么以该词根为基础的 *-ity* 形式就不合语法了（*\*gloriosity*）。值得注意的是，按这个方法，*\*gloriosity* 是由语法中的规则推导而出的，但却因为在与 *glory* 的（词与词的）竞争中败北而变得不合语法。（另一方面，*-ness* 一栏的名词却没有在格子中列举，因为在阿罗诺夫的理论中，它们都是完全规则的；因此也总是合乎语法的。）

### 7.4.2 Glory，*\*gloriosity* 和语素

竞争在诸如 *glory* 和 *\*gloriosity* 这样的词与词之间进行，这个观点对阻断的后续讨论产生了十分强烈的影响。从本章的目的出发，我将概要介绍恩比克和马兰茨（2008）对 *glory/\*gloriosity* 的分析，他们使用了基于词汇插入而定义的阻断。这一分析的精髓与本节之前的讨论是相互衔接的：即与 *\*leav-ed* 和 *\*lef-t-ed* 这样的形式不能被推导出来（因而无需被阻断）一样，*\*gloriosity* 从一开始就不能被推导。

首先，在一个基于词根的理论中，如 *glory* 这样的简单名词（"nominal"一栏）内部是复杂的；它由一个词根和一个 *n* 语素组成：

（47）*glory*-ϕ

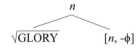

有了这种分析名词的方法，对于（不合语法的）抽象名词 *\*gloriosity*，我们可以考虑两种不同的结构。第一种结构，如（48）所示，是（47）所讨论过的那种简单名词。第二种结构则是从形容词衍生而来的名词，如（49）所示：

（48）简单名词　　　　　　　　（49）由形容词衍生的名词

为了辨明为什么 *gloriosity* 不能从以上结构中推导而出，有必要考 198
察一下与英语语素变体相关的事实，尤其是与中心语 *n* 的实现的相关
事实。

在第一个结构（48）中，中心语 *n* 必须实现为 -*osity* 才能推导出
*gloriosity*。这种分析不能成立。如以上的（47）所显示的那样，在词根
$\sqrt{\text{GLORY}}$语境中的中心语 *n*，在通常（非强调情况下）没有显性的音系；
这就是说，（48）是存在的，但其发音是 *glory*。[4]

如此一来，对 *gloriosity* 而言，能考虑的只剩下如（49）所示的从形
容词衍生而来的名词结构了。词根 $\sqrt{\text{GLORY}}$ 构成一个以 -*ous* 结尾的形容
词，如（50）所示：

（50）*glorious*

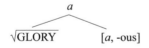

现在突出的问题是，当这个结构按着（49）的思路被 *n* 名物化时，发
生了什么。

为了回答这个问题，有必要仔细地考察中心语 *n* 的语音实现项 -*ity* 的
分布情况，因为它构成了 *gloriosity* 的一部分。如（51）的第一个词汇
项所示，当 *n* 与许多不同的语素（既有词根，也有功能中心语）相邻时，
-*ity* 可以实现 *n*。出于比较的目的，在此也把 -*ness* 这个没有如上语境条件
的词汇项的语音实现项在（51）中显示出来。

（51）*n* 的两个词汇项

$n \leftrightarrow$ -*ity* / { $\sqrt{\text{SOLEMN}}$ , $\sqrt{\text{CURIOUS}}$ , ...[*a*, -*able*]...} $\frown$ __

$n \leftrightarrow$ -*ness*

词汇项 *-ity* 的语境条件包括许多词根。当 *n* 与这些词根附接时便形成 *-ity* 型名词，即（52）：[5]

199 （52）形容词 *solemn*　　　　　　　　（53）名词 *solemnity*

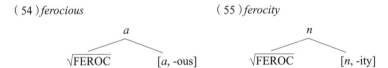

目前为止我们已经确定，实现为 *-ity* 的词汇项对中心语 *n* 的应用只能发生在高度受限的元素的语境中，如（51）所示。回到 *\*gloriosity* 中来，一个重要的观察是，*-ity* 可插入的列表中不包含实现为 *-ous* 的中心语 *a*；这一点在诸如 *ferocious* 和 *ferocity* 这样的形式中尤为清晰。下面的例子显示，在形成抽象名词时，*-ity* 附加于词根：

（54）*ferocious*　　　　　　　　　　（55）*ferocity*

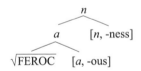

当（54）中的形容词通过添加中心语 *n* 而被名物化时，其结果不是 *\*feroc-ios-ity*。相反，这个结构的读音是 *feroc-ious-ness*，如（56）所示：

（56）*ferociousness*

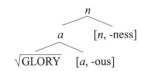

对（56）可做的一个重要观察是，这个结构与（49）中所介绍的 *\*gloriosity* 的可能来源的结构完全一致。对于为什么 *\*gloriosity* 不能从一个 *n* 附加于 *a* 之外的结构中衍生，我们现在有了一个答案：这种结构产出 *gloriousness*，下面的（57）显示了词汇插入后该结构的定类中心语：

200 （57）*gloriousness*

*n*
*a*　　[*n*, -ness]
√GLORY　　[*a*, -ous]

　　把以上讨论的不同部分综合起来，可以得出如下要点。我们的任务——正如本节之初所简要介绍的——是推导出一套事实分析方案来解释阿罗诺夫（1976）所说的词与词之间的阻断，但却把阻断局限于词汇项之间的互动。以此为背景，本节阐述的分析把重点放在 *gloriosity* 可能有的两种结构上，一种是基础名词 [$\sqrt{\text{GLORY}}$ *n*]，另一种是（由形容词）派生的名词 [[$\sqrt{\text{GLORY}}$ *a*] *n*]。

　　在第一种结构中，中心语 *n* 实现为 -*ϕ*；假设 *n* 在此结构中的实现项不能为 -*osity*，那么 *gloriosity* 就不能被推导出来。至于第二种结构，[[$\sqrt{\text{GLORY}}$ *a*] *n*]，焦点则在插入 -*ity* 的词汇项上。当中心语 *n* 处在发音为 -*ous* 的中心语 *a* 外层时，该词汇项不能应用于 *n*。反之，实现为 -*ness* 的词汇项可在此语境中进行插入，因为实现为 -*ity* 的词汇项只能在特定语素列表的语境中才能得到应用。因此可以推断，*gloriosity* 并不是 [[$\sqrt{\text{GLORY}}$ *a*] *n*] 这一底层结构的产物，*gloriousness* 才是。

　　如此，综合地看，我们的分析为合乎语法的形式（*glory*，*glorious*，*gloriousness*，等等）提供了结构和词汇项。不仅如此，它还不推导出不合语法的形式。关键的是，本分析只依据应用于语素的词汇项之间的互动便做到了这点，这也就是说，它不涉及用一个词去阻断另一个词。

　　阿罗诺夫所讨论的语料如何全面分析，基于语素的阻断和基于词的阻断相互之间应该如何比较，对这些问题要说的事情还有很多。除此之外，在此概述的分析有许多蕴涵值得仔细考虑。[6]若想了解对这些事情的更为详尽的讨论，以及为何基于语素的阻断优于基于词的阻断，见恩比克和马兰茨（2008），恩比克（2010a）。

## 7.5　非词缀形态和阻断

在结束本章之前，我想介绍一个话题，初看它给基于语素的形态学带来了挑战。本书的之前部分重点关注语素以及它们通过词汇插入而获得的音系实现。然而，即使从对"形态学"最粗略的描述也可以清楚地看到，在语言的这一部分中起作用的还有其他的现象。尤其是，很多语言都有被（描述性地）称为**非词缀**（non-affixal）或者**非连续**（non-concatenative）的形态变化。非词缀形态经常，尽管不总是，以改变特定形态语境中音系表征的形式出现。举一个具体的例子，在前面的很多地方，我以英语的过去时形式为测试案例，用于演示词汇插入的机制。对该系统的最近一次考察是在本章的第 7.4 节，该分析中所使用的词汇项如（58）所示：

（58）词汇项

      a. T[+past] ↔ -t/ { $\sqrt{\text{BEND}}$ , $\sqrt{\text{LEAVE}}$ , ...} ⌢ __

      b. T[+past] ↔ -φ/ { $\sqrt{\text{HIT}}$ , $\sqrt{\text{QUIT}}$ , ...} ⌢ __

      c. T[+past] ↔ -ed

尽管（58）正确地判断了英语过去时语素 T[+past] 不同的实现形式，但是这种分析没有考虑诸如 *gave* 和 *sang* 等等之类的形式。根据标准的说法，动词 *give* 和 *sing* 在过去时中表现出**词干语素变体**（stem allomorphy）（又称**词干交替**，stem alternation）。这便是统称为"非词缀形态变化"中的现象之一。

在 *sang* 中所看到的词干语素变体仅是非词缀形态类型的一种。从跨语言角度，其他现象，如闪语中的**模板**（templatic）效应（可回看第二章对阿拉伯语的简要讨论），也属于广义上的这种形态音系变化。然而，本节的研究目标比较有限：说明像分布式形态这样的理论为什么会认为，许多类型的词干语素变体不是由词汇插入推导出来的，而是音系操作的结果。重要的是，这部分的理论是基于非词缀形态与阻断相关的表现，因而可以直接从上一节的讨论中推断出来。

202    在下一小节中，我会先概述一个对 *sing/sang* 交替类型的分析方案（第 7.5.1 节），接着考察为什么把这类非词缀形态与基于语素的词汇插入等量齐观、做相同处理是有问题的（第 7.5.2 节）。最后，第 7.5.3 节对（形态）音系规则与词汇插入之间的关系发表一些一般性的评论，以此作为总结。

### 7.5.1 对非词缀变化的分析

为了把（58）的分析加以扩展，覆盖 *sang* 等这类现象上，有两个主要的事实需要得到解释。第一个事实是，实现为 *-ed* 的默认词汇项不会应用于 $\sqrt{\text{SING}}$；从 \**sing-ed* 不合语法（\**sang-ed* 也同样）这一事实，可以清楚地看到这一点。第二个需要解释的事实是词干的形式（**词干在此被描写性地用于指"词根的音系形式"**）：也就是说，我们的分析必须阐明词根 $\sqrt{\text{SING}}$ 在现在时实现为 *sing*，而在过去时实现为 *sang*。

哈利和马兰茨（1993）对这两种类型的效应做出了详细的讨论，也是现在分布式形态学中的标准分析，其原因将在下面的第 7.5.2 节中讨论。他们认为，对 *-ed* 形式的阻断和从 $\sqrt{\text{SING}}$ 产生出 *sang* 是两个不同机制作用的结果。第一个机制，即阻断实现为 *-ed* 的词汇项的机制，是词汇插入。具体地说，$\sqrt{\text{SING}}$ 在词汇表中被注明采用实现项为 *-ϕ* 的过去时：

（59）词汇项

    a. T[+past] ↔ -t/ { $\sqrt{\text{BEND}}$ , $\sqrt{\text{LEAVE}}$ , ...} ⌒ __

    b. T[+past] ↔-ϕ/ { $\sqrt{\text{HIT}}$ , $\sqrt{\text{QUIT}}$ , $\sqrt{\text{SING}}$ ...} ⌒ __

    c. T[+past] ↔ -ed

把（59）添加到（58）中的词汇项上会产生 \**sing-ϕ* 作为 $\sqrt{\text{SING}}$ 的过去时形式。这也正是用得上本分析第二个部分的地方；词根 $\sqrt{\text{SING}}$ 不仅在词汇表上中被注明采用实现项为 *-ϕ* 的过去时，它也在另一份列表（或一系列列表）上，其中的元素触发**重新调整规则**（readjustment rules）。这些规则由某些语素触发，或者被标明只应用于某些语素，而非其他语素。

*sing/sang* 交替的情形如下。出于方便，假设 $\sqrt{\text{SING}}$ 的音系底层表征与 *sing* 的表层形式相同，由过去时语素 T[+past] 触发的一条重新调整规则（或一系列这种规则）会把词干元音变成 /æ/。除了过去时的触发条件之外，这条规则还必须清楚地标明它只能应用于某些词根，而非其他词根。对于 *sing/sang* 交替所涉及的确切的音系细节，我在此保持中立，因为这个交替可以用许多方式来分析（其中的一种见哈利和莫哈南 1985）。

不仅如此，我们也无需假设底层表征就是在 *sing* 中看到的那个。重要的是，这个分析将 T[+past] 的词汇插入与词根$\sqrt{\text{SING}}$的音系变化分离开来，总结为（60）：[7]

（60）*sang* 的推导

    a. 结构

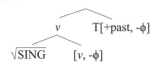

    b. 重新调整规则：以 T[+past] 触发的规则改变在词根$\sqrt{\text{SING}}$中元音的音系表征。

因为重新调整规则在执行音系操作时动用形态信息，因此它们有时被称作是**形态音系**（morphophonology）规则。

### 7.5.2 部件，过程，阻断

上一小节所概述的分析用两种不同的机制来解释 *sang* 的推导：词汇插入负责默认形式 *-ed* 的缺席，重新调整规则负责词干形式的变化。隐藏在这个分析之后的思想是，基于语素的词汇插入和（至少这一类的）形态音系变化是由语法中不同的操作实行的。本节就来考察一下做出这一区别的动因。

首先，值得强调的是，这些动因都是经验上的，而不是概念上的。在其他条件相等的情况下，仅用一种而不是两种机制来处理所有广义上的"形态实现"，表面上更加简洁。实际上，这种类型的论证在无语素（non-morpheme）的理论，如安德森（1992）所阐述的那种理论之中起着重要的作用。为了回应安德森的方案，哈利和马兰茨（1993）主张，把基于部件的词汇插入和非词缀变化截然分开，这对于理解阻断效应在语法中的运作是至关重要的。因此，他们认为，用一种机制处理所有类型的形态，尽管从简约性角度看具有明显的概念吸引力，但却是有问题的。

论证词汇插入与重新调整规则的区别要分几个步骤进行。核心的观点是语素的实现与非词缀形态的实现不相互阻断，因而应该用不同的机制处理。

需要确定的第一点可以用 *sing/sang* 来阐释。仅看这个动词，或许会显得正是词干的变化阻止了 *-ed* 的实现。一个把词汇插入和重新调整规则当作两个独立效应的理论就不能做出这样的陈述。然而，不对这两者做区分的理论却**可能**做到这一点。特别是，这种理论可以说是 *sang* 中的词干变化阻断了预期过去时 *-ed* 形式的实现。简略地说，这会需要一个如（61）所示的词汇项：

（61）T[+past] ↔ <stem change> / { √SING , √RING , ...} __

有两个论点反对这类分析——一个的蕴涵相对有限，另一个的蕴涵则相当广泛。

有限的论点如下所述。假设我们发现在每个语言中，预期的、默认词缀（如过去时中的 *-ed*）的不出现会伴随某种词干变化的规则。从表面上看，这像是支持把词缀和非词缀形态做相同处理的证据；也就是说，可能有证据表明，诸如 *-ed* 等默认形式之所以不出现，是因为词干的变化阻断了它们。但是，即便在英语的过去时中，也没有多少理由相信事情就是这样的。例如，像 √HIT 这样的动词以 *-φ* 作为实现 T[+past] 的词汇项（*hit-φ*）。在这些动词中，不存在词干的变化来阻断过去时中的 *-ed*，但是 *-ed* 仍然不能出现。复数系统也同样如此。在一些不规则的复数形式中，预期的 /-z/ 没有出现，但却存在词干变化：*mouse/mice*（老鼠）就是其中之一。但在其他一些形式中，既找不到 /-z/ 也找不到词干变化：如 *moose/moose*。总体来看，这些事实说明词干变化不总是阻断一个"本来是预期的"语素的出现。

上一段所描述的论点尽管具有启发性，但是仍然相对羸弱。它只表明词汇项的阻断并不需要词干的变化。既然，如本书多处所说的一样，我们允许 *-φ* 实现项，那么这一点并不令人惊奇。但是关于语素和非词缀变化如何为阻断而互动的问题，仍然有一些更有趣的事情可说。这就把我们带

205

到了支持区分基于部件的实现和非词缀变化的更重要而且更广泛的证据。与其像上面那样考察非词缀变化是否总是阻断预期的词汇项，倒不如考察非词缀变化与语素的**显性**实现形式是如何关联的。因为原则上非词缀变化可能阻断词缀，反之亦然，所以相关问题可以有两种陈述方式，即（62）：

（62）问题

    a. 由特征 X 触发的非词缀变化必然阻断词缀 X 的显性实现吗？

    b. 由词缀实现语素 X 的必然阻断 X 触发的非词缀变化吗？

如果（62）中的问题的答案是肯定的，那就意味着语素和非词缀变化总是相互阻断。而这将是支持由单一机制处理它们的强有力的证据。鉴于这个原因，（62）中的问题在哈利和马兰茨（1993）对安德森（1992）单机制理论的批评中起到了至关重要的作用。特别是，哈利和马兰茨提出，有许多有力的证据可以证明非词缀变化和词汇插入并不互相阻断。继续以英语的动词（和分词）为例，他们的观点可以从如下事实看出来：许多词根的过去时和分词形式既表现出词干变化，又拥有显性的词缀：

（63）tell，tol-d

      freeze，froz-en

      break，brok-en

206 在上面阐述的理论中，这种"双重标记"的现象可以得到直截了当的解释——词汇插入负责诸如 T[+past] 语素的实现，重新调整规则负责非词缀变化。首先，词根 $\sqrt{TELL}$ 不在 T[+past] 实现的任何列表中，因此被拼读为（默认的）-ed。此外，词根 $\sqrt{TELL}$ 处在触发重新调整规则的列表之中，因此在 T[+past] 的语境中产出 tol。既然这两个改变——-ed 的插入和词干从 tell 到 tol——是两个不同的语法操作的结果，那么也不应期待它们互相阻断。另一方面，对不区分词汇插入和词干变化的理论而言，如（63）所示的双重标记是出乎意料的——如果它们用同一种机制来处理的话，那么其中的一个变化应该阻断另一个的变化。[8]

如哈利和马兰茨所强调的那样，当我们把词汇插入与重新调整规则区分开来的时候，实际上有两个关于阻断的概括可以得到解释。尽管词缀和非词缀变化有时候共现（如 *froz-en*、*tol-d* 等），有时候不共现（如 *sang*、*broke* 等），但是词缀与词缀之间互动的模式却是清晰的：语素在填音之后会阻断对该语素的进一步填音。这一点在第 7.4 节介绍阻断效应时做过详细的讨论。在那里，我们说明了在 $\sqrt{\text{LEAVE}}$ 的语境下，对过去时语素 T[+past] 插入 *-t* 如何阻断了 *-ed* 的插入。这种部件之间的阻断并不是零散的，相反却是完全普遍的。那么，把这些不同的讨论综合到一起，需要解释的关键概括可以总结为（64）：

（64）有关阻断的概括：

　　a. 基于部件的插入阻断基于部件的插入；但是

　　b. 基于部件的插入和非词缀变化不相互阻断。

鉴于本节和上节所阐述的理由，上述两个概括在一个采用不同的操作来处理词缀和非词缀形态的理论中（分布式形态学中的词汇插入和重新调整规则）可以得到原则性的解释，但在一个回避这两者区别的理论中却不可以。

### 7.5.3 非词缀形态：总结

词汇插入和重新调整规则可以分别解释词缀性和非词缀性形态，这个观点已经在若干不同的方向上得到了探讨。尽管这两种形态的区分经常是直截了当的，但有许多看上去是"非词缀性的"交替用词汇插入也可以得到很好的处理。在这个领域更深入的研究，有一个方向涉及的问题是：什么标准能用于确定某个具体的交替应该采用词汇插入来处理，还是采用重新调整规则来处理。

阿拉瓦克语言（Arawakan）中的泰雷诺语（Terena）为我们当下讨论的问题提供了一个很好的例证（埃克达尔和格兰姆斯（1964），阿金拉比（1996，2011），沃尔夫（2006））。在这个语言中，第一人称单数一致的实现采用鼻音化的形式，而鼻音化从左至右扩散，直到被阻塞音阻止（第一栏展示的是第三人称单数形式，这种形式并不需要鼻音化）：

207

（65）泰雷诺语的第一人称单数鼻音化形式

| 3 单 | 1 单 | 注解 |
|------|------|------|
| arıne | ãr̃ĩnẽ | '疾病' |
| emoʔu | ẽmõʔũ | '老板' |
| owoku | õw̃õ$^n$gu | '房子' |
| iwuʔıʃo | ĩw̃ũʔĩ$^n$ʒo | '骑' |
| takı | $^n$daki | '胳膊' |
| paho | $^n$baho | '嘴' |

在其他人称和数量的组合中（例如第一人称复数），一致实现为一个前缀。这个观察与鼻音化从左至右扩散这一事实高度契合，因而可以假设如（65）所示的结构可以表现为（66），其中一致语素是前缀：

（66）Agr-[Noun/Verb]

有了以上的观点，现在能够说明为什么对第一人称单数一致语素可能有两种分析方案：一种把鼻音化效应归结于重新调整规则，而另一种则归结于词汇插入。

先从第一种分析开始，该分析首先认为，这个语法系统拥有一个把第一人称单数一致语素实现为 $\phi$- 的词汇项，如（67）所示。然后，由 Agr[+1, -2, -pl] 触发的重新调整规则会把鼻音应用于一致语素的右边。这种分析与之前对的 *sang* 分析颇为类似。

（67）[+1, -2, -pl] ↔ $\phi$-

第二种方案则不用重新调整规则，而仅使用词汇插入。这种分析假定，第一人称单数一致语素的实现项是一个自主音段：

（68）[+1, -2, -pl] ↔ [+nasal]

这个悬浮的 [+nasal] 特征，处在一致语素的（前缀性）位置，随后受到音系操控，从而产生了如（65）所见的分布。（这种操控可能涉及一条规则，与第一个方案所需的重新调整规则相同）。

在这两种方案做出抉择并非易事。第一种分析所采用的工具也为他处所需，因为，正如在上面对英语例子的讨论中所看到的那样，重新调整规则和词汇插入均有独立的动因。特别是上面讨论过的双重标记，如 *tol-d*

208

在对 *sang* 的处理中，有可能为 T[+past] 语素插入某个自主音段，以此（i）推导出 *sang*，（ii）阻断 *-ed* 的插入。但对诸如 *tol-d* 这样双重标记的形式，用这种方式来推导出词干变化则是完全不可能的，因为该词干变化的发生与 T[+past] 的默认实现项 *-ed* 的存在是并行不悖的。

第二种类型的分析，如（68）所示，仅采用词汇插入，因此，根据至少一个指标，比第一种更加简洁。然而，它同时允许词汇项的实现项是自主音段，而不是把实现项局限于更大的客体，这就构成了对理论的一个修正，而这值得谨慎的调查。需要有更多的研究才能确定不同理论对可能的实现项所做的预测，也才能确定这些预测中的哪一个是正确的。

本节的讨论中存有争议的一个带有普遍性的问题是：在哪里划出词汇插入和（形态）音系之间的分界线。这个问题在当下的研究中是一个重要的话题（可回顾第 7.2.3 节）。虽然目前还不能达成共识，但我希望以上的讨论足以阐明，在这部分理论中什么是至为关键的。[9]

## 7.6 总结

语境语素变体和阻断是形态学理论中两个最重要的话题。它们相互关联，因为语境语素变体的一个方面是：在一个特定环境中，一个赋值更充分的词汇项必须胜过——即直觉意义上的"阻断"——较不充分赋值的竞争者。基于这种初始的连接，本章以语素为中心构建了一个语境语素变体 209 和阻断的理论。

对于语境语素变体，语素发挥着核心作用，因为它是词汇插入操作的目标。在第 7.3 节呈现的语境语素变体的具体理论中，自然语言中语素变体的模式由三个独立条件的互动制约。条件（C1）规定，语素之间只有活跃在相同的循环性区域内才能互动，从而产生语素变体，而循环性区域取决于基于语段的句法结构的拼读。条件（C2）为语境语素变体添加了一条音系式专用的线性要求，从而把语素之间的互动进一步限制在串联的语素之中。最后，在本章中陈述为（C3）的思想，即词汇插入由里向外进行，限制了词汇插入时可见的信息类型，从而能够预测存在于音系制约的和语法制约的语素变体之间在方向上的不对称性。尽管这些独立的条件可以有不同方式的修改，或者结合或者分开，从而产生不同的预测，但最重要的思想是，一个正确的语境语素变体理论应该把语素（而不是其他任何客体）处理为音系实现的基本客体。

对阻断效应的分析与上述思想一脉相承。在第 7.4 节中所介绍的理论中，我们假设语法中的阻断效应仅仅源自词汇项之间的互动。既然词汇项只应用于语素，这就意味着语素是能够表现阻断效应的唯一客体，词与词或者词与词组之间的阻断因此是不存在的。

阻断除了引发出语素是阻断效应的所在地的假说之外，还为揭示非词缀变化的本质提供了至关重要的信息。如第 7.5 节所讨论的那样，非词缀形态变化不阻断词缀，反之亦然。这个观察为分布式形态学的一个重要区别提供了核心证据：该区别存在于词缀实现和非词缀性形态变化之间，前者由词汇插入处理，后者则由重新调整规则处理。

简而言之，本章讨论的两个主要现象汇聚到把语素作为最重要的分析单位，从而呼应了本书的中心主题。

# 第八章

# 结论

对于语法是如何组织的这个问题，一个常见的想法认为句子由词构建，而词由语素构建。本书所阐述的理论换了一个视角：句子由语素构建，而词（如果我们需要这个概念的话）由句法结构构建；也就是说，词反映了语素组合的特定方式。

本书所阐述的观点以语素为中心，认为语法中有两种类型的语素：词根和功能语素。本书的主要重点是，声音和意义是如何依据语素而有了关联，特别关注的是功能语素与词项插入。

声音、意义和结构之间的相互作用构成了语素理论**独一无二**的根本性问题。本书的核心是这种相互作用中的两类现象——语素变体与合形，它们显示声音与意义的联系并不总是一一对应的。语素变体之所以是对"一一对应"理想状态的偏离，是因为它显示了单个的句法语义客体可以实现为几个语音上不相关联的实现项，即异干型语素变体。合形之所以是对"一一对应"理想状态的偏离，是因为它显示了单个音系实现项可以实现不同的句法语义特征。

循着第一章勾勒出的总体直觉，本书的目标是呈现本理论的基本特性，即在默认的情形中声音与意义的联系是透明的，但本理论有足够的灵活性，允许有限地偏离一一对应的理想状态，从而能够以有限制的方式构建出有关语素变体和合形的理论。词汇插入操作通过提供一个为语素添加音系表征的机制而行使了这一功能，该操作在第四章中占据核心地位并在后续各章得到阐述。因为词汇项对目标语素而言可以是不充分赋值的，所以它们能够解释合形；又因为词汇插入发生在音系式，而此时语素已经被组合成复杂的客体，所以语境语素变体可以依据不同类型的局域性条件加以研究，而局域性条件（循环性语段，线性化）又是句法和音系式的组成部分。

212　　除了词汇插入，本书在讨论过程中还引入了其他一些理论元素（如第六章考察的贫化规则）。不过，在本书中，有关词汇插入范围的一些问题没有获得解决，尤其是，它是否应用于所有语素（包括词根），或是只应用于功能语素，还是只能应用于某部分的语素？对于这些话题（和一些在前面出现的相关话题），我的目标不是尝试提供一个确定的论据来支持某一个或另一个观点。相反，我试图为理解这些重要问题而提供一个充足的理论和事实语境，以便有兴趣的读者可以了解现在的议题是什么，并引导他们注意这些领域中活跃的原始文献。我之所以没有尝试为这些问题提供强有力的结论，原因之一在于，本书的中心话题——词汇插入，及其与合形和语素变体之间的关系——与相关现象的若干辅助理论是兼容的，而我在此的意图并不是构建一个完备的理论，囊括所有的这些现象。

我的愿望是，通过概要叙述语素理论的核心特性，并通过对附带问题采用开放策略，本书能够对这部分语法理论的更深入的研究起到促进作用。同样我希望，除了帮助读者理解如何用本理论去做事情，本书还能帮助他们以建设性的方式去消除这个理论（重做这个理论，最好是胜过这个理论）。一个活跃理论的每一个方面都会遭到不断的质疑和反复的检验；如果我在此呈现的东西引发了理论的革新与改变——即使这意味着从根本上改变或者否定我现在认为是最核心和最正确的部分——那就证明了本书存在的价值。

# 附　录

# 裂化与融化

## A.1　引言

分布式形态学早期的研究引入了两种类型的规则，对词汇插入目标语素的数量产生了影响（可重点参阅努瓦耶（1992），哈利和马兰茨（1993））。其中一种规则叫做"**融化**"（fusion），它把两个语素合成一个，另一种规则叫做"**裂化**"（fission），它从一个语素中创造出两个。粗略地说，设立这些规则的动因来源于以下两种不同的情景：

（1）两种类型的错配

    a. **案例 1**：形态句法的分析驱动了两种不同语素的设立，*X* 和 *Y*。然而，在 *X* 和 *Y* 特征赋值的某些特定组合中，表层上没有两个不同的实现项来实现 *X* 和 *Y*。相反，*X* 和 *Y* 好像有一个"混合"的实现，而不是期待中的独立实现。⟹ 这种情形驱动**融化**。

    b. **案例 2**：形态句法分析驱动了单一语素 *X* 的设立，它携带 [±α] 和 [±β] 特征。然而，在特征赋值的某些特定组合中，表层上存在两个（或者更多）不同的实现项，对应不同的特征 [±α] 和 [±β]。⟹ 这种情形驱动**裂化**。

我将在 A.1 和 A.2 节中为融化和裂化规则举出一些简单的示例。这些规则富有争议，有一个问题是它们的效应能否被归结到某个有独立动因的机制之中（见特罗默尔（1997）等）。既然我在此的意图是初步介绍这些规则的作用是什么，以此作为原始文献的导读，那么我在此将不详细论述它们有无可能简约到其他机制的问题。

## A.2　融化

在词汇插入之前将语素加以融化的规则是哈利和马兰茨（1993）率
214 先讨论的。如上面案例 1 所述，在特定的环境中（即局域语素上的特征
组合），当看上去应该是两个不同的语素却被压缩为一个时，便发生了融
化。当然，只有当存在实质性动因设置两个不同的语素时，这类操作的必
要性才清晰可见。举一个例子会让以上观点更加准确。

拉丁语动词一致语素的实现以复杂的方式与语态相互作用。动词
*laudāre* '赞扬'在陈述语气下的现在时和过去时形式如（2）所示；在被
动式形式中，我们暂时不切分一致成分和被动成分（即 [+pass] 特征）：

（2）动词 *laudāre* '赞扬'的现在时陈述语气主动和被动形式

| 人称 / 数 | 主动语态 | 被动语态 |
| --- | --- | --- |
| 1 单 | laud-ō | laud-or |
| 2 单 | laud-ā-s | laud-ā-ris |
| 3 单 | laud-a-t | laud-ā-tur |
| 1 复 | laud-ā-mus | laud-ā-mur |
| 2 复 | laud-ā-tis | laud-ā-minī |
| 3 复 | laud-a-nt | laud-a-ntur |

这里的许多词尾都有共同的部分，因此，描述性地说，被动形式给主
动形式添加了一点东西。特别是，当与一致语素通常的实现项（用粗体展
示）共同出现的时候，[+pass] 看起来通常实现为 *-r*，如（3）所示：

（3）主动与被动

　　1 单被动：**-o**-r ；　　主动：*-ō*

　　2 单被动：*-ri*-**s** ；　　主动：*-s*

　　3 单被动：**-t**-ur ；　　主动：*-t*

　　1 复被动：**-mu**-r ；　　主动：*-mus*

　　2 复被动：**-minī** ；　　无主动对应形式

　　3 复被动：**-nt**-ur ；　　主动：*-nt*

（-r 的形式还有额外一些复杂情况。例如，从线性来看，第二人称单数形式 laud-ā-r-is 展示出被动语态的部分 -r- 处在一致语素的左边。我先搁置这些情况，因为它们不影响有关融化动因的主要观点。）

这些共同的部分（-ō，-s 等等）表明在被动语态中，词汇插入一般是把一致语素和 [+pass] 语素当作不同的目标的。例如，第一人称单数被动形式的结构如（4）所示，其中的主干元音被处理为 v 的实现项，并且省略掉现在时语素（在 laudor 的形式中，主干元音在音系中被删除）：

（4）动词结构

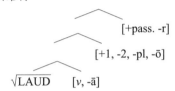

[+pass. -r]

[+1, -2, -pl, -ō]

√LAUD    [v, -ā]

其他的人称和数量的组合也可以做类似处理，只有一个特例：在第二人称复数形式中，被动的 -minī 和主动的 -tis 没有关系；不仅如此，出现在系统大多数地方的被动态默认形式 -r 在这里缺席了。因而，虽然其他的每个一致形式在主动形式中都包含 -r，但是第二人称复数被动形式似乎仅实现为一个单一的实现项 -minī。

Agr 和 [+pass] 在拉丁语中的相互作用属于（1）中的案例 1。有充足的动因把 Agr 和 [+pass] 设置为两个独立的语素，因为它们可以在大多数系统中出现，而且在大部分的人称／数量组合里实现为独立的客体。然而，在一个特定的特征组合里，它们显然被实现在一起，从而实现项为 -minī 的词汇项既阻断被动态的实现项 -r-，也阻断了实现第二人称复数一致语素的实现项 -tis。

在机制上，通过**在应用词汇插入之前**合并两个语素的特征，融化从两个语素中创造出了一个（携带一个 Q 位置）。负责融化第二人称复数一致语素和 [+pass] 的规则如（5）所示；就局域条件而言，可以假设，两个语素必须串联，然后才能融化：

（5）拉丁语的融化规则

$[-1, +2, +pl, Q] \frown [+pass, Q] \rightarrow [-1, +2, +pl, +pass, Q]$

规则（5）的产出是一个语素，其特征是规则左边两个语素的总和。经融化产生的语素只有一个 $Q$ 位置，这也吻合第四章所述的普遍性假设——一个语素只能拥有一个 $Q$。

融化规则一个重要的方面是，它们在词汇插入之前应用。通过合并来自两个语素的特征，融化规则允许插入一个高度赋值的词汇项，其特征来自于每个被融化的语素。关于对（3）的分析，词汇表应该包含如（6）所示的词汇项：

（6）词汇项

$[+2, +pl, +pass] \leftrightarrow$ -minī

$[+2, +pl] \qquad \leftrightarrow$ -tis

$[+pass] \qquad \leftrightarrow$ -r

在（6）中，能够应用于融化节点的赋值最充分的词汇项是第一个，它插入 -minī。该词汇项既阻断了实现为 -tis 的词汇项，也阻断了实现为 -r 的词汇项，所以，以牺牲两个预期的语素为代价，出现的是一个特殊的（"混合"）的语素。

## A.3　裂化

努瓦耶（1992）提出了语素"分离"（splitting）规则，作用在一些方面与融化规则相反。在哈利和马兰茨（1993）中，这种规则被称为**裂化规则**。

简洁地说，裂化的效应可以如下演示。假设我们有一种语言，它的动词表现出对人称、数量和性的一致特征（ $\pm P$ ， $\pm N$ ， $\pm G$ ）。不仅如此，有理由进一步假设这些特征来自一个单一的语素（即一致语素），如（7）所示：

（7）Verb-Agr $[ \pm P, \pm N, \pm G]$

裂化规则以一个单一语素（如（7）中的 Agr）为目标，并将其分离为两个语素。例如：

（8）裂化规则

Agr[±P, ±N, ±G] → Agr[±P, ±G], Agr[±N]

有一个重要的问题，涉及裂化规则和词汇插入的顺序孰先孰后。设立裂化规则的早期文献（努瓦耶（1992），哈利（1997），哈利和马兰茨 217（1993））所持的观点一般是：语素先经历词汇插入，然后裂化规则应用到"剩下的"特征，即那些未受词汇插入首次应用影响的特征。（鉴于这个原因，裂化规则经常与一个特征删除或插入释放的理论相配合；可回顾第四章的讨论）。然而，驱动这类"交错的"（unterleaved）裂化的现象过于复杂，难以在此演示；感兴趣的读者可以查阅原始著作。

出于演示的目的，我将举一个裂化规则先于词汇插入应用的例子，因为这已经足够说明这类规则的基本特性。

哈利（1976a，b）和帕茨（1991）为我们提供了一个有关格屈折的案例——澳大利亚语言中的雅加布卡语（Djabugay）；在此呈现的分析可参阅恩比克（2010a）。跟澳大利亚的许多语言一样，雅加布卡语在附着在名词的格词缀上展示出大量的音系制约的语素变体。我们在这里特别关注的是属格和与格，如（9）所示。其中，属格在元音后面和辅音后面分别实现为 *-:n*（冒号表示它延长了之前元音的发声）和 *-ŋun*。与格词缀也以相似的方式进行交替；实际上，它似乎实现为属格的实现项，加上一个不变的 *-da*：

（9）雅加布卡语的属格和与格

| | 格 | 形式 | 语境 | 例子 | 注解 |
|---|---|---|---|---|---|
| a. | 属格 | -:n | V__ | guludu-:n | '鸽子' |
| | | -ŋun | C__ | gaɲal-ŋun | '巨蜥' |
| b. | 与格 | -:nda | V__ | yaba-:nda | '哥哥' |
| | | -ŋunda | C__ | ganaŋgirray-ŋunda | '弟弟' |

像上一段末尾所说的那样，与格形式的内部看起来是复杂的：*-:n-da*

和 *-ŋun-da*。如果与格形式不这么分解的话，我们就会错过这样一个概括，即与格的第一部分和属格是相同的。

裂化规则在分析这些形式中起到的作用还需在其他假设的帮助下才能显现出来。根据雅加布卡语的特性（特别是基于其他格的形式，在此没有显示），这个语言的名词似乎携带一个单一的格语素：Noun-CASE。如第六章所提到的那样，有关格的形态句法理论假设，像"属格"和"与格"这些格的标签都是一些语素组合的简略缩写，如（10）所示（来自哈利和沃克斯（1998））：

（10）分解属格和与格

|  | 属格 | 与格 |
|---|---|---|
| obl(ique) | + | + |
| str(uctural) | + | + |
| sup(erior) | - | + |
| free | + | + |

从（10）可以看出，属格和与格语素共享大量的特征：它们只在 [±sup] 的赋值上有所不同。

为了推导出如（9）所示的事实，我们需要考虑两种情形。第一种情形涉及我们所谓的"属格句法"，即该格语素携带如（10）中"属格"一栏所示的特征。第二种需要考虑的情形则是"与格句法"，即该格语素拥有如（10）中"与格"一栏所示的特征。

从裂化的角度，最引人入胜的是第二种情形。如在对（9）的上述讨论中所提到的那样，在与格中需要解释的事实是：属格中的实现项（*-:n* 或 *-ŋun*）只有在被 *-da* 尾随的情形中才能出现。考虑到这一点，可以设置一项**与格裂化**（Dative Fission）规则，如（11）所示，它应用于与格语素，创造出分别接受词汇插入的两个语素：

（11）与格裂化：[+obl, +str, +sup, +free] → [+obj, +str] [+sup, +free]

如（11）所示的语素被（12）中的词汇项实现：

（12）词汇项

    [+obl, +str]  ↔ -:n  / V__

    [+obl, +str]  ↔ -ŋun / C__

    [+sup, +free] ↔ -da

对（11）之中的第一个语素而言，（12）中赋值最充分的是那些参照 [+obl, +str] 的词汇项。因此，根据不同的音系语境，第一个语素可以实现为 *-:n* 或 *-ŋun*。至于第二个语素，它是裂化的产出，拥有 [+sup, +free] 特征，由最后一个词项实现为 *-da*。 219

至于属格句法，其格语素最初携带的特征是 [+obl, +str, -sup, +free]。裂化规则不应用于该语素。对其赋值最充分的词汇项也是（12）中的前两个；因此，属格句法产生出一个单一的语素，根据音系语境，分别可以实现为 *-:n* 或者 *-ŋun*。

对这两种格的上述分析可以总结为（13—14）：

（13）第一种格：与格

    a. 格语素：[+obl, +str, +sup, +free]

    b. 与格裂化（11）：[+obl, +str] [+sup, +free]

    c. 对第一个语素的词汇插入：依据音系语境，插入 *-:n* 或者 *-ŋun*。

    d. 对第二个语素的词汇插入：插入 *-da*

（14）第二种格：属格

    a. 格语素：[+obl, +str, -sup, +free]

    b. 与格裂化（11）：不适用

    c. 词汇插入：依据音系语境，插入 *-:n* 或者 *-ŋun*。

在这个分析中有必要运用裂化规则是因为我们假设，在词汇插入之前，名词上只存在一个单一的格语素。然后，裂化提供了一个原则性的、基于机制的方案，可以解释为什么句法上的与格会以两个语素的方式实现。当然，如果有来自其他领域（或者语言）的实质性的形态-句法证据，说明正常情况下，相关类型的"格"实际上就是由两个语素推导而来的，那么裂化就不必要了。

# 注　释

## 第一章　注释

1. 严格来说，音系式并不是特别为声音系统量身定制的，从手语的存在可以清楚地看出这一点。因此，似乎有一部分音系式的计算是足够抽象的，能够将句法表征转换为既可以由手势模态也可以由口头模态执行的表征。因此，手语和口语系统中"形态"的特性相似到什么程度，以及音系式相关事情有什么模态特有的差异，这是具有重大理论意义的问题。在本研究中，我会使用"声音"和"声音与意义的联系"这些说法，但在我心目中，本书阐述的理论框架，作为一个关于形式/意义联系的普遍理论，可以延伸到手语之中。

2. 一个语言的**词表**（lexical vocabulary）和**开放类**（open class）词汇表可能有相当大的重叠，但这两个概念也存在一些互不一致的情形。例如，可以认为诸如 be 和 go 这样的**轻动词**（light verb）属于词表，因为"动词"是传统的词汇范畴。与此同时，这些元素可能不会被假定为是开放类词汇表中的部分；而且它们也肯定不是我们的理论中所说的词根；相反，它们是句法语义特征的丛集（也就是说，它们是功能语素）。对后一个观点的讨论见第二章。

3. 本理论早期的几个版本探讨了这样一个观点——所有语素的音系材料都是在音系式中引入的（参考文献见下）。有一个相关的观点是，尽管我们在此假设词根可能被标注了底层的音系特征，但这些特征是否在句法中可见则是一个悬而未决的问题。经验上讲，问题的焦点在于是否存在任何参照音系特征的（狭义）句法操作；当前理论采用的一个工作假说是不存在这样的句法。与此同时，有一些证据显示，词根的形态变音特征可能可见于一些句法操作，如中心语移位（见恩比克（2000））。这一讨论的其他方面见马兰茨（1995）和恩比克（1997，1998），其中探讨了另一种思想——词根总是迟后填音的（称"**普遍迟后填音**"（Universal Late Insertion））。

4. 这种意义上的"拼读"不同于句法理论中对该术语的使用；在句法理论中，"拼读"指把句法表征送入接口的过程。

5. 构词先于句法的观点对词汇和句法操作的顺序做出了一些预测，沃索（1977）和布瑞斯南（1982）等论著对此做了探讨。这些预测在许多领域还在持续发酵；例如，所谓的形容词性被动式和动词性被动式的区别——对这一区别的分析在沃索的论文中就起着举足轻重的作用。对此问题的一个非词库论的观点见恩比克（2004）。

6. 麦卡锡（1992）的第二章对其中的很多主题做了一个不无裨益的综述。卡斯泰尔斯-麦卡锡追溯了词库论理论的发展脉络，认为它起源于对哈利（1973）在形态学中的早期研究的回应，哈利（1973）提出语法有三张不同的列表，这个主张在词库论理论中得到了不同方式的回应，如杰肯多夫（1975）、阿罗诺夫（1976）、利伯（1980）、迪休洛和威廉姆斯（1987），等等。

7. 可参阅例如平克和普林斯（1988），以及许多与之一脉相承的后续理论，尤其是那些在所谓的"过去时辩论"中（见马斯伦-威尔逊和泰勒（1998））站在"词和规则"这一边的理论（见平克和阿尔曼（2002））。

8. 在一个允许对词根进行词汇插入的理论中，（根据语境语素变体的进一步假设）有可能认为 sang 是词汇项的一部分，在过去时语素的语境中应用于词根$\sqrt{\text{SING}}$。在这个分析中，sing 和 sang 被认为是一例异干型的语素变体，与 go/went 相似。尽管这种类型的分析对于词根所表现出的一些交替（也就是，如果存在真正的词根异干的话）可能不无必要，但对它需格外谨慎。把 sing 和 sang 归为异干现象忽略了它们共享的音系特性。更广泛地说，异干或许应该被处理为"迫不得已"（last resort）手段中的一种；相关的分析可参阅恩比克和哈利（2005），恩比克（2006）。

9. 实际上，尽管在分析拉丁美洲西班牙语时需要如（17）所示的不充分赋值的词汇项，但西班牙语的第二和第三人称复数之间的关联比本文中介绍的分析要复杂得多；可参阅第六章的第 6.3.3 节。

10. 严格地说，以这种方式把音系表征添加给语素的理论，只是实现性理论的一种类型。其他一些实现性理论拥有实现句法语义特征的规则，但不采用语素（如 223 Anderson 1992）。

## 第二章　注释

1. 博内特（1991），哈雷和里特（2002）等研究通过与音系特征表征的类比，探讨了不同类型的特征几何。这些表征旨在解释"自然类别"表现的特殊类型，以及特征之间标记性关系中的模式。虽然句法语义特征的特征几何已经在相当多的形态学研究中得到了应用，但是它们确切的语法地位还存有争论；综述可见哈伯（2010）等。

2. 语类由特征定义的思想在句法理论中有着重要的意义。见乔姆斯基（1970）和大量的后续文献。

3. 对这个思想的不同应用可见博巴利克和瑟拉恩松（1998）、皮尔卡宁（2002）及其所引文献。

对于（4），对"汉语普通话和英语的区别在于是否将 [±1] 和 [±pl] 打包在一起"这个陈述，我做了限定。这是因为如果语义分析更为详备的话，或许可以揭示出它们的数量特征实际上是不同的，从而，举个例子，汉语普通话在"数量"上使用 [+collective]（集合）特征，而英语不使用。

4. 有关双数所涉及的特征，见努瓦耶（1997，1998）和哈伯（2008）。从跨语言角度，双数的特征编码似乎有不同的方式。考虑一下（i），该例来自于藏缅语族的拉祜语（Lahu）（马蒂索夫（2003））：

（i）拉祜语的代词

| 人称 | 单数 | 双数 | 复数 |
|---|---|---|---|
| 1 | ŋà | ŋà-hɨ́-mà | ŋà-hɪ |
| 2 | ŋɔ̂ | ŋɔ̂-hɨ́-mà | ŋɔ̂-hɪ |
| 3 | yɔ̂ | yɔ̂-hɨ́-mà | yɔ̂-hɪ |

这种语言看起来像是给复数"添加"了一些东西，从而推导出了双数。这类模式除了与有关捆绑的问题密切相关之外，还提出了一个问题，即从跨语言的角度，有多少种方式可以推导出"双数"的意义。

224  5. 用传统方式来表述这种区别的话，西班牙语的独词类型叫做**合成式**（synthetic），英语的双词类型叫做**分析式**（analytic）。

6. 有关普遍特征库藏，保守地说，相较于第 2.2 节提到的其他领域的特征（如时态、人称/数量，等等），对定类中心语特征的研究还不够充分。尽管大多数理论似乎都假设有许多不同的特征活跃在这个领域中，但是文献中还没有出现完备的提案。

7. 对这个问题的更多讨论见第七章讨论的概念"修剪"（Pruning）。

8. 除了同形异义是如何从词根与定类语素的互动中产生的问题之外，另一个问题是，当某个词根在一个特定的语法范畴中不被接受时，我们应该如何应对；见第 2.3.4 节。

9. 更多对词根和模板的讨论见阿拉德（2005）及后续研究。对基于词根的表征形式还有大量的（心理和神经语言学）实验文献；代表性的讨论可见普吕内等（2000）。

10. 虽然正文和采用的例子把变音特征当作词根的特性，但这种标记并不只限于词根。例如，在拉丁语中，形容词性或分词性中心语 Asp[pres]，当实现为 -nt 时，其屈折形式是形容词的第三类变格；这种变音信息必须与该功能语素（或可能是它的实现项）相关联。

# 第三章　注释

1. 对这个思想的一些讨论见乔姆斯基（1995：334 ff.）。在乔姆斯基看来，线性顺序似乎在狭义句法或逻辑式中不起作用。

2. 依照标记惯例，在这本书的其他部分里，复杂中心语的非终端节点的标签在树形图中经常被省略。

3. 对"一致语素不是句法客体"这个观点，见伊亚特杜（1990）和乔姆斯基（1995）。

4. 至于无中心语移位的方案，库普曼（2005）和其他学者提出，短语移位（或许因为某种类型的语素音系的"依附"（leaning）而增强了）负责创造形态客体。这类理论需要能够清楚地解释句法结构和音系互动区域之间的关系（见下面的第 3.5 节）。但是，只要词汇插入的对象是语素，则无中心语移位的假设与本书的核心主张是兼容的。 225

5. 换言之，本文所说的标准理论否认所谓的**并出**（excorporation），该操作移出复杂中心语内的下属成分。

6. 严格地说，这些顺序都不可能是（21）的**初始**线性化。可以设想，它们因为某些后来的操作（尤其是**局域变位**，Local Dislocation）以有限的方式改变了这些语素的顺序，所以能够在表层出现；更多示例见第 3.2.3 节提供的文献。还需要注意的是，X 和 Y 可以不同方向进行线性化——X-Root-Y 或者 Y-Root-X——这样同样遵从不交叉条件。

7. 对在此只采用"不交叉条件"这一事实，我做了突出的强调，这是因为不少句法理论的研究已经发展了对线性化的其他制约条件，而这些条件可能与形态相关。例如，凯恩（1994）所提出的"线性对应公理"（LCA），其中一个方面就是，线性化程序不存在跨语言差异，因此层级结构决定了一个普遍的固定的顺序。这种观点因而对立于语言中存在**中心语参数**（Head Parameter）的观点（参阅乔姆斯基和拉斯尼克（1993）及其所引文献）。后者认为，个体语言在如何安排中心语/补足语和其他句法关系的线性顺序时，存在着差异。

8. 相比而言，在一个用某个非句法的部门（例如，词库论理论中的"词库"）来推导复杂词的理论中，短语句法和词缀顺序之间系统性的关系只能通过独立的机制来强行规定，而这些机制又必须强化词内结构和该词出现的句子之间的系统性关系（可见哈利和马兰茨（1993）对乔姆斯基（1993）"核查"理论的回应）。

9. 在分析形容词比较级时，一个并发因素是它们所出现的复杂短语的句法。这进一步引出了一个（31）所抽象出的问题，即 DEG 语素最初是如何附加于形容词之上的。更多讨论见恩比克（2007a）。

10. 还有其他的句法因素能够影响音系表现。有一个恰当的例子涉及语段理论中的循环性区域（即语段），其中的语段似乎也会限制形态和音系的互动。重要的是，语段理论的循环性区域也不对应于非正式概念上的词，因为一个单一的循环区域有时包含好几个非正式意义上词，而在其他情况中一个单一的词有时包含许多个循环性区域；相关讨论见马兰茨（1997）和恩比克（2007a）。

11. 我们很难找到 M 词和音系词之间对应关系的反例；波斯特（1990）讨论了一个潜在的相关例子。

## 第四章　注释

1. 在一些著作中，词汇项被描写成规则。我们现在呈现的形式不赞成这个观点；我们认为，词汇项是储存于记忆之中的客体。正因如此，词汇项才能够与诸如频率信息（或者其他心理语言学的重要特性）关联起来，这也是记忆存储客体的普遍特性。初步的讨论可见恩比克和马兰茨（2005），斯托考和马兰茨（2006）等文献。

2. **"所有**功能语素都拥有一个 $Q$ 作为初始的音系表征"这个假设可做进一步修改。例如，在哈利的方案中，只有某些语素才把 $Q$ 当作它们的音系表征。其他语素（那些没有变体的语素；也就是在某个语言中只有一个音系实现形式的语素）不经历类似词汇插入的操作。从经验上讲，相较于认为每一个功能语素都拥有一个 $Q$ 位置的理论而言，哈利的这个观点对词汇插入的范围有更为严格的限制，也做出了不同的预测（例如，有关某种音系制约的语素变体的预测）。然而，还没有人尝试对这些不同的预测进行详尽的研究。

　　至于哪些语素拥有 $Q$ 位置这个问题，有一种可能性把它延伸到词根上，让词根也有词汇项。特别是，如果确定词根也需要迟后填音，那么有一种执行的方法是把（某些）词根处理为拥有一个变量 $Q$，而不是拥有一个音系底层表征。

3. 不可删除的观点说的只是词汇插入不删除特征。这并不意味着句法语义特征在整个音系式的推导中都是存在的。根据标准的假设，这些特征必须在句法产出之后和音系式的最后阶段之间的某个时段被删除。确切的删除时机是一个值得讨论的问题，因为它涉及到"形态专用"的音系过程等问题，而这些问题占据了许多的音系理论（可见基帕尔斯基（1996））。

4. 可以假设在如 *sing/sang* 这种例子中，T[+past] 的实现项 -$\phi$ 出现，然后一条由 T[+past] 触发的形态音系规则改变了该动词的词干形式。对于这个分析的第二部分（即形态音系部分），见第七章的相关讨论。

5. 请注意，这个术语在这里的用法必须与语段理论使用的"循环"（cyclic）的意思区分开来。

6. （30）中的形式也表现出元音长短的交替；这些交替也是音系性的。

7. 这种类型的删除有时被称为"彻底的贫化"（radical impoverishment）或者"灭除"（obliteration）（可见阿雷吉和内文斯（2007））；另见第七章的"修剪"（Pruning）规则。

8. 当我们把拉丁语动词系统的其余部分考虑进来时，对 -m 的这种分析会出现一个后果：由于虚拟语气的形式也表现为 -m，所以它们好像是 [+past] 的。这种过去时与非现实的之间联系是由语义驱动的；相关讨论可见伊亚特杜（2000）。

9. 最后需要注意的一点是关于词汇插入所应用的语素：本章和下面几章的主要焦点是研究功能语素如何获得它们的音系形式。我们所考察的语素都是**基本**（basic）语素，意思是，例如，它们都不由其他语素组合而成。分布式形态学中的一些著作提出了**融化**规则（Fusion），即从两个语素中创造出一个语素，和**裂化**规则（Fission），即把一个单一的基本语素分离为两个语素。对这两个规则的基本介绍可见附录部分。

## 第五章　注释

1. 当然，并不是所有的实现性理论都采用本书所提出的每一个假设。尤其是，许多实现性的方案沿着安德森（1992）的思路否认语素的存在。对这个观点的相关讨论见第七章。

2. 第一章和本章第一节所演示的有关西班牙语一致语素的例子将在第六章得到更详细的讨论。

3. 这些注释显示了底层的音系表征，它们有时会被音系规则改变表层形式。在本例中，我只关注第一和第二人称的形式，因为第三人称语素在系统里有着稍许不同的地位（它们拥有指示和其他的语义区别）。在这里和以下举例中，ADV 意为"副词"（adverb），OBJ 意为"宾语"（object），SUBJ 意为"主语"（subject），STAT 意为"状态式"（stative），ASP 意为"aspect"（体），CAUS 意为"致使"（causative）。 228

4. 上面所用的这种类型的特征重叠，不是驱动我们设立不充分赋值词汇项的唯一情形。这类词汇项在如下的系统中也可以发挥作用，即当其中一个特别的音系实现项有默认实现的时候；见第六章。

5. 更多有关迟后填音和传统语素之间的详细对比，见哈利和马兰茨（1993）和努瓦耶（1998）。

6. 其中，许多结果涉及到词汇项之间是如何排序的。例如，有人已经提出，一些在人称、数量和性特征上有复杂实现的系统里，存在个体词汇项实现个体语素的现象。有时似乎确实存在这样的情况，即，仅参照数量的词汇项和仅参照性的词汇项之间必须排序。在这种情况下，我们完全不可能有一条原则，规定词汇项所参照特征的数量决定竞争的胜负。努瓦耶（1992）引入了一个观点——特征的类型决定了这种竞争：人称特征高于数量特征，高于性特征。

7. 主语和宾语语素出现在动词性复合体的不同地方，而这些地方又表现出不同的音系行为（戈拉 1970）。/i/ 在宾语一致的音系实现项上的出现可能与这些因素相关。

8. 有关"模糊不清"语素的相关分析亦见努瓦耶（1998）。

9. 或者，合形语素至少是同一种类型，并有相同的句法分布；见下一章有关默认词汇项的讨论。

10. 有关这些音系实现项的形态性质见比尔陶隆（2003）。根据比尔陶隆，第三人称的所有格在方言上表现出 -i 和 -n 的交替；本文中只显示了前者。

11. 第三人称单数主语代词有一个 -φ 语素变体，其分布还不清晰，本分析忽略了这个部分。

12. 自然类别对于陈述概括十分重要，这个思想常见于音系理论。例如，音系理论认为，虽然如 [+ 软腭] 的辅音构成了一个自然类别，但是 [- 软腭] 却不构成，所以参照 [- 软腭] 的规则值得怀疑。

13. 其他的相关讨论可见哈利（1997），其中使用了二元的特征，为表达"参与者"的概念提供了一个直接的方式。

229　14. 这个语言的其他事实可以提供一定参考。例如，比勒（1976：255）注意到 -wun 和某些元素一起也显现为名词性的复数（如 he-wun '这些'，ho-wun '那些'，čiči-wun '儿童'）。这表明它是一个通用的复数语素；这也符合（31）的描述，其中 -wun 被处理为非单数的默认形式。

15. 有关自然类别和参与者特征，应该注意的是，文中的两种分析方案都使用了 [-sg]（- 单数）特征。可能有其他更好的方式来定义"非单数"这个自然类别，但这需要一个对数量系统做出更为详尽的研究。相关的讨论见努瓦耶（1992）和哈伯（2008）。

16. 虽然词根隶属的类别决定了所有格尾缀的出现形式，但是它并不决定主干语素如何显现。相反，这类语素的实现取决于词根的身份；因此，相同的主干实现项可以出现在不同的类别之中：

（i）更多的名词（引用第一人称所有格形式，主干语素以粗体显示）

　　a. 第一类：tita-**n**-ai '父亲'；ei-**l**-i '眼睛'；bol-**s**-i '膝盖'；nan-**u**-i '花园' ……

b. 第二类：aŋ-l-e'柴火'；gi-ŋ-e；kaua-k-e'狗'；didu-ak-e'裙子'……

c. 第三类：pok-k-a'胸'；boŋ-g-a'嘴'……

d. 第四类：aba-i-at'猪肉'；beta-m-at'疮'；to-moi-at'气味'……

　　所以，像"眼睛"*ei* 和"柴火"*aŋ* 都有 *-l* 主干，但是前者采用的是第一类的所有格屈折形式，后者采用第二类的；"狗"*kaua* 和"胸"*pom* 同样显示 *-k* 主干，但是前者属于第二类，后者属于第三类。瑟斯顿猜测（1982：37），主干实现与类别表现的组合可以定义二十种范畴，但没有声称他穷尽了所有的可能性（1982：87）。名词同样有一个语法上的性特征，但与主干类别或所有格屈折类别没有可预测的关系（1982：46）。更复杂的是，动词采用文中所展示的所有格后缀来表现与宾语的一致。跟名词一样，动词也以不可预测的方式显示不可预测的主干元素和一致语素的条件组。正如瑟斯顿所说（1982：43），"对外行来说，这些后缀的形态给阿门语的动词和名词均提供了一种噩梦般的特性。"

17. 词根、主干语素和所有格语素变体之间的关系是错综复杂的。这部分地是由主干语 230
素与词根意义之间的关联方式导致的。情况看起来是——至少对某些语素来说——主干语素行使了某种量词的功能，因此同一个词根可以跟不同的主干语素共现，每个都关联不同的诠释；例如 *aba-k-e* 意为"我的猪"（my pig），而 *aba-i-at* 则意为"我的猪肉"（my pork）。所有格的类别也随着主干语素和诠释的变化而变化，从而为揭示诸如 [I]、[II] 等特征的本质了提供启示。

# 第六章　注释

1. 至于为什么实现处所格（[loc]）和呼格（[voc]）的是两个均实现为 *-e* 的词汇项，见哈利和马兰茨（2008）。

2. 跟哈利和马兰茨一样，（16）仅仅在规则中依据语境列举了名词的类别特征。另一种分析方案可能包括把像 1、2 等这样的类别特征分解为原始特征，然后由贫化规则参照这些原始特征（亚历克西杜和穆勒（2008）就是这样处理屈折的类别特征的）。

3. （20）中的五个名词展现了五种变格形式，但这只代表了该语言中名词全部变格形式的一部分。如果进一步考虑名词的性特征和其他形态音系因素，问题会更加复杂。出于演示的目的，我在此搁置对这些复杂情况的讨论。

4. 时态和体态特征的编码可以通过不同的方式改变（如采用二元的 [±perf]）；本例的要点不受这些不同选项的影响。

5. 在（32）中，实现为 *-v* 的词汇项所处的语境由 [+1] 或者 [+2] 给出。如果有关人称特征表征的假设设为成熟的话（如用 [+participant] 特征来表示 [+1] 和 [+2] 的范畴；

回顾第 5.5.3 节），那么对 -v 语素变体的这种析取的语境条件就可以被取消，并被替换为某个单一的共有特征。

6. 我没有把零实现包括在内。过去时 III 被描写为融合了时态和一致语素的"混合式"实现。尽管这些显性形式有时与其他地方的显性一致语素十分相似，但我在此不做更细致的切分。

## 231 第七章　注释

1. 这个分析不考虑第一人称单数实现形式 -ō 和 -m 所带来的一些复杂情况（尤其是，为什么后者既可以出现在过去时中，也可以出现在虚拟语气中）。见第四章的注释 7。

2. 当然，在之后的推导中，在音系中，当音系规则适用时，X 的音系实现项在音系（或形态–音系）上受到 Y 的音系实现项的影响。这将会是在由 Y 诱发的 X 位置上的一种交替，但不涉及词汇插入（换言之，这不是异干型语境语素变体）。例如，如卡斯泰尔斯（1987）所讨论的那样，一些表面上像是"向外看"音系的语素变体，似乎是由上面描述的这些形态音系规则所导致的。

3. 除了词与词之间的互动是否存在竞争这个问题之外，这个领域另一个重要的讨论话题是更大的客体（如词与短语、短语与短语等等）之间是否也存在为语法性的竞争。可见波泽（1992），安德鲁斯（1990），汉卡默和米克尔森（2005），基帕尔斯基（2005），恩比克（2007a，2008）；一般性讨论见恩比克和马兰茨（2008）。另一个重要的问题涉及到音系理论中的竞争关系如何与本节讨论的主题关联；相关评论见恩比克（2010a）的介绍性讨论。

4. 虽然 -osity 的强调意义似乎也进入了英语，所以可以在网上找到像 gloriosity 这样的例子，但这只是一种边缘性的推导。

5. 除了 solemnity 之外名词 solemnness 也存在。在这个词中，实现为 -ness 的中心语 n 处在中心语 a 的外部: [[ $\sqrt{\text{SOLEMN}}$ a] n]。这个外面的 n 看不见词根，因为，如本章之前讨论的，这些语素处在不同的循环性语段之中。因此，中心语 n 最终实现为 -ness，而不是 -ity。

6. 例如，从上文介绍的理论可以推导出，形容词 curious（在最简单的分析里）是 [ $\sqrt{\text{CURIOUS}}$ a] 的实现；此处的 a 的实现项是 -φ，而不是 -ous。

7. 尽管（60a）中的结构显示了中心语 v（和它的实现项 -φ），但是如之前我们说过的，这个中心语被修剪了，所以在词汇插入应用于 T[+past] 的时候，T[+past] 和词根 $\sqrt{\text{SING}}$ 是串联在一起的。

232 8. 除非，举个例子来说，形态变化之间的阻断关系是"逐案"（case by case）规定的；

但这不是一个可接受的方案。稍后将讨论的（64）会说明这一点。

9. 有关这些主题的一些重要的先前讨论，见利伯（1983）和卡斯泰尔斯（1987）。前者考察了把形态实现处理为自主音段的各种不同的方式，后者认为，相对于词形变化的某些模式类型，词干的变化过程和词缀有着不同的表现。

从词库音系学的观点出发，基帕尔斯基（1996）讨论了区分语素变体和形态音系的标准。努尔耶（1997）也在本书采用的框架下讨论了这个问题。本贾巴拉赫（2003）就如何依据对可能的音系实现项的不同假设，解决形态音系和语素变体之间的问题，提出了另一个观点。也可参阅洛温斯坦姆（2008）和兰皮泰利（2010）及相关文献。最后，恩比克（2010b）从本章前面所介绍的语素变体理论的角度考察了一些有关形态音系的话题。

# 参考文献

Adger, D., S. Béjar, and D. Harbour (2003) Directionality of Allomorphy: A Reply to Carstairs-McCarthy, *Transactions of the Philological Society* 101: 1, 109−115.

Akinlabi, A. (1996) Featural Affixation, *Journal of Linguistics* 32: 2, 239−289.

(2011) Featural Affixes, in M. van Oostendorp, C. J. Ewen, and E. V. Hume, eds., *The Blackwell Companion to Phonology*, John Wiley and Sons, 1945−1971.

Alexiadou, A., L. Haegeman, and M. Stavrou (2007) *Noun phrase in the generative perspective*, Mouton de Gruyter.

Alexiadou, A., and G. Müller (2008) Class features as probes, in A. Bachrach and A. Nevins, eds., *Inflectional Identity*, Oxford University Press, Oxford and New York, 101−147.

Anderson, S. (1992) *Amorphous Morphology*, Cambridge University Press, Cambridge.

Andrews, A. (1990) Unification and Morphological Blocking, *Natural Language and Linguistic Theory* 8, 507−857.

Arad, M. (2005) *Roots and Patterns: Hebrew Morphosyntax*, Springer, Dordrecht.

Aronoff, M. (1976) *Word Formation in Generative Grammar*, MIT Press, Cambridge, MA.

Arregi, K. (1999) How the Spanish Verb Works, ms., MIT.

Arregi, K., and A. Nevins (2007) Obliteration vs. Impoverishment in the Basque g-/z-constraint, in T. Scheffler, J. Tauberer, A. Eilam, and L. Mayol, eds., *Proceedings of the Penn Linguistics Colloquium 30*, 1−14.

Baker, M. (1985) The Mirror Principle and Morphosyntactic Explanation, *Linguistic Inquiry* 16, 373−416.

(1988) *Incorporation: A Theory of Grammatical Function Changing*, University of Chicago Press, Chicago.

Beard, R. (1966) *The Affixation of Adjectives in Contemporary Literary Serbo-Croatian*, Doctoral dissertation, University of Michigan.

(1995) *Lexeme-morpheme Based Morphology: A General Theory of Inflection and*

*Word Formation*, State University of New York Press, Albany.

Beeler, M. S. (1976) Barbareño Chumash Grammar: A Farrago, in M. Langdon and S. Silver, eds., *Hokan Studies*, Mouton, The Hague/Paris, 251−269.

Bendjaballah, S. (2003) The internal structure of the determiner in Beja, in J. Lecarme, ed., *Research in Afroasiatic Grammar II. Selected Papers from the Fifth Conference on Afroasiatic Languages, Paris, 2000*, John Benjamins, Amsterdam/Philadelphia, 35−52.

Beretta, A., R. Fiorentino, and D. Poeppel (2005) The effects of homonymy and polysemy on lexical access: An MEG study, *Cognitive Brain Research* 24: 1, 57−65.

Birtalan, Á. (2003) Oirat, in J. Janhunen, ed., *The Mongolic Languages*, Routledge, London and New York, 210−228.

Bloomfield, L. (1933) *Language*, George Allen and Unwin Ltd, London.

Bobaljik, J. (2000) The Ins and Outs of Contextual Allomorphy, in *University of Maryland Working Papers in Linguistics* 10, 35−71.

(2002) Syncretism without Paradigms: Remarks on Williams 1981, 1987, *Yearbook of Morphology 2001* 53−85.

Bobaljik, J., and H. Thráinsson (1998) Two heads aren't always better than one, *Syntax* 1, 37−71.

Bonet, E. (1991) *Morphology After Syntax: Pronominal Clitics in Romance*, Doctoral dissertation, MIT.

(1995) Feature Structure of Romance Clitics, *Natural Language and Linguistic Theory* 13, 607−647.

Bonet, E., M. -R. Lloret, and J. Mascaró (2007) Allomorph selection and lexical preference: Two case studies, *Lingua* 117, 903−927.

Booij, G., and J. Rubach (1987) Postcyclic versus Postlexical Rules in Lexical Phonology, *Linguistic Inquiry* 18: 1, 1−44.

Borer, H. (2003) Exo-skeletal vs. endo-skeletal explanations: Syntactic projections and the lexicon, in *The Nature of Explanation in Linguistic Theory*, CSLI Publications, Stanford, CA, 31−67.

(2005) *Structuring Sense*, Oxford University Press, Oxford.

Bresnan, J. (1982) The Passive in Lexical Theory, in J. Bresnan, ed., *The Mental Representation of Grammatical Relations*, MIT Press, Cambridge, MA.

Calabrese, A. (2008) On absolute and contextual syncretism: Remarks on the structure of case paradigms and how to derive them, in A. Bachrach and A. Nevins, eds., *Inflectional Identity*, Oxford University Press, Oxford, 156−205.

Cameron-Faulker, T., and A. Carstairs-McCarthy (2000) Stem alternants as morphological signata: Evidence from blur avoidance in Polish nouns, *Natural Language and Linguistic Theory* 18, 813−835.

Carstairs, A. (1987) *Allomorphy in Inflexion*, Croom Helm, London.

(1988) Some implications of phonologically conditioned suppletion, in G. Booij and J. van Marle, eds., *Yearbook of Morphology 1988*, Foris, Dordrecht, 67−94.

(1990) Phonologically Conditioned Suppletion, in W. Dressler, H. Luschutzky, O. Pfeiffer, and J. Rennison, eds., *Selected Papers from the Third International Morphology Meeting*, Mouton de Gruyter, Berlin, 17−24.

Carstairs-McCarthy, A. (1992) *Current Morphology*, Routledge, London.

(2001) Grammatically conditioned allomorphy, paradigmatic structure, and the ancestry constraint, *Transactions of the Philological Society* 99: 2, 223−245.

(2003) Directionality and Locality in Allomorphy: A Response to Adger, Béjar, and Harbour, *Transactions of the Philological Society* 101: 1, 117−124.

Chomsky, N. (1957) *Syntactic Structures*, Mouton, The Hague.

(1965) *Aspects of the Theory of Syntax*, MIT Press.

(1970) Remarks on Nominalization, in R. Jacobs and P. Rosenbaum, eds., *Readings in English Transformational Grammar*, Georgetown University Press, Washington D. C., 184−221.

(1986) *Barriers*, MIT Press, Cambridge, MA.

(1993) A Minimalist Program for Linguistic Theory, in K. Hale and S. Keyser, eds., *The View from Building 20: Essays in Linguisticsin Honor of Sylvain Bromberger*, MIT Press, Cambridge, MA.

(1995) *The Minimalist Program*, MIT Press, Cambridge, MA.

(2000) Minimalist Inquiries: The Framework, in R. Martin, D. Michaels, and J. Uriagereka, eds., *Step by Step: Essays on Minimalist Syntax in Honor of Howard Lasnik*, MIT Press, 89−156.

(2001) Derivation by Phase, in M. Kenstowicz, ed., *Ken Hale: A Life in Language*, MIT Press, Cambridge, MA, 1−52.

(2007) Approaching UG from Below, in U. Sauerland and H. -M. Gaertner, eds., *Interfaces + Recursion = Language?*, Mouton de Gruyter, Berlin and New York, 1−30.

Chomsky, N., and M. Halle (1968) *The Sound Pattern of English*, Harper and Row, New York.

Chomsky, N., and H. Lasnik (1993) Principles and parameters theory, in J. Jacobs, A. von Stechow, W. Sternefeld, and T. Vennemann, eds., *Handbookof Syntax*, Walter de

Gruyter, Berlin. Clements, G. (1985) The Geometry of Phonological Features, *Phonology* 2, 223–250.

Corbett, G. G. (2000) *Number*, Cambridge University Press, Cambridge.

Corne, C. (1977) *Seychelles Creole Grammar*, TBL Verlag Gunter Narr, Tübingen.

di Sciullo, A., and E. Williams (1987) *On the Definition of Word*, MIT Press, Cambridge, MA.

Ekdahl, M., and J. E. Grimes (1964) Terena Verb Inflection, *International Journal of American Linguistics* 30: 3, 261–268.

Embick, D. (1995) 'Mobile Inflections' in Polish, In J. N. Beckman et al. eds. *Proceedings of NELS 25: 2*, 127-142.

(1997) *Voice and the Interfaces of Syntax*, Doctoral dissertation, University of Pennsylvania.

(1998) Voice Systems and the Syntax/Morphology Interface, in H. Harley, ed., *MITWPL 32: Papers from the UPenn/MIT Roundtable on Argument Structure and Aspect*, MITWPL, 41–72.

(2000) Features, Syntax and Categories in the Latin Perfect, *Linguistic Inquiry* 31: 2, . 185–230.

(2003) Locality, Listedness, and Morphological Identity, *StudiaLinguistica* 57: 3, 143–169.

(2004) On the Structure of Resultative Participles in English, *Linguistic Inquiry* 35: 3, 355–392.

(2007a) *Blocking Effects* and Analytic/Synthetic Alternations, *Natural Language and Linguistic Theory* 25: 1, 1–37.

(2007b) Linearization and Local Dislocation: Derivational mechanics and interactions, *Linguistic Analysis* 33: 3–4, 303–336.

(2008) Variation and morphosyntactic theory: Competition fractionated, *Language and Linguistics Compass* 2: 1, 59–78.

(2010a) *Localism versus Globalism in Morphology and Phonology*, MIT Press, Cambridge, MA.

(2010b) Stem alternations and stem distributions, ms., University of Pennsylvania; http: //www.ling.upenn.edu/~embick/stem-ms-10.pdf.

Embick, D., and M. Halle (2005) On the status of *stems* in morphological theory, in T. Geerts and H. Jacobs, eds., *Proceedings of Going Romance 2003*, John Benjamins, Amsterdam/Philadelphia, 59–88.

Embick, D., and A. Marantz (2005) Cognitive Neuroscience and the English Past Tense:

Comments on the Paper by Ullman et al. *Brain andLanguage* 93.

(2008) Architecture and Blocking, *Linguistic Inquiry* 39: 1, 1−53.

Embick, D., and R. Noyer (2001) Movement Operations after Syntax, *Linguistic Inquiry* 32: 4, 555−595.

(2007) Distributed Morphology and the syntax/morphology interface, in G. Ramchand and C. Reiss, eds., *Oxford Handbook of Linguistic Interfaces*, Oxford University Press, 289−324.

Golla, V. (1970) *Hupa Grammar*, Doctoral dissertation, University of California at Berkeley.

Halle, M. (1973) Prolegomena to a Theory of Word Formation, *Linguistic Inquiry* 3−16.

(1990) An Approach to Morphology, in *Proceedings of NELS 20*, GLSA, 150−184.

(1997) Distributed Morphology: Impoverishment and Fission, *MIT Working Papers in Linguistics* 30, 425−449.

(2002) *From Memory to Speech and Back: Papers on Phonetics and Phonology 1954-2002*, Mouton de Gruyter.

Halle, M., and A. Marantz (1993) Distributed Morphology and the Pieces of Inflection, in K. Hale and S. Keyser, eds., *The View from Building 20: Essays in Linguistics in Honor of Sylvain Bromberger*, MIT Press, Cambridge, MA, 111−176.

(1994) Some Key Features of Distributed Morphology, in A. Carnie, H. Harley, and T. Bures, eds., *Papers on Phonology and Morphology*, MITWPL 21, Cambridge, MA, 275−288.

(2008) Clarifying "Blur" : Paradigms, defaults, and inflectional classes, in A. Bachrach and A. Nevins, eds., *Inflectional Identity*, Oxford University Press, Oxford and New York, 55−72.

Halle, M., and K. P. Mohanan (1985) Segmental Phonology of Modern English, *Linguistic Inquiry* 16, 57−116.

Halle, M., and B. Vaux (1998) Theoretical Aspects of Indo-European Nominal Morphology: The Nominal Declensions of Latin and Armenian, in *Mír Curad: Studies in Honor of Calvert Watkins*, Innsbruck.

Halle, M., and J. -R. Vergnaud (1987) *An Essay on Stress*, MIT Press, Cambridge, MA.

Halpern, A. (1992) *Topics in the Placement and Morphology of Clitics*, Doctoral dissertation, Stanford University.

Hankamer, J., and L. Mikkelsen (2005) When Movement Must be Blocked: A Response to Embick and Noyer, *Linguistic Inquiry* 36: 1, 85−125.

Harbour, D. (2008) *Morphosemantic number: From Kiowa noun classes to UG number features*, Springer, Dordrecht.

(2010) Descriptive and explanatory markedness, *Morphology*.

Harley, H., and E. Ritter (2002) Person and number in pronouns: A feature-geometric analysis, *Language* 78: 3, 482−526.

Harris, J. W. (1991) The exponence of Gender in Spanish, *Linguistic Inquiry* 22: 1, 27−62.

(1998) Spanish imperatives: syntax meets morphology, *Journal of Linguistics* 34, 27−52.

Hayes, B. (1990) Precompiled Phrasal Phonology, in S. Inkelas and D. Zec, eds., *The Syntax-Phonology Connection*, University of Chicago Press, Chicago, 85−108.

Hyman, L. (2003) Suffix ordering in Bantu: A morphocentric approach, *Yearbook of Morphology 2002* 245−281.

Hyman, L., and S. Mchombo (1992) Morphotactic constraints in the Chichewa verb stem, in L. Buszard-Welcher, L. Wee, and W. Weigel, eds., *Proceedings of the Eighteenth Annual Meeting of the Berkeley Linguistics Society*, volume 2, Berkeley, University of California, Berkeley Linguistics Society, 350−364.

Iatridou, S. (1990) About Agr(P), *Linguistic Inquiry* 21: 4, 551−577.

(2000) The Grammatical Ingredients of Counterfactuality, *Linguistic Inquiry* 31: 2, 231−270.

Jackendoff, R. (1975) Redundancy Rules and the Lexicon, *Language* 51: 3, 639−671.

Jakobson, R. (1936) Beitrag zur Allgemeinen Kasuslehre, in E. Hamp, F. Householder, and R. Austerlitz, eds., *Readings in Linguistics II*, University of Chicago Press, 51−95.

Jakobson, R., and M. Halle (1956) *Fundamentals of Language*, Mouton, The Hague.

Kaye, A. S. (2007) Arabic Morphology, in *Morphologies of Africa and Asia*, volume 1, Eisenbrauns, Winona Lake, Indiana, 211−248.

Kayne, R. (1994) *The Antisymmetry of Syntax*, MIT Press, Cambridge, MA.

Kiparsky, P. (1982) Lexical Morphology and Phonology, in Linguistic Society of Korea, ed., *Linguistics in the Morning Calm: Selected Essays from SICOL-1981*, Hanshin, Seoul.

(1996) Allomorphy or Morphophonology? in R. Singh and R. Desrochers, eds., *Trubetzkoy's Orphan*, John Benjamins, Amsterdam/Philadelphia, 13−31.

(2005) Blocking and periphrasis in inflectional paradigms, *Yearbook of Morphology 2004*, 113−135.

Klein, T. B. (2003) Syllable structure and lexical markedness in creole morphophonology: Determiner allomorphy in Haitian and elsewhere, in I. Plag, ed., *The Phonology and Morphology of Creole Languages*, Niemeyer, Tübingen, 209–228.

Koopman, H. (1984) *The syntax of verbs*, Foris, Dordrecht.

(2005) Korean (and Japanese) morphology from a syntactic perspective, *Linguistic Inquiry* 36: 4, 601–633.

Kornfilt, J. (1997) *Turkish*, Routledge, London and New York.

Kramer, R. (2009) *Definite Markers, Phi-Features, and Agreement: A Morphosyntactic Investigation of the Amharic DP*, Doctoral dissertation, University of California, Santa Cruz.

Lampitelli, N. (2010) Nounness, gender, class and syntactic structures in Italian nouns, in R. Bok-Bennema, B. Kampers-Manhe, and B. Hollebrandse, eds., *Romance Languages and Linguistic Theory 2008. Selected papers from Going Romance, Groningen, 2008*, John Benjamins, Amsterdam/Philadelphia, 195–214.

Lapointe, S. (1999) Stem selection and OT, *Yearbook of Morphology 1999*, 263–297.

Leumann, M., J. B. Hofmann, and A. Szantyr (1963) *Lateinische Grammatik, auf der Grundlage des Werkes von Friedrich Stolz und Joseph Hermann Schmalz; 1. Band lateinische Laut- und Formenlehre*, Beck'sche Verlagsbuchhandlung, München.

Lewis, G. (1967) *Turkish Grammar*, Oxford University Press.

Lieber, R. (1980) *The Organization of the Lexicon*, Doctoral dissertation, MIT.

(1987) *An integrated theory of autosegmental processes*, State University of New York Press, Albany.

(1992) *Deconstructing Morphology*, University of Chicago Press, Chicago.

Lowenstamm, J. (2008) On little *n*, *p* and tyes of nouns, in J. Hartmann, V. Hegedus, and H. van Riemsdijk, eds., *The Sounds of Silence: Empty Elements in Syntax and Phonology*, Elsevier, Amsterdam, 105–143.

Marantz, A. (1984) *On the Nature of Grammatical Relations*, MIT Press, Cambridge, MA.

(1988) Clitics, Morphological Merger, and the Mapping to Phonological Structure, in M. Hammond and M. Noonan, eds., *Theoretical Morphology*, Academic Press, San Diego, 253–270.

(1995) A Late Note on Late Insertion, in *Explorations in Generative Grammar*, Hankuk Publishing Co., 357–368.

(1997) No Escape from Syntax: Don't Try Morphological Analysis in the Privacy of Your Own Lexicon, in A. Dimitriadis, L. Siegel, C. Surek-Clark, and A. Williams, eds., *Proceedings of the 21st Penn Linguistics Colloquium*, UPenn Working Papers in Linguistics, Philadelphia, 201–225.

(2001) Words and Things, handout, MIT.

(2010) Locality Domains for Contextual Allosemy in Words, talk handout, New York University.

Marlett, S., and J. Stemberger (1983) Empty consonants in Seri, *Linguistic Inquiry* 14: 4, 617–639.

Marslen-Wilson, W., and L. K. Tyler (1998) Rules, representations, and the English past tense, *Trends in Cognitive Sciences* 2: 11, 428–435.

Marvin, T. (2002) *Topics in the stress and syntax of words*, Doctoral dissertation, MIT.

Matisoff, J. (2003) Lahu, in G. Thurgood and R. J. LaPolla, eds., *The Sino-Tibetan Languages*, Routledge, London and New York, 208–221.

Murphy, G. L. (2002) *The Big Book of Concepts*, MIT Press, Cambridge, MA.

Muysken, P. (1981) Quechua causatives and Logical Form: A case study in markedness, in A. Belletti, L. Brandi, and L. Rizzi, eds., *Theory of markedness in generative grammar*, Scuola Normale Superiore, Pisa.

Newell, H. (2008) *Aspects of the morphology and phonology of phases*, Doctoral dissertation, McGill University.

Noyer, R. (1992) *Features, Affixes, and Positions in Autonomous Morphological Structure*, Doctoral dissertation, MIT.

(1997) *Features, Positions and Affixes in Autonomous Morphological Structure*, Garland, New York.

(1998) Impoverishment Theory and Morphosyntactic Markedness, in S. Lapointe, D. Brentari, and P. Farrell, eds., *Morphology and Its Relation to Syntax and Phonology*, CSLI, Stanford.

(2005) A constraint on interclass syncretism, *Yearbook of Morphology 2004*, 273–315.

Odden, D. (1993) Interaction Between Modules in Lexical Phonology, in *Phonetics and Phonology 4: Studies in Lexical Phonology*, Academic Press, 111–144.

Oltra-Massuet, M. I. (1999) *On the Notion of Theme Vowel: A New Approach to Catalan Verbal Morphology*, Master's Thesis, MIT.

Oltra-Massuet, M. I., and K. Arregi (2005) Stress by Structure in Spanish, *Linguistic Inquiry* 36: 1, 43–84.

Pak, M. (2008) The postsyntactic derivation and its phonological reflexes, Doctoral thesis, University of Pennsylvania.

Pardee, D. (1997) Ugaritic, in R. Hetzron, ed., *The Semitic Languages*, Routledge, London and New York, 131–144.

Partee, B. H., A. ter Meulen, and R. E. Wall (1993) *Mathematical Methods in Linguistics*,

Kluwer, Dordrecht.

Paster, M. (2006) *Phonological Conditions on Affixation*, Doctoral dissertation, University of California at Berkeley.

Patz, E. (1991) Djabugay, in B. J. Blake and R. Dixon, eds., *The Handbook of Australian Languages*, volume 4, Oxford, 245–347.

Pesetsky, D. (1979) Russian Morphology and Lexical Theory, ms., MIT.

(1985) Morphology and Logical Form, *Linguistic Inquiry* 16, 193–246.

Pinker, S., and A. Prince (1988) On language and connectionism: analysis of a parallel distributed processing model of language acquisition, *Cognition* 28, 73–193.

Pinker, S., and M. Ullman (2002) The past and future of the past tense, *Trends in Cognitive Sciences* 6: 11, 456–463.

Poeppel, D., and D. Embick (2005) Defining the relation between linguistics and neuroscience, in A. Cutler, ed., *Twenty-first century psycholinguistics: Four cornerstones*, Lawrence Erlbaum.

Poser, W. J. (1985) Cliticization to NP and lexical phonology, in *Proceedings of WCCFL*, volume 4, 262–272.

(1990) Word-Internal Phrase Boundary in Japanese, in S. Inkelas and D. Zec, eds., *The Phonology-Syntax Connection*, The University of Chicago Press, Chicago, 279–288.

Poser, W. J. (1992) Blocking of Phrasal Constructions by Lexical Items, in I. Sag and A. Szabolsci, eds., *Lexical Matters*, CSLI, Stanford, CA, 111–130.

Prunet, J. -F., R. Béland, and A. Idrissi (2000) The Mental Representation of Semitic Words, *Linguistic Inquiry* 31: 4.

Pylkkänen, L., R. Llinás, and G. L. Murphy (2006) The Representation of Polysemy: MEG Evidence, *Journal of Cognitive Neuroscience* 18: 1, 97–109.

Pylkkänen, M. (2002) *Introducing Arguments*, Doctoral dissertation, Massachusetts Institute of Technology.

Roberts, J. R. (1987) *Amele*, Croom Helm, New York. Saussure, F. de (1986) *Course in General Linguistics*, Open Court, Chicago and La Salle, Illinois.

Schlenker, P. (1999) *Propositional Attitudes and Indexicality: A Cross-Categorial approach*, Doctoral dissertation, MIT.

(2006) Ontological symmetry in language: A brief manifesto, *Mind & Language* 21: 4, 504–539.

Selkirk, E. (1982) *The syntax of words*, MIT Press, Cambridge, MA.

Sproat, R. (1985) *On Deriving the Lexicon*, Doctoral dissertation, MIT.

Stockall, L., and A. Marantz (2006) A single-route, full decomposition model of morphological complexity: MEG evidence, *Mental Lexicon* 1: 1, 85−123.

Svantesson, J. (2003) Khalkha, in J. Janhunen, ed., *The Mongolic Languages*, Routledge, London and New York, 154−176.

Taft, M. (2004) Morphological decomposition and the reverse base frequency effect, *The Quarterly Journal of Experimental Psychology* 57(A): 4, 745−765.

Thurston, W. R. (1982) *A Comparative Study in Anêm and Lusi*, Pacific Linguistics, Canberra.

Travis, L. (1984) *Parameters and Effects of Word Order Variation*, Doctoral dissertation, MIT.

Wagner, M. (2005) *Prosody and Recursion*, Doctoral dissertation, MIT.

Wasow, T. (1977) Transformations and the Lexicon, in P. Culicover, T. Wasow, and A. Akmajian, eds., *Formal Syntax*, Academic Press, New York.

Wehr, H. (1976) *A Dictionary of Modern Written Arabic, edited by J. Milton Cowan*, Spoken Language Services, Inc., Ithaca, New York, 3rd edition.

Wiese, R. (1996) *The Phonology of German*, Oxford University Press.

Wolf, M. (2006) For an autosegmental theory of mutation, in L. Bateman, M. O'Keefe, E. Reilly, and A. Werle, eds., *University of Massachusetts Occasional Papers in Linguistics 32: Papers in Optimality Theory III*, GLSA, Amherst.

# 索　引*

*索引所标页码为英文版页码，即本汉译版的边码。

# 译名对照表

| | | | |
|---|---|---|---|
| Adger | 阿杰 | Clements | 克莱门茨 |
| Akinlabi | 阿金拉比 | Corbett | 科比特 |
| Alexiadou | 亚历克西杜 | Corne | 科恩 |
| Anderson | 安德森 | | |
| Andrews | 安德鲁斯 | di Sciullo | 迪休洛 |
| Arad | 阿拉德 | | |
| Aronoff | 阿罗诺夫 | Ekdahl | 埃克达尔 |
| Arregi | 阿雷吉 | Embick | 恩比克 |
| | | | |
| Baker | 贝克 | Golla | 戈拉 |
| Beard | 比尔德 | Grimes | 格兰姆斯 |
| Beeler | 比勒 | | |
| Bendjaballah | 本贾巴拉赫 | Halle | 哈利 |
| Beretta | 贝雷塔 | Halpern | 哈尔彭 |
| Birtalan | 比尔陶隆 | Hankamer | 汉卡默 |
| Bloomfield | 布龙菲尔德 | Harbour | 哈伯 |
| Bobaljik | 博巴利克 | Harley | 哈雷 |
| Bonet | 博内特 | Harris | 哈里斯 |
| Booij | 布伊吉 | Hayes | 海斯 |
| Borer | 博雷尔 | Hyman | 海曼 |
| Bresnan | 布瑞斯南 | | |
| | | Iatridou | 伊亚特杜 |
| Calabrese | 卡拉布雷西 | Irwin | 欧文 |
| Cameron-Faulker | 卡梅龙-福克 | | |
| Carstairs | 卡斯泰尔斯 | Jackendoff | 杰肯多夫 |
| Chomsky | 乔姆斯基 | Jacobson | 雅各布森 |

| | | | |
|---|---|---|---|
| Kaye | 凯 | Odden | 奥登 |
| Kayne | 凯恩 | Oltra-Massuet | 奥尔特拉-马叙埃 |
| Kiparsky | 基帕尔斯基 | | |
| Klein | 克莱因 | Pak | 帕克 |
| Koopman | 库普曼 | Partee | 帕蒂 |
| Kornfilt | 科恩菲尔特 | Paster | 帕斯特 |
| Kramer | 克雷默 | Patz | 帕茨 |
| | | Pesetsky | 皮塞特斯基 |
| Lampitelli | 兰皮泰利 | Pinker | 平克 |
| Lapointe | 拉普安特 | Poeppel | 珀佩尔 |
| Lara Wysong | 拉拉·怀松 | Poser | 波泽 |
| Lasnik | 拉斯尼克 | Poster | 波斯特 |
| Leumann | 洛伊曼 | Prince | 普林斯 |
| Lewis | 刘易斯 | Prunet | 普吕内 |
| Lieber | 利伯 | Pylkkänen | 皮尔卡宁 |
| Lowenstamm | 洛温斯坦姆 | | |
| | | Ritter | 里特 |
| Marantz | 马兰茨 | Roberts | 罗伯茨 |
| Marlett | 马利特 | Rubach | 鲁巴赫 |
| Marslen-Wilson | 马斯伦-威尔逊 | | |
| Marvin | 马文 | Saab | 萨博萨阿卜 |
| Matisoff | 马蒂索夫 | Santorini | 圣托里尼 |
| McCarthy | 麦卡锡 | Sauerland | 索尔兰德 |
| Mchombo | 麦霍波 | Schlenker | 施伦克尔 |
| Mikkelsen | 米克尔森 | Selkirk | 塞尔柯克 |
| Mohanan | 莫哈南 | Sproat | 斯普罗特 |
| Müller | 穆勒 | Stemberger | 施滕贝格尔 |
| Murphy | 墨菲 | Stockall | 斯托考 |
| Muysken | 穆斯肯 | Svantesson | 斯万特松 |
| | | | |
| Nevins | 内文斯 | Taft | 塔夫特 |
| Newell | 纽厄尔 | Thráinsson | 瑟拉恩松 |
| Noyer | 努瓦耶 | Thurston | 瑟斯顿 |
| | | Travis | 特拉维斯 |

| Trommer | 特罗默尔 | | Wagner | 瓦格纳 |
|---------|---------|---|--------|-------|
| Tyler | 泰勒 | | Wasow | 沃索 |
| | | | Wehr | 韦尔 |
| Ullman | 阿尔曼 | | Wiese | 威斯 |
| | | | Williams | 威廉姆斯 |
| Vaux | 沃克斯 | | Wolf | 沃尔夫 |
| Vergnaud | 韦尼奥 | | | |

# 译　后　记

　　作为译者，我们很荣幸地把这本有关语素的重要著作引荐给国内的读者。这本书的作者戴维·恩比克教授是美国宾夕法尼亚大学语言学系的系主任，曾在多个国际著名语言学期刊和出版社发表论著，是分布式形态学理论中最有影响力的研究者之一。这本《语素导论》则是在分布式形态学的框架内对语素的本质及其与句法、语义和形态之间的关系所进行的一次较为集中的阐述。尽管其中的观点不一定都为业内同行赞同，个别的甚至颇有争议，但基本代表了当代形态学研究的主流意见，对我们了解该领域研究的现状和发展趋势具有很高的价值。

　　"语素"这一概念最早由波兰学者博杜恩·德·库尔特内（Jan Baudouin de Courtenay）在 19 世纪 80 年代提出，后来受到美国结构描写主义学者特别是布龙菲尔德（Bloomfield）的重视，并在国际语言学界得到了长久而又深入的讨论，在不同的语言语料中进行了验证。传统观点认为，语素是最小的有意义的单位，起着为形态-构词提供原料的作用，而"词"则是最小的自由语素，是句法操作的最小单位。然而，这种传统认识没有抓住这两个概念的本质特性，对很多经验事实无法给出合理的解释，反而还导致了语法系统的复杂化，形成了两个互不相同的生成系统——形态和句法。当代的分布式形态学以及其他一些主旨相似的理论不再以意义为基础定义语素概念，而是将其定义为可以担任句法终端节点的成分。换言之，在这些当代的新理论中，句法操作的初始单位是语素而不是词，语素成为联系声音与意义的桥梁，词则跟短语一样，成为了句法推导的产品，在形态学理论中失去了原有的核心地位。

在这些背景下，这本著作主要从语素的本质、特征和语素如何在句法中运作等几个方面阐述如何实现我们表面所见的声音与意义的统一。不仅如此，作者还通过"合形"现象来论证诸如分布式形态学这种"实现性"理论的优越性，说明了这类理论所具有的经验支撑。最后，本书还为经典的形态学议题——"语素变体"提供了理论解释，并以此为基础重新审视了"阻断效应"（blocking effect）这个富有争议的话题。

虽然这本书取名为"语素导论"，但是通读全书，读者可以发现它不是单纯地讨论语素，更没有把讨论局限于形态学本身，而是如作者所指出的，把语素的研究同句法、语义和音系等语法模块紧密地结合起来。尽管中文是一种形态贫瘠的语言，但是这些接口研究和丰富的跨语言语料的使用对汉语语言学的研究是极具启发性的，因此把恩比克的这部力作介绍给国内学界显得格外必要。

这本书的翻译从 2017 年 6 月起，到最后的统稿结束，总共花费了将近两年时间，其间得到了很多人的鼓励和帮助。我们要首先对恩比克教授表示衷心的感谢，当我们在翻译途中遇到棘手问题向他求助时，他给予了及时、详细的解答。他还拨冗为我们的中文版撰写了一份新的序言。我们把与恩比克教授就某些问题的个人交流也添加到了这本书的脚注当中，以供读者参考。我们要感谢商务印书馆，为我们提供了这次宝贵的机会，其编辑人员的精益求精的专业精神提升了译文的质量，使之更为可读。我们还要感谢南开大学的李兵教授和湖南大学的汪朋教授，感谢他们在学术和工作繁忙之际在很多音系学问题和术语上给了我们很多的有益的讨论和专业的意见。此外还要感谢李海、李涤非、李宇婷、赵亮等人，他们为本书的翻译提供了很多无私的帮助和热心的建议。当然，还有很多其他同事和同学对我们帮助良多，在此不一一列举，谨对他们的贡献表达诚挚的谢意。

本书涉及的知识面很广，既有理论上的，又有各种语料上的，也有行文方式上的。这对本次翻译构成了较为严峻的挑战。尽管我们付出了艰辛劳动，但纰漏之处在所难免。如果有任何错误，责任都在于我们。欢迎广大专家学者提出批评建议，在此提前表达我们的谢意。

程 工 杨 彤

2020 年 12 月

# 语言学及应用语言学名著译丛书目

**图书在版编目(CIP)数据**

语素导论/(美)戴维·恩比克(David Embick)著；
程工,杨彤译.—北京:商务印书馆,2022(2024.6重印)
(语言学及应用语言学名著译丛)
ISBN 978-7-100-20700-3

Ⅰ.①语… Ⅱ.①戴…②程…③杨… Ⅲ.①语素
Ⅳ.①H04

中国版本图书馆 CIP 数据核字(2022)第 030346 号

语言学及应用语言学名著译丛
**语素导论**
〔美〕戴维·恩比克(David Embick) 著
程工 杨彤 译

商务印书馆出版
(北京王府井大街36号 邮政编码100710)
商务印书馆发行
三河市春园印刷有限公司印刷
ISBN 978-7-100-20700-3

2022年4月第1版 开本880×1230 1/32
2024年6月第2次印刷 印张8¾
定价:56.00元